八步沙精神
理论建构与实践探索

◉ 王明德　罗文擘　主编

蘭州大學出版社
LANZHOU UNIVERSITY PRESS

图书在版编目（CIP）数据

八步沙精神理论建构与实践探索 / 王明德，罗文璧主编. -- 兰州 : 兰州大学出版社，2020.12
ISBN 978-7-311-05838-8

Ⅰ. ①八… Ⅱ. ①王… ②罗… Ⅲ. ①固沙造林—先进集体—先进事迹—古浪县—现代—学习参考资料 Ⅳ. ①K820.7②K826.3

中国版本图书馆CIP数据核字(2020)第237792号

责任编辑 钟 静
封面设计 汪如祥

书 名 八步沙精神理论建构与实践探索
作 者 王明德 罗文璧 主编
出版发行 兰州大学出版社 （地址：兰州市天水南路222号 730000）
电 话 0931-8912613(总编办公室) 0931-8617156(营销中心)
0931-8914298(读者服务部)
网 址 http://press.lzu.edu.cn
电子信箱 press@lzu.edu.cn
印 刷 兰州银声印务有限公司
开 本 710 mm×1020 mm 1/16
印 张 19.25
字 数 278千
版 次 2020年12月第1版
印 次 2020年12月第1次印刷
书 号 ISBN 978-7-311-05838-8
定 价 58.00元

序：小人物，大情怀

六个老汉，他们都是非常朴实的农民，没有多少文化，也没有过多少豪言壮语，但是，他们所从事的事业，他们所做出的成绩，却折射出了一种伟大情怀。

他们所从事的是不负时代的事业。中华民族伟大复兴事业、中国特色社会主义事业跨进了新时代。新时代是全面发展的时代，新时代是高质量发展的时代，新时代是既要金山银山又要绿水青山的时代。生态文明建设是“五位一体”发展战略的重要组成部分，是践行习近平新时代中国特色社会主义思想的重要实践。六个老汉三代人，用38年的努力，在寸草不生的腾格里沙漠，建成了防风固沙的绿色长廊，累计治沙造林21.7万亩，管护封沙育林37.6万亩，使近10万亩农田得到保护。他们践行了习近平总书记关于“绿水青山就是金山银山”的发展理念，干出了不负时代的发展业绩。

他们所绽放的是不平凡的精神。中华民族走到今天，中国共产党走到今天，新中国走到今天，改革开放走到今天，我们之所以能够创造一个又一个奇迹，我们之所以能够为人类做出如此大的贡献，究其根本，是我们有一种伟大的民族精神，有一种敢于胜利、勇于胜利的同天斗同地斗的战斗精神。

六个老汉，面对着漫天黄沙，他们没有退缩，没有气馁，而是以挖山不止的愚公精神，一代又一代坚持防沙治沙。这是我们伟大的民族精神在新时代的绽放。

他们所立起的是光照后人的丰碑。习近平总书记在2019年9月3日秋季学期中央党校（国家行政学院）中青年干部培训班开班式上指出：中华民族伟大复兴绝不是轻轻松松、敲锣打鼓就能实现的，实现伟大梦想必须进行伟大斗争。在前进道路上，我们面临的风险考验只会越来越复杂，甚至会遇到难以想象的惊涛骇浪；我们面临的各种斗争不是短期的而是长期的，至少要伴随我们实现第二个百年奋斗目标全过程。他特别指出：当前和今后一个时期，我国发展进入各种风险挑战不断积累甚至集中显露的时期，面临的重大斗争不会少，经济、政治、文化、社会、生态文明建设，国防和军队建设，港澳台工作，外交工作，党的建设等方面都有，而且越来越复杂。在前进的道路上，我们会遇到无穷无尽的艰难险阻。我们现在生活条件好了，我们进入了太平盛世。“生于忧患，死于安乐。”面对中华民族伟大复兴进程中的各种艰难险阻，我们面临的最大的风险是精神懈怠的风险，是斗争精神缺失的危险。六个老汉，没有豪言壮语，没有多高的学历，也没有多少私人财产，但是，他们有自己的财富，那就是默默无闻中与天斗与地斗、矢志不渝的治沙精神。平凡之中见真金。六个老汉的治沙实践中绽放出来的不平凡精神，是新时代的一座丰碑！

中央党校（国家行政学院）报刊社总编辑　丁茂战

目　录

理论篇　习近平生态文明思想阐释

实践篇　习近平生态文明思想实践

创新篇　八步沙精神理论建构

发展篇　八步沙精神实践探索

理论篇

习近平生态文明思想阐释

习近平生态文明思想是新时代建设美丽中国的根本遵循

◎ 许先春

党的十八大以来，习近平同志以高度的历史使命感和强烈的责任担当，不断探索生态文明建设规律，深刻回答了为什么建设生态文明、建设什么样的生态文明、怎样建设生态文明的重大理论和实践问题，创造性地提出一系列新理念新思想新战略，形成了习近平生态文明思想。习近平生态文明思想是新时代加强生态环境保护、建设美丽中国的根本遵循和行动指南。

一、深刻认识我国生态文明建设的战略意义和历史方位

习近平同志把生态文明建设作为统筹推进“五位一体”总体布局和协调推进“四个全面”战略布局的重要内容，作为重大民生实事牢牢抓在手上。他深刻阐述了生态文明建设的重大意义，正确判断我国生态文明建设面临的严峻形势，科学分析了我国生态文明建设所处的历史方位，推动全社会对生态文明建设战略地位的认识发生了历史性变化。

（一）从三个高度看待生态文明建设的重大意义

第一，从政治高度看待生态文明建设。习近平同志指出：“生态环境是

关系党的使命宗旨的重大政治问题，也是关系民生的重大社会问题。”[①]经过改革开放以来多年的快速发展，我国取得了举世瞩目的成就，这是值得我们自豪和骄傲的。同时必须看到，我国积累下来的环境问题进入高强度频发阶段，我国农产品、工业品、服务产品的生产能力迅速扩大，但提供优质生态产品的能力却在减弱，一些地方生态环境还在恶化，甚至到了积重难返的地步，成为民生之患、民生之痛。如果仍是粗放式发展，即使实现了发展目标、经济上去了，但环境污染没有治理好，老百姓的幸福感也会大打折扣，甚至会出现强烈的不满情绪，弄得不好还往往最容易引发群体性事件。“这里面有很大的政治”[②]，“生态文明建设做好了，对中国特色社会主义是加分项，反之就会成为别有用心的势力攻击我们的借口”[③]。“我们在生态环境方面欠账太多了，如果不从现在起就把这项工作紧紧抓起来，将来会付出更大的代价”。这些论述表明，必须从巩固党的执政基础、保证党和国家长治久安的高度看待生态文明建设。

第二，从中华民族伟大复兴和永续发展的高度看待生态文明建设。习近平同志指出：“生态文明建设事关中华民族永续发展和‘两个一百年’奋斗目标的实现。”[④]到2020年全面建成小康社会，是我们党向人民作出的庄严承诺。小康全面不全面，生态环境质量很关键。不能一边宣布全面建成小康，一边生态环境质量仍然很差，这样人民不会认可，也经不起历史检验。到21世纪中叶，我们要建成一个富强民主文明和谐美丽的社会主义现代化强国，要实现中华民族伟大复兴，这是一项绝无仅有、史无前例、空前伟大的事业。14亿多人口的中国实现了现代化，就会把世界工业化人口数量提升一倍以上，其影响将是世界性的。如果我国现代化建设走美欧走过的老路，消耗资源、污染环境，再有几个地球也不够消耗，那是难以为继的，是走不通

①习近平：《推动我国生态文明建设迈上新台阶》，载《十九大以来重要文献选编》（上），中央文献出版社2019年版，第448页。

②《习近平关于社会主义生态文明建设论述摘编》，中央文献出版社2017年版，第5页。

③习近平：《推动我国生态文明建设迈上新台阶》，载《十九大以来重要文献选编》（上），中央文献出版社2019年版，第449页。

④《习近平关于社会主义生态文明建设论述摘编》，中央文献出版社2017年版，第9页。

的。习近平同志用两个短板的比喻告诫我们：生态环境在我国现代化中成为明显的短板，生态文明建设是全面建成小康社会的突出短板，必须尽力补上这块短板。他强调，“生态文明建设是关系中华民族永续发展的根本大计”[①]，如果任凭生态环境的问题不断产生，我们就难以从根本上扭转我国生态环境恶化的趋势，这是对中华民族和子孙后代的不负责任。

第三，从人类生存发展的高度看待生态文明建设。习近平同志指出：“生态环境是人类生存和发展的根基，生态环境变化直接影响文明兴衰演替。”[②]人与自然共生共存，伤害自然最终将伤及人类自身，因为空气、水、土壤、蓝天等自然资源用之不绝、失之难续。工业化创造了前所未有的物质财富，也产生了难以弥补的生态创伤。他在一系列讲话中经常讲到三个镜鉴：一是总结世界历史教训，从生态环境衰退导致古代埃及、古代巴比伦文明衰落得出结论“生态兴则文明兴，生态衰则文明衰”；二是强调要认真吸取我国古代水丰草茂的河西走廊、黄土高原一带由于生态遭到严重破坏而加剧经济衰落的教训，不能再在我们手上重犯；三是通过20世纪30年代开始一些发达国家相继发生的多起震惊世界的环境公害事件，反思资本主义发展模式对地球生态系统原有循环和平衡的破坏以及人与自然关系的紧张。他强调：“建设生态文明关乎人类未来。”[③]保护生态环境，应对气候变化，维护能源资源安全，是全球面临的共同挑战，任何一国都无法置身事外，需要在全球范围内采取及时有力的行动。国际社会应该携手同行，着力深化环保合作，积极应对全球性生态挑战，共同呵护人类赖以生存的地球家园。

正是站在政治的高度、中华民族伟大复兴和永续发展的高度、全人类生存发展的高度来看待生态文明建设，习近平同志反复强调要把生态文明建设摆在更加突出的位置，紧盯不放，抓紧、紧抓。从中也可以看出，习近平生

---

①《习近平关于社会主义生态文明建设论述摘编》，中央文献出版社2017年版，第7页。

②习近平：《推动我国生态文明建设迈上新台阶》，载《十九大以来重要文献选编》（上），中央文献出版社2019年版，第443页。

③《习近平关于社会主义生态文明建设论述摘编》，中央文献出版社2017年版，第131页。

态文明思想，既来自于对中国共产党长期执政经验的科学总结，也来自于对中华文明永续发展的历史借鉴，也来自于对世界文明兴衰存续规律的深刻把握。

（二）科学判断我国生态文明建设面临的形势任务

第一，关于生态环境保护形势的总体判断。我国生态文明建设面临的有利条件是：改革开放40年的发展进步提供了坚实的物质、技术和人才基础，我国经济已从高速增长阶段转向高质量发展阶段，宏观经济环境更加有利，绿色低碳发展深入推进，生态文明体制改革红利逐步释放，我国生态环境保护已进入了不欠新账多还旧账的阶段。在看到有利条件的同时，习近平同志清醒地指出：我国环境容量有限，生态系统脆弱，污染重、损失大、风险高的生态环境状况还没有根本扭转，资源约束趋紧、环境污染严重、生态系统退化的形势依然十分严峻。在综合分析的基础上，他指出：一方面我国生态环境质量持续改善，持续好转，稳中向好；另一方面我国生态文明建设挑战重重、压力巨大、矛盾突出，还有不少难关要过，还有不少硬骨头要啃，还有不少顽瘴痼疾要治。他辩证地指出："我国生态环境矛盾有一个历史积累过程，不是一天变坏的，但不能在我们手里变得越来越坏，共产党人应该有这样的胸怀和意志。"①

第二，关于我国生态文明建设所处历史方位的判断。"生态文明建设正处于压力叠加、负重前行的关键期，已进入提供更多优质生态产品以满足人民日益增长的优美生态环境需要的攻坚期，也到了有条件有能力解决生态环境突出问题的窗口期。"②这"三个期"是习近平同志统筹考虑经济、社会、环境、民生诸要素在内的发展全局而作出的精准、客观、全面的重大战略判断。他指出：现在，我们到了必须加大生态环境保护建设力度的时候了，也到了有能力做好这件事情的时候了。他强调：这是一个凤凰涅槃的过程。如果现在不抓紧，将来解决起来难度会更高、代价会更大、后果会更重。必须

①《习近平关于社会主义生态文明建设论述摘编》，中央文献出版社2017年版，第8页。

②习近平：《推动我国生态文明建设迈上新台阶》，载《十九大以来重要文献选编》（上），中央文献出版社2019年版，第448页。

咬紧牙关，爬过这个坡，迈过这道坎。

第三，关于生态文明建设主要矛盾的判断。中国特色社会主义进入新时代，社会主要矛盾发生了变化，这一变化必然体现到生态文明领域中来。现在，随着我国社会主要矛盾转化为人民日益增长的美好生活需要和不平衡不充分的发展之间的矛盾，人民群众对优美生态环境的需要已经成为这一矛盾的重要方面，广大人民群众热切期盼加快提高生态环境质量。新时代，人民群众对干净的水、清新的空气、安全的食品、优美的生态环境等要求越来越高，生态环境在群众生活幸福指数中的地位不断凸显。我们既要创造更多的物质财富和精神财富以满足人民日益增长的美好生活需要，也要提供更多优质的生态产品以满足人民日益增长的优美生态环境需要。

正是立足于上述判断，习近平同志反复强调要清醒认识加强生态文明建设的重要性和必要性、紧迫性和艰巨性，真正下决心把环境污染治理好、把生态环境建设好，为人民创造良好生产生活环境。也正因为如此，习近平同志对生态环境保护方面的问题看得很重，党的十八大以来多次就一些严重损害生态环境的事情作出批示，要求严肃查处。比如，分别就陕西延安削山造城、浙江杭州千岛湖临湖地带违规搞建设、秦岭北麓西安段圈地建别墅、新疆卡山自然保护区违规“瘦身”、腾格里沙漠污染、青海祁连山自然保护区和木里矿区破坏性开采、甘肃祁连山生态保护区生态环境破坏等严重破坏生态环境事件作出多次批示。这充分体现了我们党加强生态文明建设的坚定意志和坚强决心。

二、深刻领会习近平生态文明思想的主要内容

党的十八大以来，以习近平同志为核心的党中央高度重视生态文明建设。习近平同志在许多重要会议和重要场合，围绕我国生态文明建设的若干重大问题，进行了深入系统的研究、谋划和部署。一是主持中共中央政治局集体学习，带头研究和思考我国生态文明中基础性、战略性、前瞻性的重大问题。比如，2013年5月24日，十八届中共中央政治局第六次集体学习内容是大力推进生态文明建设；2013年7月30日，第八次集体学习内容是建设海

洋强国研究；2017年5月26日，第四十一次集体学习内容是推动形成绿色发展方式和生活方式；等等。二是召开中央财经领导小组、中央财经委员会会议，专题研究和部署生态文明建设中重大而紧迫的问题。比如，2014年3月14日，中央财经领导小组第五次会议研究水安全战略，确立了“节水优先、空间均衡、系统治理、两手发力”的治水新思路；2014年6月13日，第六次会议研究我国能源安全战略，明确提出了推动能源消费、能源供给、能源技术、能源体制革命和加强国际合作的能源安全新战略；2016年1月26日，第十二次会议研究长江经济带发展规划、森林生态安全等问题；2016年12月21日，第十四次会议研究清洁取暖、普遍推行垃圾分类制度、畜禽养殖废弃物处理和资源化、加强食品安全监管等人民群众普遍关心的突出问题；2018年10月10日，中央财经委员会第三次会议，研究提高我国自然灾害防治能力问题；等等。三是在一系列重要场合比如中央经济工作会议、中央城镇化工作会议、中央农村工作会议等会议上发表重要讲话，深刻分析和阐述我国生态文明建设的目标任务、重大方针、政策措施等。四是在外出考察比如到青海、甘肃、内蒙古等地以及重要生态屏障、重点生态功能区考察时，结合实际对当地提出具体细致乃至对全国都具有指导意义的工作要求。五是在一些重要国际场合结合推进“一带一路”建设、参与全球治理体系变革、维护全球生态安全等重大问题阐明中国关于生态文明建设的国际主张、原则立场。在这一系列重要论述中，习近平同志既深刻分析了我国生态文明建设的现实状况，又剖析了问题根源，明确提出了解决方案和应对措施，对我国生态文明建设新实践及时做出理论概括和思想提升，习近平生态文明思想的内涵不断充实、深化，作为一个思想体系也愈加丰富、成熟。

习近平生态文明思想内涵十分丰富，涵盖新时代生态文明建设的战略地位、总体目标、体系框架、核心原则、根本途径、重点任务、制度保障和政治领导等方面，这些构成了习近平生态文明思想的“四梁八柱”。

（一）生态文明建设的战略地位

生态环境是我国持续发展最为重要的基础，生态环境保护是功在当代、利在千秋的事业，建设生态文明是关系人民福祉、关系民族未来的大计。生态文明建设是统筹推进“五位一体”总体布局和协调推进“四个全面”战略布局的重要内容，必须摆在全局工作的突出地位。

（二）生态文明建设的总体目标

以习近平同志为核心的党中央对我国生态文明建设的奋斗目标作出了战略安排：到2020年，资源节约型和环境友好型社会建设取得重大进展，主体功能区布局基本形成，经济发展质量和效益显著提高，生态文明主流价值观在全社会得到推行，生态文明建设水平与全面建成小康社会目标相适应；到2035年，节约资源和保护环境的空间格局、产业结构、生产方式、生活方式总体形成，生态环境质量实现根本好转，生态环境领域国家治理体系和治理能力现代化基本实现，美丽中国目标基本实现；到本世纪中叶，建成富强民主文明和谐美丽的社会主义现代化强国，物质文明、政治文明、精神文明、社会文明、生态文明全面提升，绿色发展方式和生活方式全面形成，人与自然和谐共生，生态环境领域国家治理体系和治理能力现代化全面实现，建成美丽中国。

（三）生态文明建设的体系框架

习近平同志用“五个体系”全面界定了生态文明体系的基本框架。这“五个体系”是：以生态价值观念为准则的生态文化体系，以产业生态化和生态产业化为主体的生态经济体系，以改善生态环境质量为核心的目标责任体系，以治理体系和治理能力现代化为保障的生态文明制度体系，以生态系统良性循环和环境风险有效防控为重点的生态安全体系。这“五个体系”相辅相成、相得益彰。

（四）生态文明建设的核心原则

一是坚持人与自然和谐共生。人与自然是生命共同体。必须坚持节约优先、保护优先、自然恢复为主的方针，坚定不移走生产发展、生活富裕、生态良好的文明发展道路，还自然以宁静、和谐、美丽。二是坚持“绿水青山就是金山银山”。绿水青山既是自然财富、生态财富，又是社会财富、经济财富，必须贯彻新发展理念，努力把绿水青山中蕴含的生态产品价值转化为“金山银山”，使绿水青山持续发挥生态效益和社会效益。三是良好生态环境是最普惠的民生福祉。环境就是民生，青山就是美丽，蓝天也是幸福。必须坚持以人民为中心，重点解决损害群众健康的突出环境问题，提供更多优质生态产品。四是山水林田湖草是生命共同体。人的命脉在田，田的命脉在水，水的命脉在山，山的命脉在土，土的命脉在林和草。要从系统工程和全局角度寻求新的治理之道，统筹兼顾、整体施策、多措并举。五是用最严格制度最严密法治保护生态环境。要加快制度创新，增加制度供给，完善制度配套，强化制度执行，让制度成为刚性约束和不可触碰的高压线。六是共谋全球生态文明建设。建设绿色家园是人类的共同梦想。要深度参与全球环境治理，积极引导国际秩序变革方向，形成世界环境保护和可持续发展的解决方案，推动构建人类命运共同体。

（五）生态文明建设的根本途径

绿色发展是新发展理念的重要组成部分，是全方位变革、构建高质量现代化经济体系的必然要求。绿色发展就其要义来说，是要解决好人与自然和谐共生问题。全面推动绿色发展，加快形成绿色发展方式，是解决污染问题的根本之策。坚持绿色发展、循环发展、低碳发展，做强做大绿色经济。倡导简约适度、绿色低碳的生活方式，通过生活方式革命倒逼生产方式的绿色转型。

（六）生态文明建设的重点任务

一是着力解决突出生态环境问题。打赢污染防治攻坚战，就要打几场标志性的重大战役，集中力量攻克老百姓身边的突出生态环境问题。以解决人民群众反映强烈的大气、水、土壤污染等突出问题为重点，坚决打赢蓝天保卫战，着力打好碧水保卫战，扎实推进净土保卫战，建设美丽城镇和美丽乡村。二是有效防范生态环境风险。生态环境安全是国家安全的重要组成部分，是经济社会持续健康发展的重要保障。要把生态风险纳入常态化管理，系统构建全过程、多层级生态环境风险防范体系。三是提高环境治理水平。环境治理是系统工程，需要综合运用行政、市场、法治、科技等多种手段，大幅提升治理能力。

（七）生态文明建设的制度保障

生态文明体制改革是全面深化改革的重要领域，也是生态文明建设的重要保障。建设生态文明，重在建章立制。要以解决生态环境领域突出问题为导向，抓好已出台改革举措的落地，及时制定新的改革方案，不断健全自然资源资产管理体制，改革生态环境监管体制，构建产权清晰、多元参与、激励约束并重、系统完整的生态文明制度体系。

（八）生态文明建设的政治领导

打好污染防治攻坚战时间紧、任务重、难度大，必须加强党的领导。各地区各部门要增强“四个意识”，坚决维护党中央权威和集中统一领导，坚决担负起生态文明建设的政治责任。要落实党政主体责任，落实领导干部生态文明建设责任制，严格实行党政同责、一岗双责。要建立科学合理的考核评价体系，推动中央生态环境保护督察工作向纵深发展，实施最严格的考核问责制度，严格追究责任。

习近平同志在论述生态文明建设时还有很多脍炙人口的名言，比如“让群众望得见山、看得见水、记得住乡愁”“像保护眼睛一样保护生态环境，像对待生命一样对待生态环境”“绿色生态是最大财富、最大优势、最大品牌”“共抓大保护、不搞大开发”等，这些理念直抵人心，振聋发聩。他主动给各级干部去掉增长速度的“紧箍咒”，强调不能简单以国内生产总值增长率论英雄，经济增速下去一点，但在绿色发展方面搞上去了，那就可以挂红花、当英雄。他对生态文明建设进行总体部署，以抓铁有痕、踏石留印的韧劲，推动重要领域和关键环节取得突破性进展。他亲自部署中央生态环境保护督察工作，推动环境保护重大决策落地生根。这些思想论述和行动举措，在实际工作中都取得了实实在在的成效。

习近平生态文明思想揭示了新时代生态文明建设的特点和规律，用一系列紧密联系、相互贯通的新思想新观点新论断，丰富和发展了马克思主义关于生态文明建设的理论，是具有内在逻辑结构的理论体系。

三、深刻把握习近平生态文明思想的实践要求和指导意义

深入学习贯彻习近平生态文明思想，对于大力推进生态文明建设、不断开创新时代生态文明建设新局面具有重大的现实意义和深远的历史意义。

（一）习近平生态文明思想以鲜活的、富有时代性的理论创新，把我们党对生态文明建设规律的认识提高到新的科学水平

习近平生态文明思想是习近平同志着眼于我国生态文明建设的基本国情和严峻形势，坚持解放思想、实事求是、与时俱进、求真务实，以全新的视野、全新的认识不懈探索生态文明建设规律而形成的独创性理论成果。

这一理论成果，用人与自然和谐共处的价值取向拓展了人们对自然的认识，倡导牢固树立社会主义生态文明观，开辟了人与自然和谐发展的现代化建设新格局；用“绿水青山就是金山银山”的发展导向从根本上扭转了人们对发展的认识，推动了发展观的深刻变革，确立了绿色发展的新理念；用良好生态环境就是最普惠民生福祉的民生底蕴，深化了对人民需要的认识，指明了生态惠民、生态利民、生态为民的生态文明发展新方向；用山水林田湖草是生命共同体的系统思维，改变了过去算小账、算眼前、顾此失彼、单一治理的片面倾向，强调要树立大局观、长远观、整体观，开创了全方位、全地域、全过程生态治理的新模式；用最严格制度最严密法治保护生态环境的法治观念，改变了体制不健全、制度不严格、法治不严密、执行不到位、惩处不得力的弊端，把制度建设作为生态文明建设的重中之重，推动生态文明建设迈入制度化、法治化、规范化、程序化的新轨道；用共谋全球生态文明建设的全球视野，倡导国际社会同舟共济、携手共建生态良好的地球美好家园，为人类可持续发展和全球环境治理提供了充满东方智慧的中国方案。

习近平生态文明思想，系统总结了中国共产党治国理政、我国生态环境保护探索实践的成功经验，汲取了中华优秀传统文化的生态智慧，顺应了世界各国应对环境与发展挑战的时代潮流，在一系列根本性、全局性的问题上形成了重大理论创新，带来了生态理念和治理方式的深刻变革，为新时代生态文明建设注入了富有时代特色的新内涵新要求。

（二）习近平生态文明思想蕴含着丰富的辩证思维，为新时代生态文明建设提供了科学的思想方法和工作方法

习近平同志坚持运用辩证唯物主义和历史唯物主义的世界观和方法论，深刻阐述了事关生态文明建设全局的一系列重大关系，揭示了新时代生态文

明建设的辩证法，体现了我们党对生态文明建设规律的辩证把握。

一是深刻阐述了经济发展和生态环境保护的关系，强调坚持在发展中保护、在保护中发展，指明了实现发展和保护协同共生的新路径。二是深刻阐述了保护生态环境和保护生产力的关系，揭示了保护生态环境就是保护生产力、改善生态环境就是发展生产力的实质。三是深刻阐述了经济社会发展和资源环境承载力的关系，强调把经济活动、人的行动限制在自然资源和生态环境能够承受的限度内。四是深刻阐述了生态保护和污染防治的关系，揭示了两者密不可分、相互作用的内在机理，为此他还使用了一个形象生动的比喻：污染防治好比是分子，生态保护好比是分母，要对分子做好减法，对分母做好加法，协同发力。五是深刻阐述了整体推进和重点突破的关系，强调要在整体推进的基础上抓主要矛盾和矛盾的主要方面，采取有针对性的具体措施进行重点突破，努力做到全局和局部相配套、治本和治标相结合、渐进和突破相衔接，实现整体推进和重点突破相统一。六是深刻阐述了总体谋划和久久为功的关系，强调做好顶层设计，一张蓝图干到底，以钉钉子精神脚踏实地抓成效，积小胜为大胜。

习近平生态文明思想贯穿了马克思主义的立场、观点和方法，闪烁着马克思主义的思想光辉，为我们理顺生态文明建设各种关系、从不同层面推进生态文明建设提供了新思路新办法。

（三）牢牢把握习近平生态文明思想的实践要求，推动我国生态文明建设迈入新境界

我们党一贯重视生态环境保护事业，持续推进生态文明建设。20世纪80年代初，我们就把保护环境作为基本国策。90年代初，可持续发展战略被确立为国家战略。进入新世纪，我们大力推进资源节约型、环境友好型社会建设。进入新时代，以习近平同志为核心的党中央着力推进美丽中国建设，开展一系列根本性、开创性、长远性工作，污染治理力度之大、制度出台频度之密、监管执法尺度之严、环境质量改善速度之快前所未有，生态环境保护发生了历史性、转折性、全局性变化。习近平生态文明思想，正是在我们党长期以来特别是新时代以来对生态文明建设进行艰辛探索的实践基础上形成

的。它来自于实践，反过来又指导实践。它具有实践导向、问题导向，由问题倒逼而产生、在实践中不断深化，又在指导实践、解决问题中得到检验和发展。

习近平生态文明思想是习近平新时代中国特色社会主义思想的重要组成部分，是新时代推进生态文明建设的强大思想武器。习近平生态文明思想充分展现了习近平同志作为马克思主义政治家、理论家、战略家的远见卓识、高超智慧、人民情怀和领袖风采，从生态文明建设的角度生动诠释了当代中国共产党人的历史使命、执政理念、价值追求和责任担当。

在前进道路上，我们必须坚持始终以习近平生态文明思想为指导，按照高质量发展要求，把环境保护作为供给侧结构性改革的重要领域，坚持以改善生态环境质量为核心，以解决人民群众反映强烈的突出生态环境问题为重点，以防控生态环境风险为底线，以构建生态文明体系为重要支撑，坚决打好污染防治攻坚战，推动我国生态文明建设迈入新境界。

作者简介

许先春，男，中共中央党史和文献研究院第一研究部副主任，研究员。

浅谈加强甘肃生态建设的几点认识

◎ 马俊峰

习近平总书记视察甘肃时就加强环境保护、构筑生态屏障等问题做了重要指示，这些重要指示明确了甘肃加强生态建设的指导思想、目标任务、重大原则、有效路径，具有很强的思想性、指导性、针对性，是深化甘肃生态建设，坚持和贯彻新发展理念，坚定不移走生产发展、生活富裕、生态良好的文明发展道路，加快建设经济发展、山川秀美、民族团结、社会和谐的幸福美好新甘肃，实现“不断开创富民兴陇新局面”的奋斗目标的思想指引和行动指南。深入学习习近平总书记关于甘肃生态建设的指示精神，要重点深化以下几方面的认识。

一、要深化对甘肃生态建设在国家发展大局中重要地位的认识

甘肃地理位置特殊、气候类型复杂多样，生态承载力低、修复能力弱，因此在全国生态建设中具有特殊的地位。甘肃地处长江、黄河上游，是全国水土流失治理和防沙治沙的重点区域，甘肃生态环境的状况直接影响黄河、长江上游的水源供给、水患治理，以及下游地区的人民生活和经济发展。同

时，甘肃省还是防沙治沙、阻止沙尘暴南侵、促进北方地区环境优化的前沿阵地。在《全国主体功能区规划》中，甘肃省同时肩负“青藏高原生态屏障”“黄土高原—川滇生态屏障”和“北方防沙带”等重要角色。由此可见，甘肃省的生态状况不仅关系全省人民的生存和发展，而且关系华北、东北乃至全国的生态安全。

习近平总书记在讲话中进一步明确了甘肃生态环境保护在党和国家发展大局中极其重要的地位，强调甘肃要自觉担负起“加强生态环境保护，努力构筑国家西部生态安全屏障”的重要使命。把甘肃建成我国重要的生态安全屏障，是甘肃省在全国发展大局中的关键定位，甘肃生态建设和环境保护能有所进展、有所突破、有所改善，就是对国家和民族最大的、最有意义的贡献。为此，必须加强对山水林湖草综合治理、系统治理、源头治理研究，加强对构筑河西祁连山、南部秦巴山、甘南高原地区、陇东陇中黄土高原和中部沿黄地区“四屏一障”的研究，加强对黄河生态治理保护的研究，采取更有利、更管用的措施，打好污染防治的攻坚战、区域治理的整体战、防沙治沙的阵地战、绿色发展的持久战，守护好河西走廊的“生命线”，守护好祁连山自然保护区，守护好黄河上游重要水源，守护好中华民族赖以生存的生态屏障。

二、要深化对生态保护与民生之间关系的认识

解决好人民群众反映强烈的突出环境问题，营造良好的生态环境是改善民生的迫切需要，是最普惠的民生福祉，也是加强生态文明建设的当务之急。新中国成立70多年，特别是改革开放以来，中国经济快速发展，积累了诸多生态环境问题。这些问题已经进入高频发阶段，比如全国江河水系、地下水污染和饮用水安全的问题，沙尘暴、雾霾等问题。我们要实现的全面小康社会是人与自然和谐共生的社会，是环境优美、生态宜居的社会。我国社会的主要矛盾已经转化为人民日益增长的美好生活需要和不平衡不充分的发展之间的矛盾，要解决新时代的主要矛盾，不仅要创造更多的物质财富和精神财富，还要积极回应人民群众所想、所盼、所急，大力推进生态文明建

设，打好生态环境保护持久战、污染防治攻坚战，创造更多优质的生态产品，营造更加宜居的生存环境，才能满足人民日益增长的美好生活的需要。广大人民群众热切期盼、迫切要求加快提高生态环境质量，环境问题已经成为重要的民生问题。人民共享优美的生态环境本身就是社会公平正义的重要体现，人与自然的和谐相处本身就是文明、和谐的重要标志。要从民生层面理解生态环境保护的重要性、迫切性，把生态问题当作民生问题来抓，毫不犹豫、决不退缩，不断改善生态环境，增进人民福祉。

三、要深化对人与自然之间关系的认识

马克思恩格斯指出，人与自然的关系是人类社会最基本的关系。人类可以通过实践有目的、有计划地利用自然、改造自然，但归根结底，人类是自然的一部分，人类不能也不可能凌驾于自然之上。从人类历史来看，“生态兴则文明兴，生态衰则文明衰”。恩格斯曾指出，“我们不要过分陶醉于我们人类对自然界的胜利。对于每一次这样的胜利，自然界都对我们进行报复”，“美索不达米亚、希腊、小亚细亚以及其他各地的居民，为了得到耕地，毁灭了森林，但是他们做梦也想不到，这些地方竟因此而成为不毛之地”。历史的教训、现实的惨痛告诉我们：人类与自然是命运共同体，人类必须像保护自己的生命一样保护自然。在人类发展史上，中华文明是世界上唯一没有中断，传承了五千多年的古老文明，其中一个非常重要的原因就是中华民族具有丰富的生态智慧。“天人合一”“道法自然”“天地与我并生，而万物与我为一”“天不言而四时行，地不语而百物生”的哲学思想，“数罟不入洿池，鱼鳖不可胜食也；斧斤以时入山林，材木不可胜用也”“竭泽而渔，岂不获得，而明年无鱼”的古训佳话，其中所蕴含的朴素的自然观，至今仍然给人们以深刻的警示和启迪。人类只有尊重自然、顺应自然、呵护自然，自身才能获得生存与发展。人类如果毫无节制地开发自然资源、破坏自然环境，必然会受到自然的严厉惩罚。因此，保护自然环境就是保护人类，建设生态文明就是造福人类。甘肃省八步沙的兴衰也向我们证明，当人类粗暴掠夺自然时，自然的惩罚必然是无情的；当人类友好保护自然时，自然的回报

也必然是慷慨的。八步沙人治沙的精神已经成为新时代的甘肃精神，八步沙人治沙的奇迹也是新时代生态文明建设中值得传颂的中国故事。

四、要深化对生态保护与经济发展之间关系的认识

习近平总书记在视察甘肃重要讲话中提出“卸下GDP的紧箍咒，套上生态环保的紧箍咒”的重要指示和要求。改革开放以来，我国坚持以经济建设为中心，推动经济的快速发展，在此过程中，一些地方、一些领域没有处理好生态保护与经济发展之间的关系，以无节制地消耗能源、破坏环境为代价换取经济效益，导致能源、资源、环境问题日益突出。环顾世界，我们发现一些发达国家也都经历了“先污染后治理”的过程，为了发展经济破坏了生态环境。如英国是世界上最早走上工业化道路的国家，但是伦敦也是著名的“雾都”；20世纪40年代美国洛杉矶的光化学烟雾事件使得当地民众饱受折磨和伤害。事实证明，西方在工业化的过程中，因为没有正确处理环境与经济的关系而付出了沉重的代价。中国改革开放40多年积累的环境问题已经集中呈现出来，中国不能再走欧美发达国家的老路，中国的环境保护、污染治理、生态建设已经到了刻不容缓的地步。只有重新审视生态保护与经济发展之间的关系，才能更好地发展生产力，实现更高层次的发展。从根本上讲，保护生产力、改善生态环境就是发展生产力，保护生态环境和发展经济有机统一、相辅相成。不能因为脱贫攻坚工作遇到一点困难，经济发展碰到一点阻力，就选择以牺牲生态环境换取经济增长的方式；更不能盲目地为了GDP的增长而破坏环境、过度开发。生态文明建设对经济增长方式的转变提出了更高要求，环境保护、污染治理是经济由高速增长向高质量发展转变的必经之路，也是我们脱贫攻坚、开创富民兴陇新局面所必须坚守的底线。经济要发展，首先要具有保护生态环境的定力，在生态问题上要坚持不动摇、不松劲、不开口子。生态建设的新要求也是经济创新发展的重要动力。要贯彻新发展理念，统筹好经济发展和生态环境保护建设的关系，构建市场导向的绿色技术创新体系，发展绿色金融，壮大节能环保产业、清洁生产产业、清洁能源产业，努力探索出一条符合战略定位、体现甘肃特色、富民兴陇的新路

子，一条以生态优先、绿色发展、高质量发展为导向的新路子，一条实现经济发展与生态保护共赢的新路子。

作者简介

马俊峰，男，西北师范大学马克思主义学院副院长、教授，博士生导师。

"六老汉"三代人治沙事迹体现的共同体精神

◎ 王明芳

共同体是源自西方政治学的一个概念，一般是指人们在共同的道德规范和利益基础上，形成的政治机构及政治制度。政治共同体具有一定的地理边界，即当今的民族国家。在这一特定区域内，一种普遍的政治关系凸显——公民享受公共政治权利，但也对核心政治机构保持忠诚。与政治共同体不同，生态共同体是超国界、超利益，或者超越短视的经济、民族、物质利益形成的人们的共同体。它基于这样的理念：地球是自然之母，自然是一个统一的生态环境，具有内在的有机联系，牵一发而动全身，地球上发生在任何一处的任何一种的环境灾难都会通过不同的方式影响到他处他人，反之亦然。

八步沙"六老汉"三代人治沙的感人事迹进入人们的视野。"六老汉"三代人治沙是人类不屈不挠抗击命运奋争的典范，也是人类超越一己之藩篱，为子孙后代的留续牺牲自我的巨大担当和奉献，体现了一种高度负责的共同体意识，值得我们每一个人深思和学习。

一、生态共同体强调环境决策的广泛参与性和参与方式的多样性

就像历史上的“无代表不纳税”一样，生态共同体主张，任何阶级、区域、民族和物种，只要受某一决策的影响，都应该有代表参与决策。各方政府应该提供畅通的渠道允许并倾听各利益方的呼声和关注。如果政府没有完善和充分的沟通决策渠道，政府间的合作没有有效的机制，则相涉的民众可以通过非政府组织、论坛、交流等方式了解彼此关切，增加理解，帮助问题的解决。生态共同体强调，环境决策应该特别关注那些受影响但不能表达的共同体成员，比如未成年人、社会中的弱势群体、未来的人类、自然中不能说话的其他物种等。我们人类当下的环境决策往往是以牺牲他们的利益、剥夺他们的福祉为代价的，而他们却不能言说。所以，生态共同体特别强调公平和正义，这种公平和正义既是当代的公平和正义，也是代际的公平和正义。

以党的十九大召开为标志，中国特色社会主义进入了新时代，我国社会的主要矛盾已不再是人民日益增长的物质文化需要同落后的社会生产力之间的矛盾，而是人民日益增长的美好生活需要和不平衡不充分的发展之间的矛盾。人民对美好生活的需要成为党和国家的首要奋斗目标，而人民对美好生活的向往离不开优美的生态环境。长期以来，我国在环境保护方面做出了许多努力，特别是党的十八大以来，以习近平同志为核心的党中央把生态文明建设作为统筹推进“五位一体”总体布局和协调推进“四个全面”战略布局的重要内容，十八届三中全会将“绿色发展”作为五大发展理念之一，对生态环境的关注超越了以往任何时期。党的十九大报告提到要树立和践行“绿水青山就是金山银山”的理念，坚持节约资源和保护环境的基本国策，更是提出“人与自然和谐共生”“构筑尊崇自然、绿色发展的生态体系”论断。在全国生态环境保护大会上，习近平总书记也指出要大力推进生态文明建设，回应人民群众对美好生活的期盼。由此可见，良好的生态环境，是人民

获得持久幸福感的基础，也是“最普惠的民生福祉”。人民对美好生活的需要已经成为社会主义现代化强国的建设目标之一，人民日益增长的优美环境需要也成为我国现代化建设的重中之重。正是在这样的背景下，八步沙“六老汉”三代人治沙的感人事迹进入人们的视野。

二、生态共同体脱胎于自由民主制度的局限性

民主是一个源于西方的概念。它既是价值观念，又是制度安排。价值观念是说人民主权，国家的最高权力属于人民，国家是人民的国家，国家由人民治理。制度安排是说为了实现人民民主进行的一系列的制度安排和制度建设，包括法治、权力分割、议会、弹劾等。自由民主制度可以被视为一个冲突处理系统，众多角色参与其中，却没有哪一个力量可以单独控制事情的发生。因此，它具有结果的不确定性。也正因为如此，所有的力量都在为实现自己的利益而反复斗争。这一特性再加上资本主义经济制度的逐利性就造成了今天世界的生态危机。生态问题具有溢出效应和公共性，它很多时候超出传统民族国家的范围，是区域性甚至全球性的问题。全球环境变暖致使大部分国家都深受其害。比如，一国的核电站事故会使周边的国家遭到严重的核辐射威胁；再比如，一国的沙尘暴也会飞扬千里到达远处。换言之，在整体环境恶化、生态遭到破坏的今天，没有哪一个国家能够独善其身，自由民主制度下多元价值观的冲突以及资本的逐利性也无法解决这一人类面对的突出问题。正是在这种失败下出现了生态共同体理念，它强调无论哪个国家，在生态问题面前都是小政治，生态问题的严峻性以及人类生存的前景才是大政治。

共同体理念强调“受影响原则”，即在决策过程中，任何受影响的因素，无论国家、阶级，还是未成年人、尚未出生的人和非人类物种，都应有机会或有代表参与决策。所需决策的问题有大有小，决策的参与者也就有多有少。从这个意义上说，共同体的边界是开放的，内涵是包容的。如果是国际河流的治理，可能需要相关国家一起来决定政策的制定和实施。如果是关乎

气候变迁这种全球性事务，则应该在联合国这样的平台上通过平等的政治协商解决问题。很多时候，不仅政府间要合作，相关问题牵扯到的民众也应该被纳入进来参与决策，因为他们也是这个大生态共同体的一部分——或许是更重要的部分，他们的参与可能更切中要害，并找到解决问题的真正办法。这也是多种多样的跨国、跨地区非政府组织出现的原因。重要的是，决策应该超越一己一党一国之利益，着眼于整个人类，由此才能找到问题的解决办法。

三、生态共同体也是公平正义的共同体

公平和正义是一个源自伦理道德、关乎经济政治安排的价值。生态环境上的公平和正义原则，大致源自于20世纪70年代美国的环境正义运动。它最初是以少数族裔和低收入群体等弱势民众为主体，抗议其生活的社区和工作场所因放置有毒废弃物而造成的风险，要求在安全健康的环境中生活和工作。生态经济学家柯布认为，公平正义并非只是强调个人的平等权利，更强调人与人之间的关系。平等、参与、个人自由是实现公平正义内容不可缺少的元素，这也是共同体成员所具备的特征。社会要实现公平正义就必须保证人们能平等地参与到社会发展的活动中来。只有当个人拥有了自由、平等和广泛参与的机会，人们才能更有效地发挥潜能和完善自身。因此，注重公平正义，重视人与人、人与社会、人与自然之间的关系，是建设中国特色社会主义需要注意的问题。生态共同体也是人类命运共同体的基础。“人类命运共同体”是公平正义、相互尊重、共同发展、互惠共赢的共同体，是对以往“利己必损人”逻辑展开的全球化秩序的否定。

总的来说，共同体的概念和原则具有悲悯同情特质，它主张跳出一己之藩篱，站在共同体的立场看待和处理问题。它提倡高度的责任感、宽广的胸怀和宏大的视野，将人和物，包括今天的人、明天的人、这里的人、那里的人都统统看作一个共同体，抛却一己之私利和考量，以共同体的存续和福祉为唯一出发点，在决策和行动时要慎之又慎。具有共同体意识和情怀的人能

够自觉自愿、无怨无悔、几十年如一日地从事某一种“苦差”。他们牺牲和舍弃了世俗的利益与享受，他们的肉体是痛苦的，但他们的精神却是快乐的，灵魂是伟大的。八步沙“六老汉”就是这样的人。

作者简介

王明芳，女，兰州大学马克思主义学院教授，硕士生导师。

论习近平生态文明思想的三重维度

◎ 李宝刚　张新南

一、生态自然维度

马克思、恩格斯在对资本主义进行批判的过程中，还对生态展开尖锐的批判。他们对人与自然的关系进行了系统梳理，提出了生态哲学思想。马克思和恩格斯认为自然是人们生存和实践活动的基础，人类历史发展与自然历史发展密不可分，发展过程具有高度的一致性。因此，人与自然的关系在根本上是辩证统一的，而资本主义的生产方式则割裂了人与自然的关系，不仅使生态危机愈演愈烈，还造成人与自然关系的高度异化。也就是说，资本主义巨大成就的背后是资源枯竭、阶级分化严重、人与人之间断裂严重。这样，为了弥补资本主义发展所带来的危机，只能变革资本主义制度和生产方式，建立人与自然和谐相处的共产主义社会。

习近平在继承中国传统生态智慧和马克思生态思想的基础上，于十九大报告中提出“人与自然是生命共同体”的论断。一方面，他认为人与自然是有机整体，“人因自然而生”，也就是说人和自然的山水湖泊共同组成一个不断创造新生命的共同体。不仅如此，这个共同体还超越了人类中心主义的狭隘观念，充满了对自然的敬畏和热爱，认为自然万物皆有价值，对自然本身给予充分肯定。另一方面，代表着人与自然和谐共生理念。习近平同志指出："人因自然而生，人与自然是一种共生关系，对自然的伤害最终会伤及人类自身。"也就是说，人从来都不应该是自然的剥削者，反之应该是继承者。事实证明，人对自然的无底线索取只会引来自然的报复。因此，习近平同志倡导生态文明建设，对传统工业道路给予反思，坚持人与自然共生，实现人类社会与自然界的可持续发展。

总之，习近平生态文明思想捍卫了马克思主义生态哲学，追求人与自然的真正共生。同时，他坚持认为人与自然是基于人类实践活动的历史统一和辩证统一，从而继承和丰富了马克思主义生态哲学的思想体系。同时，"生命共同体"是习近平生态文明思想的核心，也是我们之后建设美丽中国的指导思想。

二、生态经济维度

"两山论"是习近平生态文明思想的重要组成部分，从人文世界和自然世界两个层面阐述了人与自然在新时代需要坚持的新方向，指出未来人类文明发展最终的价值旨归。

从人文世界角度而言，习近平的"两山论"首先表现出对人类与自然进行奋斗之后取得成功的肯定。习近平所谈的自然观是建立在实践基础上的，他并没有一开始就抽象地去谈保护环境，而是对人类发展的正当性给予肯定。也就是说，在人的基本生活需求都无法保障时，谈环境保护只能是一句空话。在这个意义上，西方提倡的自然中心主义就是完全脱离实践的"乌托邦"思想。

恩格斯谈到人与自然的关系中曾说："动物仅仅利用外部自然界，简单地通过自身的存在在自然界中引起变化；而人则通过他所作出的改变来使自然界为自己的目的服务，来支配自然界。这便是人同其他动物的最终的本质的差别。”[1]也就是说，人在自然发展过程中具有主观能动性，但是这一主观能动性实现的前提是对自然规律的尊重。正如习近平同志曾反复指出：“在对待自然问题上，恩格斯深刻指出：‘我们不要过分陶醉于我们人类对自然界的胜利。对于每一次这样的胜利，自然界都对我们进行报复。每一次胜利，起初确实取得了我们预期的结果，但是往后和再往后却发生完全不同的、出乎预料的影响，常常把最初的结果又消除了。’人因自然而生，人与自然是一种共生关系，对自然的伤害最终会伤及人类自身。只有尊重自然规律，才能有效防止在开发利用自然上走弯路。这个道理要铭记于心、落实于行。”[2]因此，从自然优先性角度而言，习近平的“两山论”是指宁要绿水青山，不要金山银山。在习近平看来，自然世界是人文世界的基础，或者说是母体，自然世界先于人类的人文世界而存在，人类的一切人文活动都建立在自然世界之上。简而言之，自然界孕育了人类，但是人类在长期的社会发展过程中却没能给予自然界足够的重视，甚至背离了自然发展规律。随着生态文明时代的到来，人类必须要正视自然、回归自然。自然孕育人类，人文世界独立展开，人向自然回归，这一过程亦是人与自然关系的“正反合”。在忽视自然价值基础上构建的代表人类发展文明的大厦就如建在空中的楼阁，即便巍峨雄伟，也只是海市蜃楼。因此，人的发展不可以也不能背离自然规律，只有尊重自然，人的发展才有向前、向好的可能。党的十六届四中全会提出的“四位一体”总体布局体现出人文世界的独立价值，而十八大的“五位一体”总体布局则是凸显自然世界优先性，这充分说明党对人与自然的关系的认识更为具体和深刻。

习近平生态文明思想具有丰富的理论体系，而“两山论”从人与自然的辩证关系出发，不仅肯定了自然的优先性，也肯定了人类实践的重要性，找到了人与自然的和解之道，不仅为人与自然发展提供了系统方案，还充分彰显了共产党人严谨的辩证思维。

---

①《马克思恩格斯选集》(第四卷)，人民出版社 1995 年版，第 384 页。

②习近平：《在省部级主要领导干部学习贯彻党的十八届五中全会精神专题研讨班上的讲话》，人民出版社 2016 年版，第 18 页。

三、生态民生维度

在生态民生问题上，习近平同志指出：生态环境的保护，关乎最广大人民群众的根本利益，关乎中华民族的永续发展，生态保护功在当代、利在千秋，必须撸起袖子加油干。党的十九大报告指出：“中国共产党人的初心和使命，就是为中国人民谋幸福，为中华民族谋复兴。”因此，中国共产党带着保障和改善民生的任务，重视生态环境建设。但是，每个历史时期生态发展状况不一，因此各有侧重，习近平生态文明思想是在吸取前人生态智慧中得以形成的。

一方面，生态环境与民生福祉息息相关。2013年，习近平在海南考察时提出：“良好生态环境是最公平的公共产品，是最普惠的民生福祉。”[①]也就是说，生态环境是全人类的公共财产，无论是空气还是水都归人类所共有。随着自然变化和气流流动，无论是空气污染还是水污染，都不再是一个地区或者一个国家的事情，各国都能在发展中看到环境保护的公共性和重要性。我们享受大自然给予的一切，例如甘甜的水源和清新的空气，作为生态平衡的建设者，我们理应做好生态环境保护，使良好的生态环境成为人民最普惠的福祉。

另一方面，良好的生态环境直接关系到民生未来。2013年，习近平在第十八届中央政治局第六次集体学习时提出：“建设生态文明，关系人民福祉，关乎民族未来。”[②]明确指出生态文明建设在中华民族伟大复兴进程中的重要性，生态文明建设的好坏直接关系到我国民生建设的未来发展状况。为了搞好生态建设，也为了实现人类文明的持续发展，习近平同志在生态文明贵阳国际论坛中提出：“为子孙后代留下天蓝、地绿、水清的生产生活环境。”[③]正如习近平所言，加快生态文明建设不仅是当下社会发展的迫切需要，社会主义现代化建设的要求，也是满足子孙后代对美好生活追求的要求。因此，

①李学仁：《加快国际旅游岛建设 谱写美丽中国海南篇》，载《人民日报》2018-04-17。

②习近平：《习近平谈治国理政》（第一版），北京外文出版社2014年版，第208页。

③习近平：《习近平谈治国理政》（第一版），北京外文出版社2014年版，第208页。

为了打好生态治理的攻坚战，全国上下都必须加大环境治理建设和经济生产容纳性建设。例如，广东省委书记李希在认真学习贯彻习近平总书记视察广东重要讲话精神时指出："坚决打好打赢污染防治攻坚战，推动形成绿色低碳循环生产和生活方式。"[①] 其目的就是为了满足当代人民对美好生活的追求以及为子孙后代的未来留下良好的生态环境。

良好的生态环境囊括人类社会发展的现在和未来，只有良好的生态环境才能真正为改善民生、发展民生和增进民生福祉做贡献，使民族和民生都有一个可以展望的未来。

作者简介

李宝刚，男，兰州大学马克思主义学院教授，硕士生导师。

---

①徐林：《认真学习贯彻习近平总书记视察广东重要讲话精神 全面压实整治责任 坚决打好打赢污染防治攻坚战》，载《南方日报》2018-11-11。

试论满足人民优美生态环境需要的基本遵循

◎ 宫长瑞

2019年伊始，习近平总书记发表于《求是》的《推动我国生态文明建设迈上新台阶》一文，站在党和国家事业发展全局的高度指出，我国“已进入提供更多优质生态产品以满足人民日益增长的优美生态环境需要的攻坚期”，并且强调人民群众对优美生态环境需要已经成为我国社会主要矛盾的重要方面，人民对优美生态环境的需求更加迫切，必须“提供更多优质生态产品，不断满足人民日益增长的优美生态环境需要”。优美生态环境关系人民的根本福祉，是我们党的奋斗目标和使命所在，必须全面准确把握新时代人民对优美生态环境的需要，增强人民对生态文明建设的获得感。

一、满足人民优美生态环境需要，必须坚持以习近平生态文明思想为指引，实现人与自然和谐共生

习近平生态文明思想作为习近平新时代中国特色社会主义思想的重要组成部分，进一步丰富和发展了马克思主义关于人与自然关系的思想，将“人与自然和谐共生”作为其思想的核心观点和根本落脚点。习近平总书记指

出，“山水林田湖草是一个生命共同体”，生态环境没有替代品，保护生态环境，实现人与自然和谐共生，是社会进步的重要体现，是解决人与自然关系的最佳方案，是保护生态环境的思想基础。以习近平生态文明思想为指引，是新时代满足人民优美生态环境需要的根本遵循。

实现人与自然和谐共生，必须把尊重自然、顺应自然、保护自然放在首位。习近平总书记指出：“人类只有遵循自然规律才能有效防止在开发利用自然上走弯路，人类对大自然的伤害最终会伤及人类自身，这是无法抗拒的规律。”人类作为自然的一部分，在开发自然中必须符合自然规律。“天育物有时，地生财有限，而人之欲无极”，必须坚持节约优先、保护优先、自然恢复为主，倡导绿色发展理念，树立共生共荣的整体发展观，满足人民日益增长的优美生态环境需要，为实现中华民族永续发展提供根本保障。

二、满足人民优美生态环境需要，必须坚持中国共产党的全面领导，不断提高环境治理水平和治理能力

党的坚强领导，是新时代中国特色社会主义事业沿着正确方向前进的根本保证。不断提高环境治理水平和治理能力，是新时代满足人民优美生态环境需要的根本所在和命脉所在。随着人民对优美生态环境的更强烈向往，中国共产党必须担负起新时代生态文明建设的政治责任，提高环境治理水平，提升环境治理能力，为满足人民日益增长的美好生活需要提供坚实的政治保障。

习近平总书记强调：“打好污染防治攻坚战时间紧、任务重、难度大，是一场大仗、硬仗、苦仗，必须加强党的领导。”坚持党的领导，把习近平生态文明思想转化为满足人民优美生态环境需要的“路线图”和“施工图”，全面贯彻落实生态环境保护的战略部署；各地区各部门要增强“四个意识”，坚决维护党中央权威和集中统一领导，坚决担负起生态文明建设的政治责任，使各部门守土有责、守土尽责，分工协作、共同发力；打造一支本领高强、勇于担当、敢于吃苦、乐于奉献的生态环境铁军，推进生态文明建设迈上新台阶。

三、满足人民优美生态环境需要，必须坚持以人民为中心，牢固树立生态文明价值观念

以人民为中心是习近平生态文明思想的出发点和立足点，它揭示了我们党推动生态文明建设的目标追求和动力源泉，体现了我们党生态环境治理合目的性与合规律性的高度统一。满足人民优美生态环境需要是坚持以人民为中心的目标性追求，坚持以人民为中心的思想最根本的是要以人民利益为中心，把人民对美好生活的向往作为奋斗目标。

“理论一经掌握群众，也会变成物质力量。”人民作为生态文明建设的参与者、贡献者，既是优美生态环境的受益者，也是生态文明建设的主体力量。立足于人、社会、自然三者是命运共同体，在人民群众中培育环境保护意识，树立以人与自然和谐共生为核心的生态价值观念，实现人与自然之间的和谐共生，“像保护眼睛一样保护生态环境，像对待生命一样对待生态环境”。习近平总书记强调：“生态文化的核心应该是一种行为准则、一种价值理念。”让保护环境的意识成为人民群众的内心准则与行为规范，使生态理念内化于心、外化于行，在全体人民的共同努力下开创生态文明新篇章。

四、满足人民优美生态环境需要，必须坚持问题导向，推进绿色发展方式和生产方式全面形成

坚持问题导向是中国共产党治国理政的鲜明特点，是破解实践课题的正确思维，是回答和解决现实中重大问题的科学工作方法，是满足人民优美生态环境需要的逻辑起点。习近平总书记始终坚持问题导向，抓住人民最关心的问题，把改善生态环境的责任扛在肩上，重点解决最突出的生态环境问题。以问题为导向，全面推进绿色发展，下大力气解决生态环境问题，是满足人民优美生态需要的根本所在。

这就要求我们要以突出环境问题为抓手，全面推进绿色发展。积极调整经济能源结构，合理规划产业布局，优化国土空间开发布局，培育清洁能源生产产业，形成节约资源和环境保护的空间格局、产业结构、生产方式；同

时，抑制“异化消费”和过量消费，提倡“绿色消费”，实现由高消费的生活向绿色生活的转型，选择健康绿色的生活方式，共同创造优美生态环境，促进绿色发展方式和生活方式全面形成，让优美生态环境成为人民生活的增长点、经济社会持续健康发展的支撑点和展现我国良好形象的发力点。

五、满足人民优美生态环境需要，必须坚持以生态公平为目标，自觉提供更多优质生态产品

生态公平是生态文明的必然要求，体现了人类活动在对自然资源进行配置时，如何在自身需求与自然的实际承载能力之间达成合理的平衡，是实现人与自然和谐共生的终极目标。习近平总书记指出，“良好生态环境是最公平的公共产品，是最普惠的民生福祉。”因此，坚持以生态公平为目标，提供更多更优质的生态产品，是满足人民优美生态环境的内在要求，也是建设美丽中国，实现中华民族伟大复兴中国梦的题中之义。

实现生态公平这一伟大目标，就必须打赢污染防治攻坚战，提供更多优质生态产品。以空气质量的改善为目标，消除重污染天气，使“蓝天白云，繁星闪烁”常态化；以水质量的改善为目标，让老百姓喝到安全放心的水，使“清水绿岸，鱼翔浅底”规模化；以防范土壤风险为目标，强化土壤污染管控和修复，还大自然一片干净整洁的土地。持之以恒，齐心协力，通过加快生态文明建设为人民提供更多更优质的生态产品，实现生态公平，满足人民日益增长的优美生态环境需要，推进生态文明建设迈向新境界。

作者简介

宫长瑞，男，兰州大学马克思主义学院，副教授。

准确把握习近平生态文明思想的科学内涵

◎ 夏　森

在习近平新时代中国特色社会主义思想体系中，习近平生态文明思想熠熠生辉。党的十八大以来，我们党深刻回答了为什么建设生态文明、建设什么样的生态文明、怎样建设生态文明等重大理论和实践问题，提出一系列新理念新思想，探索出一系列新方向新举措。习近平总书记在全国生态环境保护大会上指出：新时代推进生态文明建设，必须坚持好以下原则。一是坚持人与自然和谐共生，二是绿水青山就是金山银山，三是良好生态环境是最普惠的民生福祉，四是山水林田湖草是生命共同体，五是用最严格制度最严密法治保护生态环境，六是共谋全球生态文明建设。这六个方面相互联系、相互影响，共同构成了一个逻辑严密的整体，将中国共产党对生态文明建设的规律性认识提高到了新高度，开辟了马克思主义生态观的新境界。

一、体现敬畏自然、保护自然的生态文明理念

马克思主义认为，人与自然密不可分，自然界是人赖以生存的无机界，是人的无机身体，人与自然相互包含。习近平总书记在纪念马克思诞辰200

周年大会上强调："人与自然是生命共同体，人类必须敬畏自然、尊重自然、顺应自然、保护自然。"人与自然是一种和谐共生关系，我们要遵循自然的客观运行规律，正确地看待和处理人与自然的关系。习近平总书记还指出："人类在同自然的互动中生产、生活、发展，人类善待自然，自然也会馈赠人类。"正是因为人与自然频繁密切的物质和能量变换，形成了人与自然的天然血肉联系，人必须依赖自然进行物质生产和人口繁殖，这要求人必须尊重自然、顺应自然。同时，如果说人靠科学技术和创造力征服了自然进而破坏了自然，那么自然力也会对人进行报复。因此，人与自然共生共荣的关系决定了人应当时刻保持对自然基于理性自觉的敬畏，自觉地认识并控制由我们最常见的生产行为所引起的自然后果，这要求人必须敬畏自然、保护自然。总之，我们要坚持科学的生态文明理念，保持与自然之间的和谐共生关系。

二、确立生态与经济互动的生态发展目标

习近平总书记在浙江湖州安吉视察时，首次提出了"绿水青山就是金山银山"的发展理念，为我国生态环境保护工作提供了目标指引。一是要处理好保护生态环境和开发自然资源的关系。当代人应当本着"共抓大保护，不搞大开发"的原则，因地制宜地考虑自然资源与环境的承载能力，有节制地、科学地开发和利用自然资源。从历时角度看，要保证代际生态公平，坚决避免当代人获取利益以毁坏后代长远利益为代价，坚决"不能吃祖宗饭、断子孙路，用破坏性方式搞发展"；从共时角度看，要保证同辈间的生态正义，避免弱势群体或贫困地区生态权益的空场。二是要认识到自然环境的生态价值和经济价值的一体性。良好的生态环境蕴含着丰富的自然价值，是一个国家或地区生存发展的物质前提。同时，它也包含着丰富的经济价值和社会价值，在助力地区人才招揽和高质量发展、构建国家生态安全屏障等方面发挥着战略性作用，成为增强国家或地区吸引力、竞争力的重要考量。生态价值是经济价值的前提，只有绿水青山作为自然财富存在，才有可能展现其经济价值和社会价值，才能实现生态环境与经济发展的齐飞共舞。

三、坚持良好生态为人民的生态建设宗旨

习近平总书记在海南考察工作时指出："良好生态环境是最公平的公共产品，是最普惠的民生福祉"，这一观点在不同场合被多次阐释。建设生态文明是一个关乎人民福祉的大事情。党和国家始终想人民之所想，急人民之所急，致力于满足人民日益增长的优美生态环境需要。"生态文明是人民群众共同参与、共同建设、共同享有的事业"，因此，推动生态文明建设的主体力量是人民群众，生态环境保护的完成度取决于人民群众的参与度。在空间格局上，立足人的全面发展，保障环境价值的基础性地位，动态调整产业在区域空间中的布局，实现生态环境与产业发展的基本平衡，避免产业与空间发展的错位、失衡与失序。在产业结构上，不仅要借助技术创新、产品创新、制度创新来加快改造传统产业，支持并推动制造业等传统优势产业绿色改造，还要培育新兴绿色产业，引导实体经济向更加绿色清洁的方向发展，在绿色循环低碳发展中寻求新的经济增长点。在生产方式上，要转变经济发展方式，摒弃高投入、高消耗、高排放的粗放型增长模式，建立以生态规律为指导，以结构优化、绿色开发、资源循环为内核的产业生态化模式。在生活方式上，要形成节约适度、绿色低碳、文明健康的生活方式和消费模式，增强节约意识、环保意识、生态意识，在全社会形成崇尚节约、绿色环保的良好风尚。

四、打造立体式多功能的生态有机系统

习近平总书记强调："山水林田湖是一个生命共同体，人的命脉在田，田的命脉在水，水的命脉在山，山的命脉在土，土的命脉在树。"山水林田湖生命共同体是一个各要素相互依存、紧密联系的有机整体，是具有复杂结构和多重功能的生态系统，也是人类赖以生存发展的物质基础。习近平总书记还强调，要"全方位、全地域、全过程开展生态文明建设"。全方位是指不但要建立以政府为主导，以企业为主体，社会组织和公众共同参与的环境治理体系，统筹发挥社会各方治理合力，还要综合运用工程、行政、技术、

经济、法律、宣传等多种治理手段，坚持系统治理方式多样化。全地域是指要深入研究山水林田湖等治理对象以及他们之间的共生关系，保证生态系统的整体性，避免实施分割式管理。全过程是指要统筹治理过程，注重源头预防、过程管控、末端治理，注重自然资源的高效利用，在全社会形成可持续发展的经济结构、生产方式和消费模式。

五、创建硬制度协同软文化的生态治理之路

习近平总书记强调：做好生态治理工作，首要的也是最重要的是必须加强党对生态文明建设的领导，坚决维护党中央权威和集中统一领导，全面贯彻落实党中央的决议和部署。其次，必须加快推进生态文明体制改革落地生根，实行国家公园体制，健全环保信用评价、披露、惩罚制度，组建生态环境部，用最严格制度最严密法治保护生态环境。再次，建立终身责任追究制度，要追查造成海陆空生态污染与破坏的个人和单位，更要严肃追责对造成生态环境破坏负有责任的领导干部。最后，建立一支善谋事、敢干事、干实事的生态环境保护铁军，用好中央环境保护检查制度，分级落实生态环境保护。除了强调通过硬制度来震慑人心、规范行为和治理生态，习近平总书记还强调要利用软文化来感染、熏陶社会全体成员主动作为、持续发力。既要在思想上引导全民“节流”，增强全民的节约意识、环保意识、生态意识，动员全民开展以节能减排为内容的绿色行动；还要鼓励全民积极主动“开源”，传承植树造林的中华民族优良传统，学习八步沙“六老汉”困难面前不低头、敢把沙漠变绿洲的当代愚公精神。

六、展现开放合作互利共赢的生态全球观

中国始终肩负大国责任，积极参与全球环境保护，为反对气候异常变化贡献中国经验、中国智慧、中国力量。一是贡献中国经验。面对复杂的世界形势和严峻的生态问题，任何国家都不能独善其身、置身事外，各国应该互商互谅、相互帮助，通过经济合作、经验交流等方式共同解决当代世界面临的生态难题。中国在深度参与全球生态治理的过程中，形成了世界环境保护

和可持续发展的解决方案，并借助中国故事这一文化载体宣传中国方案，引导各国积极应对全球气候变化。二是贡献中国智慧。中华民族绵延五千多年的文明孕育着丰富的生态文化，人类命运共同体倡议包含着古丝绸之路的友好传统，以人民群众为主体的中国生态建设实践蕴含着丰厚的生态文明建设资源，彰显着当代中国生态治理的智慧。三是贡献中国力量。经济全球化引发了全球生态危机，也推动了全球环境治理。中国是全球生态治理的参与者、贡献者、引领者，始终以气候变化和国际合作为契机，主动探索符合中国国情的低碳发展道路，认真落实南南气候合作政策承诺，支持各国主动应对气候变化挑战，联合“一带一路”国家开展造林绿化，为维护全球生态安全贡献中国力量。

作者简介

夏森，女，兰州大学马克思主义学院副教授、硕士生导师，兰州大学中国特色社会主义理论体系研究中心特聘研究员。

如何讲好甘肃故事刍议

◎ 王宏图

“时代楷模”——八步沙林场“六老汉”三代人治沙造林先进群体，是“绿水青山就是金山银山”理念的忠实践行者，是“人一之、我十之，人十之、我百之”的甘肃精神的典型代表，也是中华民族不畏艰难、实干苦干、唯实创新、矢志坚守、接续奋斗精神的最好诠释。学习“时代楷模”精神，讲好甘肃故事，就是深入贯彻落实习近平新时代中国特色社会主义思想和党的十九大精神的现实呼应，就是谱写加快建设幸福美好新甘肃、不断开创富民兴陇新局面的时代篇章。

一、讲好甘肃故事，传播甘肃声音

习近平总书记在全国宣传思想工作会议上强调：“把握大势、区分对象、精准施策，主动宣介新时代中国特色社会主义思想，主动讲好中国共产党治国理政的故事、中国人民奋斗圆梦的故事、中国坚持和平发展合作共赢的故事，让世界更好了解中国。”讲好甘肃故事，关系甘肃形象。八步沙林场“六老汉”三代人治沙造林先进群体，就是新时代甘肃人民自强不息、苦干实干、奋斗圆梦的精彩动人的故事。讲好甘肃故事、传播甘肃声音，才能让全国乃至世界认识发展变化中的甘肃，了解甘肃对国家的责任和担当。

二、讲好甘肃故事，创新表达方式

“中国不乏生动的故事，关键要有讲好故事的能力。”习近平总书记亲自在国际舞台上讲述中国故事，用形象生动的细节、深入浅出的表达，把中国故事讲得激荡人心，把中国道路讲得引人入胜，凸显了中国领导人的亲和力，提升了中国的国际话语权，这为我们树立了典范。讲好甘肃故事，创新表达方式至关重要。只有创新理念、内容、体裁、形式、方式、手段、体制、机制，才能做到既有思想的说服力、文化的感染力，又有道德的感召力、情感的穿透力，才能赢得人心、凝聚共识，让甘肃形象更加鲜明、更加亲切。

三、讲好甘肃故事，传承民族精神

民族精神是一个民族赖以生存和发展的精神支撑。在五千多年的发展中，中华民族形成了以爱国主义为核心的团结统一、爱好和平、勤劳勇敢、自强不息的伟大民族精神。中国共产党是中华民族精神的继承者、弘扬者和培育者，在领导全国各族人民进行革命、建设和改革的实践中，为民族独立、国家富强、人民幸福，作出了艰苦卓绝的努力，形成了自己的优良传统，培育出了长征精神、“两弹一星”精神、载人航天精神、抗震救灾精神等。这些精神既植根于中华民族优秀的传统文化之中，又深深熔铸在我们的民族意识、民族品格、民族气质之中，熔铸在我们民族的生命力、凝聚力和创造力之中，成为全国各族人民团结一心、共同奋斗的价值取向和力量源泉。八步沙“六老汉”三代人治沙造林先进群体继承优良传统，是这种精神品质的最好例证，体现出鲜明的时代特点，以扎根大漠的坚守诠释了爱岗敬业和无私奉献的民族精神。38年来，以“六老汉”为代表的八步沙林场三代职工，矢志不渝、拼搏奉献，扎实落实“三北”防护林工程等重大任务，科学治沙、绿色发展，持之以恒推进治沙造林事业，至今完成治沙造林21.7万亩，管护封沙育林草面积37.6万亩，生动地书写了从“沙逼人退”到“人进沙退”的绿色篇章，为筑牢西部生态安全屏障做出了重要贡献。

四、讲好甘肃故事，弘扬时代精神

当前，甘肃省发展正处于爬坡过坎、滚石上山的紧要关头。习近平总书记再次视察甘肃，充分体现了党中央和习近平总书记对甘肃工作的高度重视和对甘肃人民的深情关怀，极大提振了全省上下砥砺前行、干事创业的斗志和信心，对甘肃发展来说，这是当前和今后一个时期全省改革发展难得的历史机遇期。牢牢抓住这一历史机遇，“贯彻新时代中国特色社会主义思想和党的十九大精神，坚持稳中求进工作总基调，坚定贯彻新发展理念，全面做好稳增长、促改革、调结构、惠民生、防风险、保稳定各项工作，着力深化改革开放，增强经济发展新动能，加大环境保护和整治力度，加快社会事业发展，不断开创富民兴陇新局面。”我们要以八步沙“六老汉”三代人治沙造林先进群体为榜样，“广泛开展时代精神教育，引导干部群众始终保持与时俱进、开拓创新的精神状态，永不自满、永不僵化、永不停滞，以思想不断解放推动事业持续发展”。“大力弘扬一切有利于国家富强、民族振兴、人民幸福、社会和谐的思想和精神，大力发扬艰苦奋斗、劳动光荣、勤俭节约的优良传统”，要把弘扬时代精神体现到加快甘肃改革发展的火热实践中，增强自主创新能力，着力把握发展规律，创新发展理念，转变发展方式，破解发展难题，提高发展质量和效益，更加自觉地走科学发展道路。努力谱写加快建设幸福美好新甘肃、不断开创富民兴陇新局面的时代篇章。

作者简介

王宏图，男，中共甘肃省委党校（甘肃行政学院）科研处处长。

习近平生态文明思想的科学内涵及时代价值

◎ 武学荣

生态文明建设是人类历史发展中的一场深刻变革，是关系着中华民族永续发展的千年大计。党的十八大以来，结合世情、国情、党情、民情发生的一系列新变化，以习近平同志为核心的党中央立足于中华民族伟大复兴和人类命运共同体的战略视野，对生态文明建设作出了众多立意高远又内涵丰富的重要论述，提出了许多见解独到而又深邃精辟的观点论断，回答了当代中国和世界生态文明建设发展面临的一系列重大理论问题和现实挑战，凸现出生态文明建设的历史作用和战略地位，代表着人类文明发展的新形态。习近平生态文明思想吸收和借鉴了马克思主义自然观的立场和观点，极大地丰富了马克思主义自然观的时代内涵。习近平生态文明思想创造性地发展了马克思主义自然观，推动了马克思主义自然观的中国化与时代化，开辟了马克思主义人与自然关系的崭新的理论和实践境界，实现了马克思主义自然观的又一次历史性飞跃，是马克思主义中国化的重要理论成果。

从党的十八大到十九大，“五位一体”总体布局的确立，五大发展理念的提出，一系列的新理念、新实践，无不显示出立足中国、面向全球的新时代社会主义生态文明理念。从单纯的“建设生态文明”，到“社会主义生态文明”，再到“社会主义生态文明新时代”，不仅要建设一个物性的富强中国，还要建设一个诗化的“自然大美”和“人文至美”彼此交融的中国，代表了一种创新的马克思主义的生态观和发展观，凝聚了全体中国人民的共识、意愿和梦想。

一、习近平生态文明思想的科学内涵

习近平生态文明思想见解独到、论述精辟，其丰富内涵包括以人与自然和谐共生为目标，以民生福祉与生态高度融合为根本，以生态保护与经济发展协调推进为路径，以严格制度与严密法治协同发展为保障，以底线意识和红线思维为框架，揭示了经济发展目的是“为了谁”的价值诉求，指明了“绿水青山就是金山银山”的发展道路，描绘了建设“清洁美丽世界”的未来愿景，创造性地回答了当今时代和当代中国的新课题，充分体现了中国立场和世界胸怀的统一。

（一）目标：人与自然和谐共生

习近平生态文明思想蕴含着“和谐共生之美”的理念，突出了人与自然和谐共生的重要性。人类社会的历史发展，从根本上说就是人类文明的演进史、人与自然的关系史。“生态兴则文明兴，生态衰则文明衰”，这既是对世界文明变迁的深刻反思，也是对现实社会的真实写照。党的十九大报告提出，我们建设的现代化是人与自然和谐共生的现代化，这既是对传统工业文明现代化建设的拓展超越，也是习近平生态文明思想的必然要求。作为一个发展中的大国，我国环境容量有限，资源约束趋紧，生态系统脆弱。新中国成立70多年特别是改革开放40多年以来，我国社会主义现代化建设实现了历史性跨越发展，但是，环境问题也在短期内集中显现，历史欠账尚未解决，经济快速发展时期累积的生态矛盾远未解决，污染因素日趋复杂，同时，新的环境问题陆续涌现，生态治理整体形势严峻。问题是时代的声音，新时代呼唤新理论，新实践催生新方略，生态环境是人类生存和发展的根基，生态好才能文明旺，生态毁必然文明灭。面对严峻挑战，要遵从自然生态演变和经济社会发展规律，控制人类活动范围，多做修复环境、保护生态的实事，多做治山理水、显山露水的好事，探索出一条以人与自然和谐共生为价值追求的新型道路。

（二）根本：民生福祉与生态高度融合

作为社会物质与精神财富的创造者，人民是推动社会变革、实现中华民族伟大复兴的力量之源。生态文明建设是民意，是民生，是为了切实提高人民的幸福感与获得感。从过去的一穷二白到如今的世界第二大经济体，伴随着经济高速增长取得的辉煌成果，我国的生态文明建设却相对滞后，这在一定程度上，降低了人民因为生活条件改善而产生的获得感。为提升人民幸福指数，厚实民生之基，习近平从人民主体性的立场出发，将党的根本宗旨和人民群众对生态文明的美好憧憬紧密结合，深刻把握新时代人民群众的新期待，以深厚的民生情怀和强烈的责任担当，强调“良好生态环境是最公平的公共产品，是最普惠的民生福祉”，因此，为人民提供优质的环境，成为民心所向、民意所在、大势所趋的事情。良好的生态环境应是全体人民共同享有的公共产品，必须从维护人民的根本利益出发，为民谋利，为民解忧。生态环境作为新的民生关注点，将“民生”与“生态”高度融合在一起，落脚于人民群众，实现发展红利和绿色福利的共享，彰显了来自于人民、植根于人民、服务于人民的执政理念。

（三）路径：生态保护与经济发展协调推进

习近平强调：要“牢固树立保护生态环境就是保护生产力，改善环境就是改善生产力的理念”。脱离环境保护甚至以牺牲环境为代价的经济增长忽视了社会生产的长远发展，不是真正的全面发展，是“涸泽而渔”；与经济发展相对立的环境保护脱离了生产力的发展，也不是真正的生态保护，是“缘木求鱼”。经济发展与生态保护之间是辩证统一的，大力推动生产力是为了更好地保护生态环境，良好的生态环境才能更好地促进社会进步。为了实现中华民族的永续发展，不能以GDP增长论英雄，不能走先污染后治理的老路，要把生态效益和经济效益有机结合起来，破除生态保护与经济发展之间非此即彼、二元对立的旧有观念。把环境保护问题放在更宽广的历史视野，将进一步解放和发展生产力与加强生态文明建设结合为一个整体，走绿色发展道路。习近平强调：“我们既要绿水青山，也要金山银山。宁要绿水青山，不要金山银山。而且绿水青山就是金山银山。”绿色发展是高质量发展的基本内涵，也是解决环境问题的根本之策。这一科学论断阐明了构建新时代中国的绿色之路，必须坚持低碳、绿色、协调的发展思路和生活生产方式，加强节能减排，不仅要转变粗放型的经济增长方式，更要把治理环境污染作为促进经济增长方式转变的重要内容，使良好的生态环境成为可持续发展的根基，为坚持绿色发展奠定理论基础。

（四）保障：严格制度与严密法治协同发展

党的十八大以来，生态环境领域的治理体系得以建立，相关的制度和法律法规进一步完善和实施。《中共中央关于全面深化改革若干重大问题的决定》中指出要独立进行环境监管和行政执法，《关于加快推进生态文明建设的意见》中将生态文明建设上升到国家战略的高度。2014年，《中华人民共和国环境保护法》全新修订；2016年，《刑法》新增加了环境污染入刑；2015年，《党政领导干部生态环境损害责任追究办法（试行）》首次对追究党政领导干部生态环境损害责任做出制度性安排；2018年，《中华人民共和国宪法修正案》将生态文明写入宪法，使生态文明建设的地位有了根本性、历史性的变化。颁布的诸多法律政策文件从不同角度对生态文明建设提出了具体要求，打出了一系列前后呼应、相互配合的生态治理“组合拳”，体现了坚持生态优先的基本导向，纠正了政绩评价的衡量指标，完善了管用见效的生态环境监管体制，是推进生态文明建设的关键环节，为生态文明建设设立了长效的、坚强的保障。

（五）架构：底线思维和红线意识始终坚守

划定生态红线，树立底线思维，明确指出不能碰触的“高压线”，才能让社会发展更加高效，生态保护更加充分。鲜明的底线思维和红线意识凸显了生态环境保护不可逾越的框架体系，鲜明地阐释了生态文明建设的基本要求。《关于划定并严守生态保护红线的若干意见》中指出：“按照山水林田湖系统保护的要求，划定并严守生态保护红线，实现一条红线管控重要生态空间，确保生态功能不降低、面积不减少、性质不改变，维护国家生态安全，促进经济社会可持续发展。”划定生态红线，必须系统考虑、精确划定生态保护红线，牢固树立底线意识，将各类开发活动限制在资源环境承载力之内。不仅要划得出，更要守得住，为实现生态功能不降低、面积不减少、性质不改变的保护目标，需要形成一整套生态保护红线制度体系，建立国家生态保护红线监管平台。多规合一、整体监管的生态保护红线实质上就是生态环境安全的底线，是根据当前我国环境现状科学界定的最低目标，是借助于生态环境的自我修复能力，不断改善环境质量，增强可持续发展的生态支持能力，维护国家生态安全，传递出保护生态环境的坚强决心和坚定意志。

二、习近平生态文明思想的时代价值

习近平生态文明思想这一重大理论成果，将生态文明建设和中华民族伟大复兴有机贯通，符合我国经济社会发展的规律，是新时代社会主义生态文明建设的行动指引。

（一）在理论上创新了中国共产党的生态执政理念

习近平生态文明思想主题鲜明、逻辑严密、系统完整、内涵深刻，具有至真至善至美的价值追求，鲜明突出的民族特点，浓郁厚重的人文关怀，创新了中国共产党的生态执政理念，创造了当代中国马克思主义生态文明理论体系和话语体系，丰富和发展了中国特色社会主义理论体系。习近平生态文明思想为马克思主义自然观注入了新的时代内涵，与毛泽东思想、邓小平理论、“三个代表”重要思想和科学发展观中的生态思想一脉相承，充分弘扬了中国传统生态智慧，体现出中国风格。全面落实“五位一体”的总体布局，推动生态文明建设切实融入经济建设、政治建设、文化建设、社会建设各方面和全过程，即是发展理念和方式的深刻变革，也体现了中国共产党执政方式的鲜明特色，表明党的执政理念和执政方式已经进入了一个新境界。作为习近平新时代中国特色社会主义思想的重要组成部分，习近平生态文明思想是一次重要的理论创新和思想跃升，表明我们党对生态文明建设的认识和部署提升到了更高的新境界，昭示了我国进入了社会主义生态文明建设的新时代。

（二）在实践上提供了建设美丽中国、实现中华民族伟大复兴的行动指南

习近平生态文明思想高瞻远瞩，总揽全局，加强顶层设计和整体谋划，不但是重大的理论创新，而且在实践上具有重要的现实指导意义，是新时代回答生态文明新问题、应对生态文明新挑战、推动绿色发展新步伐的光辉旗帜和灵魂指引。习近平指出："从工业文明开始到现在仅三百多年，人类社会巨大的生产力创造了少数发达国家的西方式现代化，但已威胁到人类的生存和地球生物的延续。"国际垄断资本主义的扩张在给本国人民带来短暂社会福利的同时，在更深层次上给全球生态带来毁灭性的灾难，要真正克服资本主义固有的危机，使人类文明走向生态文明新时代，就必须超越资本主义制度，建立社会主义生态文明观。美丽生态环境是伟大中国梦的承载基础，必须启动绿色发展的引擎，切实转变我国传统的经济发展方式，绝对不能用破坏环境、毁灭生态的方式来换取一时的经济增长。要从过去的粗放式发展转变为集约式发展，从依靠要素投入转变为创新驱动，制定严格的制度，实行严密的法治，走绿色、低碳的新型发展道路，使人民群众共享改革开放成果。确保到2035年，生态环境质量实现根本好转，美丽中国目标基本实现，到21世纪中叶，建成美丽中国。

（三）在世界上开创了中国模式的生态文明建设道路

凝聚古老东方哲学智慧和悠久历史传统底蕴的习近平生态文明思想既是中国的，也是世界的。人类共处一个地球，在气候变暖、沙尘肆虐、资源枯竭等环境问题，系统性、区域性、全球性生态危机十分突出的现实面前，要解决不断恶化的全球生态危机、走出生态治理的困境是个巨大的挑战，需要全世界勇于面对危机、精诚携手共进。习近平生态文明思想是对人类命运共同体意识中可持续发展观的诠释，顺应了世界绿色发展潮流和各国人民的共同意愿，为有效应对世界性生态危机，坚定中国生态文明建设的话语自信发挥了积极作用。习近平指出："中国将继续承担应尽的国际义务，同世界各国深入开展生态文明领域的交流合作、推动成果共享，携手共建生态良好的

地球美好家园。”生态文明建设成为中国走进世界舞台中央，为全球发展提供中国道路、中国智慧、中国方案的重要内容。中国将高举社会主义生态文明旗帜，开启环境外交新天地，和世界各国团结协作、共同应对，联合共谋世界生态治理的大格局，构建环境优美的地球家园和清洁美丽的美好世界，实现人类社会永续、持久发展。联合国环境规划署（UNEP）2013年将来自中国的生态文明理念正式写入决议案，2016年发布《绿水青山就是金山银山：中国生态文明战略与行动》报告，2017年将“构建人类命运共同体”写入联合国决议。一些美国学者认为，“要建设新文明，在世界各国中，中华人民共和国发挥的是引领作用，这是她的特殊使命”。我国生态文明建设的坚定步伐和伟大成就展现出中国以实际行动在全球生态治理中所做出的巨大贡献，不断向世界各国传递的可借鉴的先进价值理念，勇于担当的大国自信和大国风范，彰显出习近平生态文明思想的鲜明世界意义，是对全球发展范式转型的巨大贡献。

作者简介

武学荣，男，中共甘肃省委党校（甘肃行政学院）机关党委专职副书记。

保护好祁连山生态科学定位之我见

◎ 强成江

八步沙“六老汉”三代人“不畏风沙遮望眼，只缘苦干代代传”的当代“愚公移山”精神，值得我们学习传承、发扬光大。八步沙沙漠披绿生金的背后，是古浪县八步沙林场“六老汉”三代人治沙造林先进群体的无私奉献和辛苦付出。他们的事迹感人至深，精神催人奋进，他们以愚公移山的毅力创造了荒漠变林海的人间传奇，用实际行动诠释了“绿水青山就是金山银山”的理念，成为陇原大地坚持生态优先、绿色发展的生动典范，更是全国治沙造林、推动绿色发展、维护生态屏障的一个缩影。我们要以优秀榜样为标杆，以先进事迹为激励，以崇高精神为鼓舞，深入学习“时代楷模”先进事迹，并与坚守初心、坚定理想信念结合起来，增强“四个意识”，坚定“四个自信”，做到“两个维护”，牢固树立生态文明理念，坚持走可持续发展道路。

一、祁连山生态保护的重要性

祁连山是我国西部重要生态安全屏障，是黄河流域重要水源产流地，是我国生物多样性保护优先区域，是国家重点生态功能区之一。做好祁连山生态文明建设工作，是全面贯彻党的十九大精神，认真学习贯彻习近平新时代中国特色社会主义思想的重大举措，对于建立祁连山整体性保护机制，加强生物多样性保护，增强生态功能，维护生态系统平衡，筑牢国家生态安全屏障，促进民生福祉和社会稳定具有重要意义。生态文明建设是中华民族永续发展的千年大计。生态越来越成为经济社会发展最突出的优势和战略资源，生态文明成为中国最闪亮的名片。

保护祁连山生态就是保护中国生态。生态，是生存与发展的命脉与基础，不但过去是、现在是，而且将来也是，以后永远都是。两千多年前，大汉帝国在此打开的通道，首先是一条生命的通道，其次才是交流、发展和繁荣的通道，可以毫不夸张地说，我们的民族和国家正是沿着这条通道走向世界并屹立于世界民族之林的。祁连山这座中国西部的山脉从那一刻起，就成了我们的命脉、人脉，甚至是国脉。行传万里，国脉所系。两千多年后，祁连山孕育的这条生命通道又承载了对实现中华民族伟大复兴的中国梦的诠释与担当，它凝聚着人民的力量和梦想。建设中国特色社会主义，离不开中国的大江大河，离不开神州大地这片热土。生态文明建设就是美丽中国建设，就是锦绣山河建设。马克思曾经说过："人作为自然存在物，而且作为有生命的自然存在物，从人降生的那一天起，就与自然相存在。"①人类的生存发展需要适宜的自然生态环境。我们可以通过生态环境这面镜子，来判断人们生存发展的大环境的状况，而祁连山就是这样一个例子。祁连山脉相对附近地区来说海拔较高，凭借其巨大的生态缓冲能力与容量能够有效地阻挡来自东亚的荒漠化侵袭，是西北干旱地区的一座湿岛，为西北地区孕育出了大片生态功能极高的绿洲区，发展了大片的绿洲农业和草原畜牧业，对保障西北地区乃至国家生态安全有着十分重要的意义。

二、建议处理好生态保护与发展的关系

祁连山生态保护与环境治理的终极目标是让当地的老百姓生活得更好。长期以来，祁连山地区居住生活着裕固族、藏族等各民族同胞，他们是祁连

①《马克思恩格斯文集》第一卷，人民出版社2009年版，第209页。

山生态的保护者。在祁连山生态保护的语境下，当地相关部门还需要处理好生态保护与发展的关系。在有关祁连山生态保护措施实施过程中，当前仍需要政府组织相关部门和专家进行广泛调查，充分听取当地牧民的意见和建议，深入讨论和严格评估，吸取国内有关生态保护的宝贵经验，诸如三江源地区生态保护经验等。要不断讨论和反复论证，做出科学合理的决策和治理方案，这样既能很好地保护祁连山生态环境，又能切实提升当地各民族人民的生产生活水平。

三、生态保护与发展同时兼顾的实现途径

有关祁连山生态保护的决策需要自然科学与社会科学结合开展专业研究，必须进行深入的调查研究，多方参与，科学论证。综上所述，建议通过以下途径来解决当前所面临的祁连山生态环境问题。

（一）就地转化当地牧民为生态管护人员或旅游从业人员

对当前仍然生活在祁连山核心区的牧民，可以就地安置，陪训其转化为生态管护人员或旅游从业人员。他们具有熟悉地形、热爱家乡的优势，可以从事护林防火、草原修复等生态保护工作。实施全新、规范的生态旅游政策，让当地政府、牧民真正“靠山吃山”实现可持续发展。

（二）多区位联合联动发展

利用肃南县当前以及过去形成的不同地域之间的产业互补特点，将川区垦殖牧草、山区游牧、舍饲喂养牲畜相结合，使自然条件不同的区域之间优势互补，联合联动发展，最终实现可持续发展。

（三）发展绿色生态畜牧业，发展绿色有机畜产品

发展生态畜牧业，鼓励生产绿色畜产品，通过市场实现绿色产品的价值，用绿色产品价格保障牧民的利益。同时，发展生态民族旅游，将文化保护与生态保护、经济发展三者结合起来，实现当地人参与、当地人受益的良性互动和可持续发展。

（四）利用当地传统文化保护生态环境

牧民在长期的游牧生活中积累了丰富的适应自然、与自然和谐相处的生存

经验，这也正是今天我们解决祁连山生态环境问题的宝贵经验，应当充分重视和利用。少数民族多数世代居住在祁连山的怀抱里，普遍崇拜山神，山给他们提供了广阔的活动天地，也让他们拥有了取之不尽的衣食之源，所以他们爱山、护山，爱草原、护草原。因为他们知道：大自然的怀抱再大也盛不下人心的贪欲，敬畏自然就是敬畏人类自己。

（五）实现祁连山生态区、黑河全流域协同治理

祁连山生态环境问题的形成并不仅是山区牧民造成的，中游城市的扩张、下游农田的开发、地下水过度利用等均有关联，必须要将上游的牧区、中游的城市、下游的农区都纳入进来，作为一个系统工程协同治理，并且要形成全流域、生态区内的生态补偿机制，使上游牧民真正在生态保护中受益，收入不下降，生活质量不下降，安心于生态修复。

（六）科学合理地分配张掖段黑河水资源

为黑河流域祁连山生态屏障做出贡献的肃南县明花乡农业开发区（20世纪90年代生态移民搬迁地）适量分流农业灌溉用水，科学合理地分配酒泉段讨赖河水资源，为肃南县明花乡前滩农业区适当分流农业灌溉用水，同时应该全面禁止河西走廊的地下水资源开采。

如今，环保理念不仅扎根在河西走廊广大干部群众的心中，更体现在他们的实际行动中。八步沙林场“六老汉”三代人治沙造林先进群体的无私奉献和辛苦付出，就是让保护生态、守望家园成为每个人心中责任的具体呈现。历经亿万年间形成的自然生态系统，是大自然给予人类的宝贵馈赠。对绿水青山，破坏和毁灭只在旦夕之间，恢复和重建却需要异常艰难而漫长的过程。生态环境问题整改整治是攻坚战，更是持久战、总体战、全局战，我们要坚决打赢这场“战争”，守护地洁天蓝水清的生态美丽家园，筑牢西部生态安全屏障。

作者简介

强成江，男，中共张掖市委党校文化学教研部主任，副教授。

习近平生态文明思想中的“生态人”内涵探析

◎ 史丽云

2019年8月21日，习近平总书记前往甘肃省古浪县八步沙林场，实地考察了当地治沙造林、生态保护情况并亲自参与了治沙劳动，这与古浪县八步沙林场“六老汉”三代治沙人群体被授予“时代楷模”荣誉称号时间相隔不久，全国各大媒体纷纷争先报道，“时代楷模”的精神价值也被广泛讨论。“六老汉”三代治沙人先进群体是我们建设美丽中国道路上的先行者，他们自觉承当起生态责任，是马克思“生态人”思想的当代出场。

习近平指出：“发展理念是否对头，从根本上决定着发展成效乃至成败。”[①]我国坚持绿色发展理念，致力于生态文明建设，而在生态文明条件下，人的生存范式就是“生态人”，这是对以往人的生存范式的辩证否定。“六老汉”三代治沙人先进群体就是新时代的“生态人”雏形，他们对人和自然关系的辩证理解，对习近平生态文明思想的忠诚实践，推动了马克思“生态人”思想在中国的创新和实践，是习近平生态文明思想的杰出践行者。

---

①习近平：《在党的十八届五中全会第二次全体会议上的讲话》，载《求是》2016年第1期。

一、马克思“生态人”思想的科学内涵

马克思极具现实意义的“生态人”思想隐含在其异化理论中。他通过对人的本质的终极追问，揭露出资本主义社会中人的本质出现了异化，具体表现为人在处理和自然、人、社会三大关系的时候出现了异化。马克思在《1844年经济学哲学手稿》中用“物质变换”这个概念来阐述人与自然的关系。马克思认为劳动的过程就是“物质变换”的过程，人从自然中获取力量，自然亦成为“人化的自然”，这就是人和自然之间相互依赖、相互影响的辩证统一关系，也是“生态人”的理想状态。但是，在马克思看来，资本主义的生产方式打破了人与自然之间的可持续的物质变换状态，导致了人与自然关系的不正常，从而产生了异化，人与自然的对立一步步演化为人和人、人和社会的对立。所以，马克思“生态人”思想是对种种异化现象批判的结果。由于私有制的存在，人与自然之间的物质交换是为了资本增值从而过度掠夺自然，导致了人与自然关系的失衡，即生产异化；由于分工的存在，剩余价值被资本家占有，从而导致了人与人关系的失衡，即不公平、非正义的分配异化。

马克思主义被称为“人的解放学”[①]，以实现人的自由全面发展为价值追求，对“生态人”本质的理解也是以此为目标而展开的。马克思“生态人”思想的“生态”不仅仅是指自然生态，还包括社会生态，即“生命的存在状态”。在实现人的自由全面发展的过程中，人不断张扬着自我主体性，也不断实现着对自然必然性的自由和对社会历史必然性的自由。“生态人”在实践中追求自由全面的发展，因此，“生态人”的实践活动必须以合目的性与合规律性相统一为根本前提，不过分张扬主体性，而是有限度地发挥人的主体性，通过不断学习知识来提高自己的认知能力和决策力，不断探索、发现、把握和遵循自然规律和社会规律，从而实现人与自然、人与社会的和谐统一。马克思认为，人类是“在批判旧世界中发现新世界”[②]的，人的生

①高放：《加强对马克思主义科学的整体研究》，载《马克思主义与现实》2005年第2期。

②《马克思恩格斯全集》（第1卷），人民出版社1956年版，第416页。

存状态也伴随着对原有生存状态的辩证否定，要达到“生态人”的阶段，必须要以弱化各种矛盾冲突，趋于新的平衡为内在要求。在《经济学手稿（1857—1858）》中，马克思提出了人的发展的“三形态”，即“人的依赖关系”、“以物的依赖性为基础的人的独立性”，以及“建立在个人全面发展和他们共同的社会生产能力成为从属于他们的社会财富这一基础上的自由个性”。[①]第一阶段对应的人是“自然人”，这种人是在极小的范围内单独从事着生产活动，从而与人和自然发生着狭小且孤立的联系，“自然人”对待自然界充满着宗教的虔诚与敬畏，常常借助一些宗教仪式来祈求人与自然的和谐共生。第二个阶段对应的人是“经济人”，由于人对物的过度依赖，人成为“物化”的人，把实现个人利益最大化作为一切活动尤其是经济活动的唯一价值标准，从而产生了反生态性的生产方式和非理性的生活方式，对待自然界也充满形而上学的偏执，把自然界当作满足人类欲望的工具，大肆挥霍，任意破坏。目前，我们面临的很多生态问题都是在这一阶段遗留下来的，就像恩格斯所说：“我们不要过分陶醉于我们人类对自然界的胜利。对于每一次这样的胜利，自然界都对我们进行报复。”[②]第三阶段对应的人就是“生态人”，这种人坚持人道主义和自然主义相统一，处理人和自然关系时坚持天人合一，在社会生活中崇信互帮互助代际相传，并常自省其身，能做到言行一致，知行合一。“生态人”具有生态自觉，即通过生产合理地调节人和自然之间的物质变换，自觉推动科技创新、产业升级，转变经济发展方式，走绿色发展之路，缓和人与生态之间的矛盾，保障人民的生态权益。“生态人”的构建过程是一个漫长曲折的过程，但每个历史阶段发展过程中的人都是马克思“生态人”构建过程中不可或缺的必经阶段。

马克思的“生态人”是以达成人与自然及人类本身两大“和解”[③]为根本目的的人，是追求“美好生活”和“优美生态环境”相统一的人，是以实现“自由全面发展”为最终诉求的人。“生态人”强调在“尊重自然、顺应

①马克思：《资本论》（第1卷），人民出版社2004年版，第22页。

②《马克思恩格斯选集》（第3卷），人民出版社2012年版，第998页。

③《马克思恩格斯选集》（第1卷），人民出版社2012年版，第24页。

自然、保护自然”的生态理念指导下，以人类的总体利益为出发点，以人的合理需要为尺度，通过正确发挥人的主观能动性促进人与自然、人与人、人与自身的和谐，最终实现人的自由而全面的发展。习近平继承发展了马克思“生态人”思想，提出“绿水青山就是金山银山”[①]的“两山论”。“两山论”打破了“经济人”和“生态人”之间的逻辑对立，探索出了经济发展和生态保护相结合的发展路径，既要遵循人类社会发展的永恒主题，又要突出绿色意蕴，绿色发展理念成为最趋向人的本质的新发展观。党的十八届五中全会首次把创新、协调、绿色、开放、共享五大发展理念作为破解当前中国发展难题的着力点，其中，绿色发展构成了中国特色社会主义生态文明建设的发展模式。习近平指出：“生态文明是人类社会进步的重大成果。人类经历了原始文明、农业文明、工业文明，生态文明是工业文明发展到一定阶段的产物，是实现人与自然和谐发展的新要求。”[②]生态文明建设是社会历史发展的必经阶段，中国的生态文明建设必须重视人、依靠人、为了人。古浪县八步沙林场“六老汉”三代治沙人先进群体38年的治沙实践，是对习近平生态文明思想的忠诚实践，他们是新时代的“生态人”。

二、“六老汉”三代治沙人先进群体：新时代的“生态人”

甘肃省古浪县八步沙是位于腾格里沙漠南缘的一片内陆沙漠，这里的沙丘曾以每年10米的速度向南推移，“沙进人退”，生态恶劣。1981年，郭朝明、贺发林等“六老汉”组建了集体林场，开始造林封沙、治理沙害。38年来，“六老汉”及其子孙三代人矢志不渝，治沙造林，最终“林进沙退”，成功守住了耕地和家园。他们坚守沙漠，勇敢面对残酷的生存环境，把自然和人的生存紧紧地联系在一起，做出了造福人类的伟大事业，虽然他们代表不了马克思视域下“生态人”的全部，但是他们具备了“生态人”的众多形

①习近平：《弘扬人民友谊 共同建设“丝绸之路经济带”》，载《人民日报》2013年9月8日。

②中共中央文献研究室：《习近平关于社会主义生态文明建设论述摘编》，中央文献出版社2017年版，第6页。

态，他们是新时代的“生态人”。

（一）“天人合一”：坚持人与自然、社会的有机统一

马克思认为：“人不是抽象的蛰居于世界之外的存在物。人就是人的世界，就是国家，社会。”[①]现代人类社会越来越清晰地显示着人与自然界关系的规律性，人的发展不单单是人类自身的发展问题，更不是单纯追求个人利益扩增的问题，而是在整个生态系统中综合考量人与自然、人与社会以及经济、政治、文化和环境之间的协调统一、平衡发展的问题。“生态人”特别重视人与自然关系的和谐，尊重自然的内在规律，认可自然的内在价值，强调外部自然生态与内部自然生态的平衡。人与自然的和谐生存既是自然解放的前提，更是人的可持续生存与发展的基础。“六老汉”三代人生于沙漠边缘长于沙漠边缘，他们对自己所处的生态环境非常了解，沙漠是自然的产物，是客观存在，既是家园又是灾难，所以，他们谨慎处理人与沙漠之间的关系，造林防沙，守护家园。38年的坚守，沙漠披绿，家园换新颜，他们的“生态”理念也正在一步步实现。

（二）“没有条件创造条件”：坚持合目的性与合规律性的辩证统一

郭朝明老汉的儿子郭万刚回忆造林之初时曾说：谁都没见过沙漠里面能长出树苗苗，但是如果没有树苗苗，我们的生存家园就要失去了。所以，他们决定放手一搏，并且在造林的过程中逐渐发现了规律。他们发现有草的地方树苗成活率较高，便在树窝周围埋草固沙，发明了“一棵树、一把草，压住沙子防风掏”的技术。在几十年的治沙实践中，他们边治沙边学习，在实践中掌握了规律，既增长了见识又守护了家园，做到了合目的性与合规律性的辩证统一。

（三）“克服困难，不畏艰辛”：弱化矛盾冲突，寻求新的平衡

人在改造世界的实践中，人与自然、人与社会、人与人的矛盾普遍存在，“生态人”则能有意识地、自觉地、主动地克服困难，追求相对平衡的和谐状态。在“六老汉”的眼里，八步沙就是他们的命。几十年来，八步沙林场种树种草难、护林护草难、资金筹措难，治沙人吃饭睡觉难，但是为了

①《马克思恩格斯选集》(第 1 卷)，人民出版社 2012 年版，第 1 页。

实现人与自然的和谐相处，守护绿色家园，他们克服了一个又一个困难，“黄沙不退人不退，草木不活人不走”，人和黄沙既对峙又平衡。

（四）“不忘初心，薪火相传”：秉持生态自觉，坚守生态使命

传唱多年的古浪老调里唱道：“当年风沙毁良田，腾格大漠无人烟。要好儿孙得栽树，谁将责任担两肩？六家老汉丰碑铸，三代愚公意志坚。”徐嵩龄曾认为，生态人应是“理性生态人”，即在追求经济利益最大化的同时，应该对他人或其他生物尽生态道德义务。[①]“六老汉”三代人具有高度的“生态自觉”，他们以治沙造林为己任，甚至不考虑任何经济利益，他们是在为大漠植树、为国家植树、为子孙后代植树。他们的子孙后代更是如愚公之子孙一般“子又生孙，孙又生子；子又有子，子又有孙；子子孙孙，无穷匮也”，所以，造林治沙的生态使命会代代相传。

“六老汉”三代治沙人先进群体只是人类“个体”，他们代表不了马克思语境下的“生态人”总体，但是，已经具有了“生态人”的众多形态，他们是马克思生态观的执行者，是建设美丽中国的重要力量。新时代需要建设者，新的生态也需要“生态人”。

三、培塑“生态人”，建设美丽中国

马克思从来没有提到过“荒漠化”或“沙漠治理”等概念，他所处的时代生态问题也并不像今天这般严峻。马克思“生态人”思想是在批判资本主义社会生产方式及其各种异化现象的基础上形成和发展起来的，它源于打破旧世界、创建新世界的思维框架，源于对未来美好社会的向往和追求，“无论现在的生态环境与马克思当时所处的情况多么不同，马克思对这个问题的理解、他的方法、他解决社会与自然相互作用问题的观点，在今天仍然是非常现实与有效的”。[②]对当代世界特别是当代中国发展具有积极价值。现在，我国进入新时代，生态危机和资源环境压力越来越大，要实现人与自然的和

①徐嵩龄：《环境伦理学进展：评论与阐释》，社会科学文献出版社 1999 年版，第 410 页。

②H.T. 弗罗洛夫：《人的前景》，中国社会科学出版社 1989 年版，第 153 页。

谐共生，建设美丽的社会主义现代化强国就需要越来越多的像“六老汉”三代治沙人先进群体这样的具有“生态人”特质的人。

“生态人”的培塑，单靠个人生态意识的觉醒是远远不够的，更重要的是要靠人的有意识的自我培塑。党的十九大报告对加强生态文明建设提出了新要求，指出：“我们要牢固树立社会主义生态文明观，推动形成人与自然和谐发展现代化建设新格局，为保护生态环境作出我们这代人的努力！”[①]“我们这代人”不应再是率性支配自然界的“经济人”，而必须升华为人与自然和谐共生的“生态人”。“生态人”的培塑已成为新时代中国特色社会主义建设的当务之需。

（一）培养公民的生态自觉意识，合理开发利用自然

培养公民树立人与自然协调发展的理念，尊重自然、顺应自然、保护自然，在全社会范围内形成共同的生态责任感和社会约束力。首先，要加强生态文明宣传。习近平指出：“要加强生态文明宣传教育，增强全民节约意识、环保意识、生态意识，营造爱护生态环境的良好风气。”[②]广泛宣传学习“六老汉”三代治沙人先进群体的先进事迹，引导公民形成维护和促进生态文明建设的思想共识、道德操守和行为准则。其次，要深入研究、挖掘、宣传马克思“生态人”思想及中国传统文化中有益于生态文明的思想，重点领悟习近平生态文明思想，将“绿色”发展理念深入人心。最后，要以防沙治沙为例大力宣传我国面临的生态环境危机及治理的必要性，使生态文明思想理念、方针政策和制度规定内化于心、外化于行，使公民自觉以“生态人”的文明素养来培塑自己。

（二）坚持绿色发展理念，推进可持续发展

培塑“生态人”，观念教育是先导，绿色行动是基础。习近平指出：“绿色发展注重的是解决人与自然和谐问题。绿色循环低碳发展，是当今时代科

①习近平:《决胜全面建成小康社会　夺取新时代中国特色社会主义伟大胜利——在中国共产党第十九次代表大会上的报告》,人民出版社 2017 年版,第 52 页。

②中共中央文献研究室:《习近平关于社会主义生态文明建设论述摘编》,中央文献出版社 2017 年版,第 116 页。

技革命和产业变革的方向，是最有前途的发展领域。”[①]坚持绿色发展理念首先就要尊重自然、珍惜资源。马克思认为：“甚至整个社会，一个民族，以至一切同时存在的社会加在一起，都不是土地的所有者。他们只是土地的占有者，土地的受益者，并且他们应当作为好家长把经过改良的土地传给后代。”[②]“六老汉”三代治沙人先进群体通过种草种树、防沙治沙守护耕地，把人们赖以生存的土地以最好的状态传给子孙后代，让它们成为子孙后代们生存和发展的基础。我们应该以“六老汉”三代治沙人先进群体为榜样，珍惜自然界赋予的一切资源，开发与保护相结合，培养更多新时代的“生态人”。其次，要树立崇尚节约的理念，即“靠消耗最小的力量，在最无愧于和最适合于他们的人类本性的条件下来进行这种物质变换”。[③]要在全社会范围内形成崇尚节约的良好氛围，引导公民“无愧于”人类本性地利用自然、保护自然，激发公民应有的生态自觉。

（三）建立最严格的生态保护制度，加大生态保护力度

“生态人”的培塑，既要有思想教育先导和生态经济基础，还要有刚性的制度和法治作保障。习近平总书记指出：“保护生态环境必须依靠制度，依靠法治，只有实行最严格的制度、最严密的法治，才能为生态文明建设提供可靠保障。”[④]“六老汉”三代治沙人先进群体是自发治沙的典范，值得全社会学习并推广。在我国生态文明建设大局中，人民群众是主体，严格的生态保护制度是保障，只有将制度建设的外在强制性与人民群众的内在认同结合起来，才能集中优势建设美丽中国、绿色中国。环保法治建设的最终目的不在于惩罚破坏生态和污染环境的违法行为人，而在于规范、警示和教育人们不要去破坏生态环境，努力把人们培塑成有生态自觉的“生态人”。

中国的生态文明建设需要“生态人”。新时代的“生态人”要以“创新、

①中共中央文献研究室：《习近平关于社会主义生态文明建设论述摘编》，中央文献出版社2017年版，第28页。

②《马克思恩格斯选集》（第2卷），人民出版社2012年版，第641页。

③《马克思恩格斯文集》，人民出版社2009年版，第928页。

④习近平：《习近平关于全面深化改革论述摘编》，中央文献出版社2014年版，第104页。

协调、绿色、开放、共享”五大发展理念为指引，不断解决人与自然、人与社会的矛盾冲突，使人与自然的关系和人与社会的关系更加趋向合理化，从而实现自然生态的平衡和社会生态的平衡。中国的精神文明建设也需要“生态人”。马克思“生态人”思想主张在一定物质生活满足的基础上，通过精神生活的丰富来提高人的幸福感。“六老汉”三代治沙人先进群体通过治沙造林的实践获取了生活的幸福感和满足感，并以此影响了子孙后代。党和国家“把人民对美好生活的向往作为奋斗目标”[①]，在马克思“生态人”思想引领下，社会中将会涌现出更多像“六老汉”三代治沙人先进群体这样的人，为中国特色社会主义现代化建设贡献力量。

作者简介

史丽云，女，中共武威市委党校（市行政学院），讲师。

①习近平:《决胜全面建成小康社会 夺取新时代中国特色社会主义伟大胜利——在中国共产党第十九次全国代表大会上的报告》,人民出版社 2017 年版,第 2 页。

实践篇

习近平生态文明思想实践

习近平生态文明思想的理论意涵及实践探讨

◎ 郇庆治

党的十九大尤其是2018年全国生态环境保护大会以来，我国学术界的一个重大理论宣传与研究主题就是习近平生态文明思想。这其中包含两个密切关联的重要方面：一是对于习近平生态文明思想体系意涵的学理性阐释；二是对于习近平生态文明思想践行实践的经验概括。

一、习近平生态文明思想体系意涵的学理性阐释

习近平生态文明思想的理论来源和形成过程是怎样的？它究竟包含了哪些主要内容？又何以成为新时代中国特色社会主义思想体系的重要组成部分？

（一）习近平生态文明思想的核心理论意涵

毫无疑问，习近平生态文明思想的具体内容是十分丰富的，但它的核心理论意涵则是非常明确的。简言之，习近平生态文明思想是新中国成立以来生态环境保护与治理不懈探索实践的集体智慧成果，是当代中国共产党人的绿色政治意识形态和治国理政方略。作为一个系统性的理论体系，应特别强调如下三个层面：一是理论维度。当代中国（生态）马克思主义、中国传统

生态文化的传承弘扬、环境人文社会科学的中国版本。二是制度维度。生态文明建设的“四梁八柱”或制度体系（根本制度、基本制度、具体制度）。三是战略维度。党的十八大和十九大以来所确立的“五位一体”总体布局和“四个全面”战略布局及其任务要求，以及强化“党的全面领导”和加入“全球性生态文明建设”等。

（二）习近平生态文明思想的理论体系

我们可以依据习近平总书记2018年5月18日在第八次全国生态环境保护大会上的重要讲话，概括出新时代推进生态文明建设的“六大原则”：人与自然和谐共生的基本方针、绿水青山就是金山银山的发展理念、良好生态环境是最普惠的民生福祉的宗旨精神、山水林田湖草是生命共同体的系统思想、用最严格制度最严密法治保护生态环境的坚定决心、共谋全球生态文明建设的大国担当；也可以依据党的十八大报告的阐述，概括出“五位一体”总体布局：经济建设、政治建设、文化建设、社会建设和生态文明建设五位一体，全面推进。

（三）习近平生态文明思想的形成过程

从动态发展的角度看，如果把“生态文明建设”界定为广义上的生态环境保护与治理，那么，我们可以把新中国成立以来的生态文明建设大致划分为五个大的阶段：毛泽东的“厉行节约、勤俭建国”思想及其贯彻落实、邓小平的“环境保护国策”思想及其贯彻落实、江泽民的“可持续发展战略”思想及其贯彻落实、胡锦涛的“两型社会”建设思想及其贯彻落实、习近平生态文明思想及其贯彻落实。可以看出，这其中最主要的变化节点有两个：一是改革开放前后，改革开放前虽然也存在广义上的生态环境保护与治理，但之后显然更为具体和系统化；二是2012年开启新时代前后，新时代之前更多是狭义的生态环境治理意义上的，之后则更多是“五位一体”目标与路径综合意义上的。

大致来说，自2007年党的十七大提到建设“生态文明”，并首次把这个概念写入党代会政治报告，到党的十八大“大力推进生态文明建设”，并构成了新时代中国特色社会主义现代化建设的一个标志性方面。概而言之，这种转变的促成性因素主要有如下三个。一是社会主义现代化发展的阶段性演进。粗放型或资源耗费型经济以及单向度的或经济中心主义的现代化趋近结束，其负面效应已经日益凸显或无法回避。二是对生态环境难题或挑战的认知与应对所发生的阶段性变化。从偶然性、局部性的生态环境破坏现象，到持续性、区域性的生态环境难题，再到整个社会与世界的绿色转型需要，要求我们必须做出相应的阶段性提升。三是我国的生态环境治理理论与实践的经验性总结凝练。我国的生态环境治理政策及其落实至少已经历了40多年的时间，其中既有大量成熟的创新经验，也有需要总结的教训不足。

总之，习近平生态文明思想指导下的生态文明建设国家战略与实践，与改革开放之初相比，已经发生了如下意义上的重要变化：一是生态环境治理目标与路径的变化，更加呈现为综合性（山水林田湖草）、全过程（源头治理预防）、区域整体性（京津冀长三角）；二是社会主义现代化建设更加强调“五位一体”、生态环境质量和治理体系与能力的现代化；三是统筹推进生态现代化和绿色发展的共同引领与推进；四是构成了中国特色社会主义理论、制度、道路与文化的重要组成部分。

由此也就可以理解，当代中国的生态文明建设理论与实践和欧美国家的可持续发展等理念、战略之间的异同点。从广义上说，无论是“生态文明及其建设”还是“可持续发展”，都是当代国际社会中的环境政治理论或生态文化理论之一，而且，从形成时间或目前的国际影响来看，“可持续发展”理念及其战略显然是产生时间更早（1987年前后）、国际影响更大的话语理论（2015年联合国《可持续发展目标》）——习近平总书记在2019年6月圣彼得堡国际论坛上对此做了阐述。而我国的“生态文明及其建设”理论，一方面吸纳了可持续发展的基本理念、原则与战略要求，作为签字国和履约国，也会适时公布年度性进展成果，另一方面还彰显了我国如下三个方面的特点：一是作为发展中国家的现代化绿化进程及实践创新；二是中国共产党的意识形态绿化过程与执政实践；三是我国传统文化生态智慧的继承与弘扬。

正是在上述意义上，习近平生态文明思想所代表或体现的是当代中国生态环境问题或挑战的“系统性解决方案”，或者说一种“五位一体”的综合性认知与实践，是中国特色社会主义的新认知与新愿景，或者说一种“红绿交融”的新时代社会主义或生态主义，是中国方案或道路的绿色意涵或维度，或者说一种借助绿色“一带一路”倡议来构建“人类命运共同体”的大国担当，意义重大而深远。

二、习近平生态文明思想的生动实践

习近平生态文明思想植根于、产生于当代中国的生态文明及其建设实践，最后还要回归于、服务于当代中国的生态文明及其建设实践，而学习践行习近平生态文明思想的关键点则是因地制宜、久久为功地切实推进全国各地的生态文明建设。特别令人欣慰的是，近年来我国涌现了像河北塞罕坝、山西右玉、内蒙古库布齐和甘肃八步沙这样感人至深、催人奋进的生态文明建设典型。

新中国成立以来，右玉县的绿色发展或生态文明建设可以划分为如下四个阶段：改革开放之前的沙化治理（“防沙固沙”）阶段、改革开放之后到1997年的生态环境修复和特色林草业发展阶段、1997年到十八大之前发展以生态畜牧业为主的绿色经济阶段、十八大以后的生态文明建设阶段。应该说，这既是一种阶段性的变化，也是绿色发展主题或视野的变化（往往体现为“叠加”而不是“替代”）。

（一）右玉县处理经济发展与生态建设之间矛盾关系的主要做法

“生态修复优先”。新中国成立后，七十年如一日将自然生态修复置于发展经济的优先地位（植树治沙、改善生态始终是第一要务），结果是森林覆盖率从新中国成立初的不到0.3%提高到54%左右，土地沙化面积从新中国成立初的76%到如今90%以上得到有效治理，从当初的“不毛之地”变为今日的“塞上绿洲”。

“生态环境优先”。当经济发展与生态环境发生冲突时，优先保护生态环境（例如适时果断停止大部分煤矿的开采）。

“绿色经济引领”。通过主动发展绿色产业（特色林草业、生态畜牧业、生态旅游业、新型煤电能源）来优化经济结构和发展取向与路径。

在笔者看来，右玉县绿色发展转型或生态文明建设的成功，主要得益于如下四个方面的因素：一是我国现代化发展的阶段性变化。进入新世纪之交前后，我国的现代化发展已经到了一个生态环境问题挑战相当严峻，而我们的经济实力也足以能够实质性解决这一问题的转折性阶段。这种变化意味着，对于像右玉县这样的地区，它在国家和整个区域发展战略布局中的地位已经发生变化——需要更多担当生态安全屏障的功能，而国家也可以给予其较为充足的财政支持。1997年开始实行的国家退耕还林还草政策，以及1999年全面推开的生态省市县建设，发挥了重要的保障与推动作用。二是地方发展战略的前瞻性选择。县委、县政府领导审时度势，及时从多年来坚持不懈的沙化治理战略选择了发展特色林草业、生态畜牧业、绿色经济和生态文明建设，并最终成为我国新时代生态文明建设这一大国战略中的引领者。2016年，右玉县入选首批创建“国家全域旅游示范区”；2017年，山西省政府决定设立第一家省级生态文化旅游开发区；2017年，右玉县成为“两山论”实践创新基地和国家生态文明示范市县之一。三是自然生态本身因素。尽管其中经历无数艰难困苦，但总的来说，就像内蒙古的库布齐沙漠一样，事实证明，地处毛乌素沙漠的右玉县的沙化土地是可以逐渐治理和不断改善的。正因为如此，这一切又显得尤为珍贵。四是习近平总书记本人的亲自关注。2011年3月到2017年，他先后四次做出重要批示和指示，这对于右玉县的绿色发展与生态文明建设发挥了重要的指导推动作用。

（二）右玉县生态文明建设的示范引领意义

从生态文明及其建设的视角来说，“绿色发展”无疑是一个基本的战略性方面或路径。对此，党的十九大报告将其描述为“四大体系”的建设：绿色产品与产业体系、绿色技术体系、绿色能源体系和绿色生活方式。也就是说，就全国而言，“四大体系”的构建是绿色发展的主要内容，也是生态文明及其建设的主体性要求。而从右玉县的情况来看，它目前所取得的进展在上述四个方面都有明显体现，尤其值得注意的是随着本地生态环境修复与改善所带来的特色林草业、生态畜牧业、生态旅游业等的发展，以及相应的以煤炭为主要能源体系的逐渐转型。它生动地表明，即便对于像右玉县这样的边塞地区和传统的国家煤炭能源基地，也可以实施以绿色发展为取向的生态转型。这其中最大的困难恐怕是绿色发展初期的经济效益难题和能源转型所带来的经济阵痛，但这一切会随着绿色经济发展效应的显现、国家和省市地方政府的扶持逐渐得到缓解和克服。总之，右玉的例子生动验证了习近平总书记的那句话，“绿水青山就是金山银山”。

（三）右玉县生态文明建设的理论意蕴

一是右玉的精神文化内涵。作为国家生态环境部2017年批准的第一批“两山”理论实践创新基地和国家生态文明示范市县之一，它的特殊性在于两点：一是生态环境修复（防沙固沙）是绿色发展和生态文明建设的前提，也就是首先要创造出或保住“绿水青山”，然后才能考虑将其转化为“金山银山”；二是从动力机制的角度来说，各级党和政府的正确领导尤其是历任地方干部与广大普通党员的模范带头作用是一个至关重要的因素，右玉的前后20任县委书记和无数的优秀共产党员发挥了关键性的作用。

具体而言，对于右玉精神，目前有着颇为不同的概括视角，比如习近平总书记所强调的“全心全意为人民服务，迎难而上、艰苦奋斗，久久为功、利在长远”，而从生态文明建设的角度来说，最为重要的是“认识与尊重自然规律，持之以恒地创造与守护美好家园”。进一步说，绿色发展的大前提是拥有并珍惜自己的自然生态环境，而当它遭到人为破坏或损害的情况下就要努力把它修复好、保持好；生态文明建设的前提性条件是恢复和保持良好的生态环境。所以，修复或改善生态环境是我国生态文明建设的一个重要方面，这绝非意味着我们在现存的生态环境面前毫无作为，相反是一个需要持久性努力的方面，对于广大西北地区来说尤其如此。

三、习近平生态文明思想实践的反思

“绿色发展”概念的本义是第二次世界大战后兴起的发展话语与生态环境保护（绿色）话语在20世纪70年代末80年代初实现的结合，也是后来的可持续发展话语的母体或前身。因而，绿色发展至少在我国的学术界早已经是一个广泛使用的术语。但后来，通过十八大前后的“三个发展”“五大新发展理念”等说法，目前它已经被逐渐纳入到我国的生态文明及其建设话语与政策体系中。而对它的最简单理解，就是党的十九大报告所强调的“四大体系”建设。因而，在笔者看来，绿色发展既可以理解为生态文明及其建设的大众性表述或通称，也可以理解为生态文明及其建设的重点任务或重要路径。比如，我把当代中国的生态文明及其建设路径概括三个：“生态现代化”“绿色发展”和“混合型”。就此而言，包括右玉县在内的西北地区案例都属于“绿色发展”路径下的生态文明建设案例，而且在某种程度上还不是完整意义上的（比如对绿色社会与文化的相对忽视）。

“两山论”从文词本义上讲，主要是指经济发展和生态环境保护之间的关系问题，要求从统一而不是对立的视角和立场来看问题；从政策动态演进的角度来说，它体现了我国对环境资源节约和自然生态保护保持的战略（目标）重要性的日渐重视过程；而从与习近平生态文明思想关系的角度来说，它可以在某种意义上作为习近平生态文明思想的简称或代称。就此而言，学习践行习近平生态文明思想，就要大力与切实落实“两山论”。而像右玉县这样的实践案例之所以值得高度关注与宣传，就在于现实中还存在着诸多不尽如人意的情况。现实中的这种落差当然是应该改变的，但我们也需要用科学的态度和方法来认识对待这些问题：一是理念认识层面上的原因，多年来的经济中心主义思维确实还有一些影响；二是经济技术层面上的原因，“两山”转化的关键在于创造一种基于生产生活方式革新的生态经济，而这离不开相应的经济样态和技术支持；三是全社会（国际）层面上的原因，一个地方的成功离不开一个地方和其他地方（区域）的多方面努力。

武威市八步沙林场既有许多与塞罕坝、右玉和库布齐等典型案例的共同之处，也有其自身的鲜明特点，共同构成了我国西北地区学习践行习近平生态文明思想、大力推进生态文明建设的“亮丽风景”，值得持续关注与深入研讨。

作者简介

郇庆治，男，北京大学马克思主义学院教授、博士生导师，北京大学习近平新时代中国特色社会主义思想研究院生态文明研究中心主任。

“十四五”时期甘肃生态产业发展路径探析

◎ 陈增帅

近年来，甘肃以培育发展节能环保、清洁生产、清洁能源、循环农业、中医中药、文化旅游、通道物流、数据信息、军民融合、先进制造等十大生态产业为抓手，助力转方式调结构、发展实体经济、培育新动能转化旧动能、建设现代化经济体系、推进高质量发展，努力实现绿色发展崛起，生态产业呈现支持政策密集出台、产业布局持续优化、项目建设效果显著、生态环境不断改善的蓬勃发展势头，取得了良好的经济、生态、社会效益。

一、甘肃生态产业发展现状

2018年以来，甘肃全省十大生态产业持续快速发展，各专项生态产业发展稳步推进，呈现出全面发力、多点开花、纵深推进的喜人局面。

（一）新兴绿色产业大力发展

节能环保产业继续保持较好的上升趋势，环保装备制造业规模和行业水平稳步提升，高效节能电机、高效换热设备等技术，位于全国前列。节能环保产业基地加快建设，危固废综合利用等总投资18.15亿元的13个项目全面开工。截至2019年9月底，清洁生产产业74个重点项目累计完成投资108.09亿元，当年完成投资35.98亿元。清洁能源产业发展形势好转，新能源、可再生能源装机占比分别达到41.6%和59.66%，弃风率降至8.9%、弃光率降至4.8%，新能源发电量同比增长9.92%，可再生能源发电量同比增长14.15%。

（二）高端绿色产业加快发展

截至2019年9月底，数据信息产业累计完成投资57.32亿元，当年完成投资16.66亿元。共建设5G基站823个。兰州新区国际互联网专用通道出口建设完成，三大运营商带宽均达到40G。腾讯、阿里、京东、华为、中科曙光等国内大型互联网企业数据资源落地甘肃。先进制造产业累计完成投资295.22亿元，当年完成投资82.57亿元。认定15户省级企业技术中心、9户技术创新示范企业。5户企业上榜工信部国家专精特新“小巨人”企业名单，4户企业被公示为国家中小企业创业创新示范基地。

（三）特色绿色产业壮大发展

截至2019年9月底，累计建成戈壁农业19.83万亩，已建成53个千亩以上戈壁生态农业产业园，甘肃省青贮玉米种植面积达到320万亩，高效的生态循环种养模式正在形成。甘肃省规模以上医药生产企业90户，实现工业增加值33.7亿元，同比增长2.2%。中药材种植面积460万亩，标准化种植达到180万亩，预计产量112.16万吨，比2018年同期增加10.31万吨。

（四）文化旅游业快速发展

2019年前三季度，共接待国内外游客3.74亿人次，实现旅游综合收入2680亿元，分别增长24%和30%。“一会一节”首次联合举办，从甘南开幕到敦煌闭幕，荣获博鳌国际旅游奖年度节庆活动榜大奖，被文旅部誉为文旅融合的典范。张掖丹霞被评为国家5A级旅游景区。嘉峪关关城文物景区荣获“中国旅游影响力年度文化景区”殊荣。第二届药博会成功举办。

（五）丝绸之路信息港加快建设

全省区块链基础平台“丝路之链”已经上线，兰州新区国际互联网数据专用通道、金昌紫金云大数据中心、庆阳华为云计算大数据中心等项目建成投运。中核产业园项目加快实施。兰州被列为全国首批23个国家物流枢纽之一，通道物流优势得到有效发挥，2019年前三季度，共实施通道物流项目216个，完成投资386.4亿元。口岸建设有了新突破，敦煌航空口岸获批正式运营，兰州航空口岸开通国际货运包机航线3条，粮食指定口岸通过海关总署验收正式对外开放。国际货运班列常态化运营，中欧班列、中亚班列、南亚公铁联运、陆海新通道四条国际货运班列共发运253列11271车26.95万吨，货值4.06亿美元，超过2018年全年总水平。

（六）对全省经济的贡献率不断提升

2020年1—2月，全省十大生态产业完成税收101.89亿元，同比增长3.2%，增幅高于全省平均水平5.4个百分点，占全省税收的35.7%。预计全年比2019年十大生态产业增加值增长7%，占生产总值的比重达到23.5%，比上年提高5.2个百分点。

二、甘肃生态产业发展存在的问题

甘肃生态产业经过几年的发展，相继出台一系列支持政策，一大批重点项目落地实施，生态产业发展取得了不俗的成绩，但是仍存在一些不容忽视的问题。

（一）政策落实没有完全到位

早在2018年年初，省委省政府为加快推进十大生态产业发展，从《关于构建生态产业体系推动绿色发展崛起的决定》《甘肃省推进绿色生态产业发展规划》到各生态产业专项行动计划，密集出台了一系列支持政策，构建形成了全省生态产业体系“1+1+10+X”的框架体系，可谓精心谋划、倾情打造、空前重视。在责任落实上，坚持省级统筹、行业归口、领导包抓、部门主责、市县落实的原则；在增长目标上，明确十大生态产业总体增速和专项产业增速每年均高于地区生产总值增速，到2025年十大生态产业增加值占地区生产总值的一半以上。这种责任落实体制机制，比较全面而具体。但是，在实际工作中，由于文化、习惯、利益、作风等因素，还是存在政策落实效应层层递减的“漏斗现象”，让一项本来利国利民的好政策走了样，没有完全达到政策设计的目的。

（二）产业选择不够明确，一些发展关系需要进一步厘清

一些地方在生态产业选择上存在机械执行、照搬照抄的同质化现象，由此形成低端的重复，势必造成恶性竞争，对产业可持续发展带来不利影响。

在培育发展生态产业过程中，需要进一步理顺以下几种关系：一是与脱贫攻坚和生态保护两大底线任务的关系。两大底线任务还是重点。二是与整个经济工作的关系。十大生态产业也不是经济工作的全部，随着科技创新的推进，新技术新产业新业态新模式等“四新经济”将会层出不穷，生态产业发展需要与时俱进。三是与“五个制高点”的关系。“五个制高点”跟“十大生态产业”不是并列关系，它是谋划十大生态产业发展最重要的“坐标系”，在这个坐标系下，十大生态产业各归其位。四是与“三化改造”的关系。“十大生态产业+三化改造”模式，是培育新动能、改造旧动能的总体思路，目的是使新兴产业挑大梁、传统产业发新枝，虽然十大生态产业里边也包括“三化改造”特别是绿色化改造，但“三化改造”主要还是针对传统产业来讲的，就是做好增量崛起、存量变革的文章，培育壮大新动能，加快工业领域新旧动能转换。

（三）项目推进降低标准

有些地方由于对政策理解不到位、项目审核把关不严、工作不实等原因，降低项目引进标准，盲目引进低水平项目，导致一些本该淘汰的劣质项目改头换面之后混进十大生态产业，不仅骗取和占用各种资源，还导致退出的部分落后产能死灰复燃，这种现象务必坚决杜绝。要以纯洁性、高端化、绿色化为项目选择标准，对高耗能、高污染产业设置入库“红线”，做到少而精、优而特、好而快，确保有限的资源、有限的资金能够发挥出最大的经济价值和生态价值。

（四）产业发展中数字化、智能化等现代集成技术运用不够

根据调查了解的情况，甘肃生态产业相关的一些企业，从经营理念、组织管理，到技术研发、引进和使用，还是在传统的路径上行进，对跨界融合、大数据、云计算、物联网、数字化、平台化、智能化等产业现代化理念

和技术的运用，还有比较大的提升空间。

（五）一些项目复工复产进度缓慢

2020年以来，整体上看全省十大生态产业复工复产进展良好，但节能环保、先进制造、文化旅游三个产业开票额较低，不足去年同期的60%。其中，既有疫情影响的客观因素，也有反映迟滞、预期不够、工作创新不足等主观因素。对此，要全面辩证分析和看待，并予以高度重视和尽快加以解决。

三、“十四五”时期甘肃生态产业发展的对策建议

（一）优化完善区域产业布局，使更多优质生态产业项目进入国家“十四五”规划

加大对国家宏观政策的研究，及时跟踪掌握绿色发展最新动态，加强与国家部委的对接衔接，争取更多政策、资金和项目的支持。高度重视项目前期的工作，舍得在项目谋划、包装方面花钱，做好产业区域发展布局项目库，储备一批国家政策支持、体现甘肃优势、发展前景广阔、经济生态社会效益良好的生态产业项目，提高项目质量和水平。建立十大生态产业项目发展情况评估机制，动态调整完善项目库，尊重市场规律和经济发展规律，及时淘汰设计有缺陷、工作推进慢、生态效益差的落后产业，把不符合要求的项目及时剔除，实现“市场出清”。把有前景、可操作、能落地的项目及时纳入。建立协同推进产业布局联席会议机制，打破关联性产业之间行政壁垒，避免低水平重复建设，培育建设一批特色生态产业集群，使亮点更亮，特色更特，形成新的经济增长点。

（二）加强生态环境保护，统筹谋划黄河流域甘肃段生态保护工作

甘肃是西部生态安全重要屏障，是黄河流域重要水源涵养区和补给区，担负着生态修复、水土保持和污染防治的重任，生态环境保护具有巨大的现实意义。要以着重解决好黄河流域水量、水质、水土等问题为出发点，以河西祁连山区、甘南黄河上游水源涵养区为重点，推进水源涵养治理工程；采取综合生态修复技术治理甘南草原退化，建设黄河流域生态保护示

范区；以陇中陇东黄土高原区为重点，持续开展水土流失治理；在原始生态地区，以自然恢复为主减少人为干扰；强化黄河流域干流与支流、水域与陆域的统一管理保护，协调推进流域水资源保护和水污染防治。在黄河流域甘肃段保护发展过程中，统筹做好与生态产业协同推进工作，做到流域保护治理和生态产业发展同部署、同规划、同推进，防止出现“两张皮”现象。

（三）并推实施生态产业化与产业生态化

坚持生态产业化和产业生态化的大方向。将十大生态产业作为推动高质量发展的推手，运用互联网、大数据、人工智能等新技术，推动石油化工、有色冶金等传统优势产业从生产、经营、管理和销售等多维度实现智能化、清洁化转变。同时，依托和发挥贫困地区生态资源禀赋，发展与生态保护紧密结合、市场相对稳定的特色产业，将资源优势有效转化为产业优势、经济优势。把绿色发展理念融入新型工业化、城镇化、信息化、农业现代化中，发展生态农业、生态工业、生态服务业和环保产业等；转变传统旅游业发展模式，大力发展生态旅游业，提供生态旅游体验、生态科考、生态康养等生态旅游产品，形成既具有规模优势又布局合理的现代绿色产业体系。

（四）探索绿色资产资本化途径

探索新型的绿色生态资产转化为资本的途径，加大对生态产业以及传统产业进行“绿色改造”的投融资支持，为相关项目提供运营和风险管理的金融服务。开展自然资源资产确权，明确各类资源的存量、流量，划分资源的所有权、使用权、收益权等权属，试点自然资源有偿使用制度，拓展生态资产向金融资产转化的有效途径。开展绿色认证、绿色证券和绿色保险服务，建立多种绿色金融信息交流平台，为生态产品的生产和销售提供渠道和支撑，为缺乏市场的生态服务提供交易平台。

（五）加强生态环境保护技术研发与集成，确立未来生态产业跨界融合、数字化、平台化、智能化发展的战略方向

生态产业发展涉及多种技术，如水源涵养、生态系统修复、生物多样性

保护、水土保持和流域综合治理等方面，需要持续开展各类关键技术的研发与集成。跨界融合方面，实现区域带状经济与网状经济、制造业与服务业、实体经济与虚拟经济的深度融合；数字经济方面，加强大数据、云计算、物联网和5G等数字基础产业建设，加快推动数字经济产业化和产业数字化进程，推进数字技术在先进制造、现代物流、文化旅游、现代农业等优势行业的广泛应用；平台化方面，在能源装备制造、生物医药、有色新材料等行业，大力推进网络化协同制造和服务型制造，打造一批网络化协同制造公共服务平台，加快建设网上农产品交易平台，建立甘肃智慧旅游公共信息平台，大力发展互联网+特色旅游，推动文化与旅游的深度融合；智能化方面，在重点行业和优势企业，分类实施智能化制造、智能化管理、智能化服务，推动关键工序智能化、关键岗位机器人替代、生产过程智能优化控制，建设智能工厂（车间），提高精准制造、敏捷制造、柔性制造能力。在蔬菜、马铃薯、草食畜牧业、中药材、优质林果、制种和酿酒原料等农业特色支柱产业中，加快智能传感器、卫星遥感、地理空间系统等技术的推广应用，增强对农业生产的精确监测能力和智能化水平，逐步实现农牧业生产经营管理精准化、智能化。通过以上新理念新技术的运用，充分发挥甘肃省在生态环境保护方面的技术优势，推动较为成熟的技术商业化、产业化、市场化，抢占生态保护技术制高点。

（六）持续加大招商引资力度，强化产业发展要素保障

持续加大生态产业发展招商引资力度，举办特色鲜明的招商节会，树立国际视野，吸引更多有实力的大企业参与十大生态产业发展，提高招商项目履约率。着力加强产业发展的要素保障：资金方面，创新绿色生态产业发展基金运行模式，引导基金既可以参与母基金、子基金，也可以直接投资项目，母基金可以直接向项目投资，也可以在十大生态产业子基金参股。用地方面，生态产业发展用地优先保障，用足用好用地优惠政策，积极回应企业发展中的用地诉求。电价方面，深入研究国家支持生态产业发展的电力优惠政策，想方设法把电价降下来，着力破解企业用电成本高的难题。人才方面，树立人才是企业最宝贵资源的理念，将包括“省长人才奖”“陇原英才

计划”等人才政策更多向生态产业倾斜，把更多各方面优秀人才吸引到生态产业发展领域。

作者简介

陈增帅，男，中共甘肃省委党校（甘肃行政学院）社会和生态文明教研部主任，教授。

坚持人与自然和谐共生的武威实践与启示

◎ 王明德

深处内陆干旱荒漠腹地的武威，北部由巴丹吉林沙漠和腾格里沙漠所包围，自然降水量少，植被稀疏，干燥多风。武威市荒漠化土地3262.8万亩，沙漠化土地2289.01万亩，分别占全市土地总面积的65.5%和45.91%，风沙线长达654千米，生态环境极为脆弱，在地理环境梯度上处于全国荒漠化最前沿，是全国荒漠化最为严重的地区之一。新中国成立以来，武威人民经历了从抗衡风沙、治理风沙、防治风沙到保护为主、自然修复、努力实现人与自然和谐共生的漫长过程。自然生态禀赋决定了武威人民很早就形成了一套传统的、朴素的生态环境保护思想和行为规范，这是生态文明建设的早期存在形式，也是持续推进生态环境保护的思想认识基础。梳理武威生态文明建设的实践历程，不仅对新时代推动实现人与自然和谐共生的生态理想具有现实意义，而且对西北乃至全国的干旱荒漠地区践行绿色发展理念具有示范意义。

一、人与自然和谐共生的内涵

（一）人与自然和谐共生是新时代坚持和发展中国特色社会主义的基本方略

党的十九大报告中将“坚持人与自然和谐共生”纳入新时代坚持和发展中国特色社会主义的十四条基本方略之中，方略又从七个方面提出了要求，其中特别强调了：“我们要建设的现代化是人与自然和谐共生的现代化，既要创造更多物质财富和精神财富以满足人民日益增长的美好生活需要，也要提供更多优质生态产品以满足人民日益增长的优美生态环境需要。”就是说，现代化建设进程中必须坚持人与自然和谐共生，现代化的建成要实现人与自然和谐共生。通过提供优质生态产品来满足人民日益增长的优美生态环境的需要，从而将生态文明建设列入了共产党人的初心和使命之中去要求。正如习近平总书记强调的，良好生态环境是最公平的公共产品，是最普惠的民生福祉。从目标指向性看，新时代推进生态文明建设的最终目的是实现人与自然和谐共生。

（二）要把人与自然和谐共生渗透到绿色发展的各个方面

人与自然和谐共生的愿景有其深厚的理论基础。早在100多年前，马克思和恩格斯在其著作《1844年经济学哲学手稿》《德意志意识形态》和《共产党宣言》中都曾提出了人与自然和谐相处的思想，并进一步指出，只有共产主义社会才能实现人与自然和谐相处的生态理想。这也是习近平生态文明思想的马克思主义理论基础。认识并遵循自然规律首先要善待自然，设定经济社会发展的生态保护红线、环境质量底线，减少或避免对自然界的人为破坏行为。为此，生态文明建设实践中必须坚持节约优先、保护优先、自然恢复为主的方针，建立健全法律法规，落实绿色发展理念，引用绿色环保技术，倡导居民树立绿色消费观念，形成节约资源和保护环境的空间格局、产业结构、生产方式、生活方式，实现人与自然的和谐相处。

二、武威坚持人与自然和谐共生的演进历程

马克思认为，社会实践是人与自然联系的中介，是实现人与自然和解、促使人与自然协同发展的有效形式。武威的生态环境保护实践，从实际出发，通过劳动将人与自然联结起来，是一个从实践到认识、再从认识到实践的不断深化的辩证发展过程。在这个过程中，不断深化了对人与自然关系的理解，牢固树立了“绿水青山就是金山银山”的发展理念，走出了一条落后地区坚持人与自然和谐共生的发展之路，为习近平生态文明思想提供了丰富而生动的实践。

（一）对生态环境保护的朴素认知

新中国成立以前，武威人民在防沙治沙过程中已摸索出了“移沙”“插风墙”等固沙方式。新中国成立后，开始了政府主导下的荒漠治理和沙区生态建设，初期便创造出了护柴湾、土埋沙丘等防风固沙新方法，并开始在绿洲农田边缘营造防风固沙林。一是统一的规划设计。据文献记载，甘肃省营林队于1956—1958年对武威地区北部防风固沙林的营造进行了规划设计，并确定了全区防风固沙林的总布局：沿绿洲农田的北侧营造基干林带，在基干林带的南侧，大致垂直于基干林带向南延伸设支干林带。在绿洲农田区营造田、林、渠、路相结合的护田林带。以绿洲风沙积聚区的沙丘迎风坡和丘间低地营造固沙片林。在水库、村庄、城镇、工矿、道路两旁营造防护林和绿化林。人工林东起景泰、营盘水，西经古浪、武威、民勤各县，到永昌县绣花庙，全长931.3千米。二是成立治沙科研机构。在北部风沙线上先后组建了以营造防风固林为主的国营林场（主要是治沙站、天然林植被保护站和苗圃）和乡村办林场，形成了一个科研和生产相结合、造林与保护天然植被相结合的防沙治沙格局。三是初步形成治理思路。在荒漠治理工作中，坚持全面规划，因地制宜，因害设防，先易后难，由近及远，综合治理，集中连片，治理一片、巩固一处的原则，逐步建立起了一套防风固沙林体系和治沙造林技术措施，在灌溉农区和风沙沿线营造了大量的防风固沙林和农田林网。到1985年底，已初步形成了带、片、网、灌、草搭配的风沙区防护林体

系，“沙逼人退”的现象有所扭转。四是组建治沙机构。1957年，甘肃省林业局在民勤成立了民勤防沙林试验场，目的是采取实验与生产相结合的方法，探索治沙造林技术措施。1958年起，各县先后成立了县林业工作站，配备了林业干部和技术人员，指导育苗造林、护林和病虫害防治工作。1959年，中国科学院治沙队在民勤沙区成立了民勤治沙综合试验站。1964年，经省林业勘测设计队调查，在原民勤、武威、永昌三县及省管的七个国营林场的基础上，组建了以营造防风固沙林为主的石羊河机械林场（后更名为石羊河林业总场）。1965年，成立民勤县柠条林管理站。1973年，建立民勤县三角城林场和古浪县海子滩林场。1980年，成立甘肃省治沙研究所。1983年，成立民勤县连古城沙生植物自然保护区管理站和民勤县勤锋滩植被保护站。1983年，成立武威市（今凉州区）治沙站。

这一时期的环境保护行为，体现了武威人民深受风沙侵害之苦下做出的最原始和朴素的行为，但反映了人们对生态环境保护的初期认知，在客观上起到了保护生态环境的作用。

（二）对生态环境保护的初期觉醒

人类文明的演变与发展在很大程度上是与人们对人与自然之间关系的认知和转变息息相关的。从朴素的生态保护意识到深刻地反思人与自然的关系这一进程是漫长的，也是曲折的。1978年，实行家庭联产承包责任制后，将田地分配到每户，激发了群众生产的积极性，流域内兴修水利、开垦土地、打井取水以发展生产。武威因此成为全国重要的商品粮基地之一。在生态保护意识尚缺乏的时代，制定了一些关于资源开采、农业开垦等政策和制度，加之干旱缺水、植被枯萎、流沙严重威胁绿洲等现状，为后期带来了严重的环境问题及频繁的生态危机。比如，20世纪80年代初石羊河流域下游来水量降到了2.2亿立方米左右，年采水量3亿多立方米，超采1亿多立方米，导致地下水位大幅度下降，一些地方天然和人工植被干枯，沙丘活跃，部分地区又引起新的沙化。70年代后期，古浪县鸣沙嘴一带沙化面积比1956年扩大了25%。古浪土门至大靖川出现新的沙丘和沙化地。民勤县大坝公社的城西大队，1957年在柴湾开荒，流沙东进，不仅使当年新开的100多亩农田被沙压了，还有200多亩老农田也屡受沙害，粮食产量下降。1993年5月5日，河西走廊金昌市一带，突然刮起一场历史上罕见的黑色风暴。这场十二级黑风暴自西向东，一路洗劫了武威市、古浪县和民勤县，造成了严重的风沙灾难，人员伤亡，大片农田被沙埋，损失惨重。早在100多年前，恩格斯就曾指出："我们不要过分陶醉于我们人类对自然界的胜利。对于每一次这样的胜利，自然界都对我们进行报复。每一次胜利，起初确实取得了我们预期的结果，但是往后和再往后却发生完全不同的、出乎预料的影响，常常把最初的结果又消除了。"没想到恩格斯的这一预言100多年后竟在武威成为事实，武威人民对生态环境的破坏所造成的恶果深有体会。人们开始反思并认识到人与自然必须和谐相处的道理。如何才能做到和谐相处呢？实践早已经给出了答案，就是摒弃以破坏资源和环境为代价的粗放型经济增长方式，停止各种掠夺和破坏自然的做法，在自然界可承载的范围内实现发展，善待自然，维护自然生态系统的平衡。

在经历了自然界对人类的惩罚，认识到"人定胜天"观点的局限后，武威全面拉开了生态环境保护与治理行动的帷幕。

（三）开启政府主导下生态文明建设行动

武威的森林、草原、河流、沙漠等多种自然形态，是一个长期形成的综合性生态系统，生态保护和修复必须进行综合治理。在政府主导下，武威开始探索科学有效的生态治理模式来改善生态环境。一是优化水资源配置。严格落实水资源管理"三条红线""四项制度"，界定了县区、行业初始水权，建立了县区、灌区、协会、用水户的水量分配机制。着力提高水资源利用效率和效益，全力推进节水型社会建设。关闭农业灌溉机井，压减农田灌溉配水面积。二是保护水源涵养地。把居住在海拔2500米以上祁连山区、水源涵养区、地质灾害易发区贫困群众搬迁出来，实现对水源涵养区生态环境的保护。三是全面实施节水、调水、人影工程和设施农业建设等重点治理措施。统筹节水、造林、治沙、防污四个重点，突出沙漠锁边、特色林果、绿洲造林、水源涵养区生态环境保护四大重点，推进生态屏障行动。四是探索形成了集治沙和沙区产业协同发展的模式。比如，民勤县开发沙区特色旅游和特色产业，打造了沙漠绿洲产业链，将发展沙区经济和当地民众脱贫致富结合起来，形成了生态保护和沙区产业发展相结合的生态经济发展模式。

这一时期正确处理了经济发展与环境保护的关系，加大环境治理力度，加快生态绿化建设，促使环境质量不断提升，也为经济发展提供了更大空间，在一定程度上实践了习近平总书记提出的："保护生态环境就是保护生产力，改善生态环境就是发展生产力。"

（四）全面深化生态文明建设的实践

党的十九大以来，武威坚定不移走生态优先、绿色发展之路，统筹节水、治沙、造林和特色产业发展模式，把生态文明建设融入经济、政治、文化和社会建设的全过程，践行绿色发展理念。一是转变传统发展方式。生态环境要得到持续性改观，就要转变传统发展方式。在生态文明思想引领下构建并打造沿山、沿川、沿沙三大产业带，发展牛羊鸡菜果菌薯药八大产业，发展高效节水、绿色有机、高附加值和出口农业。二是大力发展生态工业。对环保、安全不达标的企业全面关停整治，坚决淘汰落后产能。培育发展战略性新兴产业，推动绿色循环发展。三是培育文化旅游支柱产业。编制实施全域旅游发展规划和乡村旅游规划，出台扶持文化旅游产业发展的"黄金21条"等政策措施，促进文化旅游产业深度融合发展。四是实施国土绿化倍增行动。推进城镇绿化、农村社区绿化、景区（点）绿化、通道绿化等八大行动。五是全面开展生态环境修复与治理行动。通过治沙造林和封山育林育草方式进行沙漠化防治。尤其是通过对祁连山生态修复与保护、北部防风固沙造林、水环境保护治理三大工程，使祁连山山水林田湖草生态系统得到全面保护和修复。

由此可知，这一时期的实践活动是人与自然和谐共生价值理念上达成共识的人类行为，在更深层次上推动着生态文明建设进程。

（五）进入生态文明建设群体觉醒的时代

生态文明是工业化进程中源于发展的反思，是对工业文明的超越。然而，工业化滞后的武威，保留了农业文明时期最原始的自然生态，人们较早地有了生态意识，而且这种意识来源于群体的觉醒。回顾武威生态保护的历史，先后涌现出了石述柱、王银吉、八步沙“六老汉”等一批治沙造林模范人物和先进群体。是他们在荒漠中点亮了绿色的希望，带领一个群体进入了生态保护的时代。1955年，年仅19岁的石述柱组建了全县第一支“青年治沙突击队”，并创造出了一套将黏土压沙与林木封育相结合的科学治沙模式。1981年，古浪县八步沙的6位农民，接受了古浪县林业局和土门镇让其承包治理紧靠腾格里大沙漠的八步沙的建议，创造了八步沙精神。凉州区长城乡红水河村的王银吉从1999年起，带领一家人经过20年的坚持，在风沙口累积压沙8000多亩，栽植各类乔灌木600多万株，营造了一道大型防风固沙林带。像他们这样长年奋战在治沙造林一线的个人和群体还有很多，这些感人事迹生动诠释了人类在实践中逐渐与自然和解，从而走上尊重自然、顺应自然和保护自然的人与自然和谐共生的路径。2019年，中宣部授予八步沙“六老汉”三代人治沙造林先进群体“时代楷模”称号。这成为新时代中国特色社会主义生态文明建设的强大精神财富，也标志着生态文明建设群体觉醒时代的到来。

三、武威推进人与自然和谐共生的实践启示

（一）培育生态文化是实现武威绿色崛起的思想之源

“生态兴则文明兴，生态衰则文明衰。”生态文明建设不仅仅是政府的事，也不仅仅是模范人物和先进群体的事，这关乎人民福祉和民族未来。生态文明建设最终要实现和谐共生、全面发展、良性循环，必然要求广大人民广泛参与，形成节约适度、绿色低碳、文明健康的生活方式和消费模式。古浪县八步沙“六老汉”三代人把荒漠变成了金山银山，这是对习近平总书记“两山论”理论的生动实践，也是武威未来绿色发展必须要走的道路。学习新时代愚公精神，不仅要学习他们尊重自然、遵守规则、自我约束、科学治沙的生态保护意识，还要在全社会培育起人与自然和谐共生的生态文化，唤醒人们保护环境的主体意识和自觉性，把群体自发的环境保护行为转变成自觉的生态文明行为，并形成有效的约束机制。

（二）保护生态环境是正确处理经济发展和生态保护的根本遵循

生产力是人类利用自然和改造自然的能力。马克思进一步解释了生产力的概念，他说生产力不仅包括人的劳动和创造力，还包括作为人类生存依托和劳动对象的自然界。也就是说，自然界也是生产力的组成部分，不能将自然生态看作发展中的消耗品，而要将生态环境本身当作一种生产力。保护自然就是增值自然价值和自然资本的过程，就是保护和发展生产力。由此，习近平也反复强调，经济发展不应是对资源和生态环境的竭泽而渔，生态环境保护也不应是舍弃经济发展的缘木求鱼，而是要坚持在发展中保护、在保护中发展，实现经济社会发展与人口、资源、环境相协调。遵循这一原则和规律，武威实施治沙造林、荒漠化治理、自然保护区修复工程、节水型社会建设、发展文化旅游业、全域生态文明建设等实践，充分证明了“保护生态环境就是保护生产力”的科学论断，生态优先、绿色发展之路就是坚持在发展中保护，在保护中求发展，正确处理经济发展和生态环境保护的关系，努力实现人与自然的和谐共生。

（三）坚持生态优先、绿色发展理念是实现高质量发展的前提

生态优先、绿色发展是以习近平同志为核心的党中央尊重自然规律、经济规律和社会规律，顺应世界发展潮流，为推动我国绿色发展和可持续发展作出的重大战略决策和部署。武威在严酷并脆弱的生态环境面前，经历了征服、抗衡、治沙、防沙、开发利用、科学治理到人沙和谐的漫长历程。武威人民从未中断改造自然、认识自然的实践，经历了自然界对人类的惩罚，最终才深刻认识到，人与自然不是征服和被征服的关系，而是和谐共生的关系。由此才开启了以生态优先、绿色发展为导向的高质量发展，着力于打好蓝天、碧水、净土保卫战，实施攻坚行动，开展全流域整治，加强山水林田湖草生命共同体建设，切实解决突出环境问题，坚决守护好绿水青山。

（四）制度建设是实现人与自然和谐共生的基本保障

党的十八届三中全会首次提出要“加快生态文明制度建设”，四中全会进一步提出“实行最严格的源头保护制度、损害赔偿制度、责任追究制度，完善环境治理和生态修复制度”。习近平总书记强调：在生态保护问题上，

就是要不能越雷池一步，否则就应该受到惩罚。只有实行最严格的制度、最严密的法治，才能为生态文明建设提供可靠保障。这是习近平生态文明思想中关于生态文明制度建设的要求，旨在通过生态文化重塑、生态责任分配与生态制度建设三重维度保障生态文明建设任务。关于这个方面，我们在祁连山自然保护区生态环境问题上深切体会到，也更加认识到生态环境的修复是缓慢的、长期的，必须耐心等待。生态环境修复的历程会经历时代变迁和人事更迭，只有建立起完善的制度体系，才能破解制约生态文明建设的障碍。比如，水资源管理中的水量分配制度，自然资源管理中的“负面清单”、常态化督察、河（湖）长制、责任追究和生态补偿机制等，有效解决了过度开发、监管不力、生态破坏、河道污染和资源浪费等顽疾。

作者简介

王明德，中共武威市委党校（市行政学院）常务副校（院）长。

论八步沙精神对“不忘初心、牢记使命”主题教育的意义

◎ 马桂芬

20世纪80年代初，地处河西走廊东端、腾格里沙漠南缘的八步沙狂沙肆虐、寸草不生，极度恶化的生态环境严重影响着当地群众的生产生活。世居这里的郭朝明、贺发林、石满、罗元奎、程海、张润元6位老人不甘心自己的家园被黄沙吞没，为保护家园、防止水土流失，他们立下治沙誓言，义无反顾地走进八步沙，种树治沙，扎根荒漠，一干就是38年。八步沙林场场长郭万刚在做报告时曾讲到：“豁不出一头子，是干不成事情的！”38年来，以“六老汉”为代表的八步沙林场三代治沙人，以豁出去的精神，用三代人的坚守和不懈努力换来了一条防风固沙的绿色生态安全屏障。

2019年3月，中宣部授予古浪县八步沙林场“六老汉”三代人治沙造林先进群体“时代楷模”称号，这是对他们科学治沙，使荒漠变林海，走绿色发展之路的充分肯定和认可，也是对他们敢于拼搏、甘于奉献、敢把沙漠变绿洲的治沙造林精神的充分褒奖和激励。

2019年5月31日，习近平总书记在“不忘初心、牢记使命”主题教育工作会议上强调：“为中国人民谋幸福，为中华民族谋复兴，是中国共产党人

的初心和使命，是激励一代代中国共产党人前赴后继、英勇奋斗的根本动力。”习近平总书记指出：守初心，就是要牢记全心全意为人民服务的根本宗旨，以坚定的理想信念坚守初心，牢记人民对美好生活的向往就是我们的奋斗目标，时刻不忘我们党来自人民、根植人民，永远不能脱离群众、轻视群众、漠视群众疾苦。担使命，就是要牢记我们党肩负的实现中华民族伟大复兴的历史使命，勇于担当负责，积极主动作为，保持斗争精神，敢于直面风险挑战，以坚忍不拔的意志和无私无畏的勇气战胜前进道路上的一切艰难险阻。守初心、担使命可以从八步沙精神中汲取营养。

一、坚定理想信念，矢志不渝

坚定理想和信念，坚信只要矢志不渝地坚持，事业必然会取得胜利。这是八步沙精神的灵魂。2005年8月，时任浙江省委书记的习近平同志在浙江安吉考察时提出了“绿水青山就是金山银山”的科学论断；2017年10月，党的十九大报告提出“必须树立和践行绿水青山就是金山银山的理念”；“增强绿水青山就是金山银山的意识”被写进新修订的《中国共产党章程》。“绿水青山就是金山银山”的理念已成为我们党的重要执政理念之一。

八步沙林场“六老汉”三代人治沙造林先进群体是“绿水青山就是金山银山”理念的忠实践行者，是敢把沙漠变绿洲的奋斗者，是弘扬“人一之、我十之，人十之、我百之”甘肃精神的典型代表。八步沙人种下的不仅仅是树，更是理念和信仰。在“不忘初心、牢记使命”主题教育中，我们应当学习八步沙人这种信念和奋斗精神，学习他们始终对党忠诚的优秀品格，我们要坚定信心、鼓足干劲，恪尽职守、拼搏奉献，加快建设幸福美好新甘肃，不断开创富民兴陇新局面。

二、勇挑重任、护卫家园的担当精神

八步沙林场治沙“六老汉”中贺发林、张润元曾任村党支部书记，石满曾任村党支部副书记，4人是共产党员，6人都曾担任村组干部。他们面对肆虐的风沙和自己生活家园的存废，主动向沙漠进军，带头打响了治理荒漠、守护家园的攻坚战。38年来，以共产党员为骨干的三代治沙人，扎根荒漠，信守誓言，压沙造林，用生命和汗水成功阻击了风沙的侵蚀，创造了令人震撼的绿色奇迹。在“不忘初心、牢记使命”主题教育中，我们应当学习他们发挥共产党员的先锋模范作用，在重要关头要勇挑重任，敢于担当，吃苦在前，奋战在先，牢固树立创新、协调、绿色、开放、共享发展理念，立足岗位、履行职责，直面问题、脚踏实地、真抓实干，为甘肃省的经济社会高质量发展贡献力量。

三、不畏艰难、实干苦干的拼搏精神

八步沙“六老汉”三代人不惧恶劣环境和治沙造林的重重困难，扑下身子、耐住性子，顶风沙、抗严寒、冒酷暑、喝冷水、啃干馍、睡地窝，坚持“黄沙不退人不退，草木不活人不走”，与干旱和风沙顽强抗争，战胜了种种难以想象的困难，把曾经的黄沙荒漠变成了今天的林海绿洲。在“不忘初心、牢记使命”主题教育中，我们要学习他们百折不挠、一往无前的坚韧意志和事不避难、攻坚克难的拼搏精神，要继续弘扬这种不怕任何艰难险阻，勇于担当、敢于负责的苦干实干精神，埋头苦干，拼搏实干，脚踏实地做好本职工作，为全面建成小康社会贡献一己之力。要认真学习贯彻党的十九大精神和习近平新时代中国特色社会主义思想，认真学习贯彻习近平视察甘肃的重要讲话精神，敢于啃硬骨头，勇于打攻坚战，用勤劳的双手建设美好家园，一步一个脚印把各项工作推向前进。

四、勇于探索、唯实创新的进取精神

八步沙“六老汉”三代人，从第一代治沙人“一棵树、一把草，压住沙子防风掏”，到第二代治沙人创新应用“网格状双眉式”沙障结构，实行造林管护网格化管理，再到第三代治沙人全面尝试“打草方格、细水滴灌、地膜覆盖”等新技术。他们坚持从实际出发，科学治沙造林管护，着眼构筑尊崇自然、绿色发展的生态体系，创新应用“网格状双眉式”沙障结构，实行造林管护网格化管理，坚持全天候步行巡护，积极承担和精心实施重点交通干线生态恢复、移民开发区农田林网建设、国家能源管线生态修复等重大工程，使八步沙两万亩沙漠变成了树草相间的绿洲。在“不忘初心、牢记使命”主题教育中，我们要学习他们求真务实、勇于创新的进取精神，奋发有为，善作善成，破解甘肃省改革发展中的难题，推动各项事业高质量发展。

五、矢志坚守、接续奋斗的愚公精神

古有愚公移山，今有“六老汉”治沙。八步沙“六老汉”立下约定，无论多苦多累，每家必须有一个治沙继承人接着干下去。为了父辈的嘱托，“六老汉”都有一个儿子或女婿接过治沙接力棒。就这样，“六老汉”及其后代一年接着一年干，一代接着一代干，三代人苦干38年，终于让昔日寸草不生的荒漠变成当地群众增收致富的聚宝盆。在“不忘初心、牢记使命”主题教育中，我们要学习他们身上的这种矢志不渝、久久为功的愚公精神，对待事业和工作一干到底、永不言弃，全心全力促发展，打好脱贫攻坚战。相信一代又一代甘肃人只要书写好每一代人的历史，在一代又一代人的接续奋斗中，就能书写好幸福美好新甘肃的新篇章，从而推进我们的伟大事业，为实现中华民族伟大复兴的中国梦助力。

作者简介

马桂芬，女，中共甘肃省委党校（甘肃行政学院）甘肃发展研究院副院长，教授，博士后，主要研究方向为民族经济、民族宗教文化。

坚定完成好生态建设“底线任务”

◎ 柏正杰

2019年8月19日至22日，习近平总书记沿河西走廊自西向东行程1000多公里，在甘肃省考察调研并发表重要讲话。“坚持绿色可持续发展，构筑西部生态安全屏障”是习近平总书记此次考察调研并发表重要讲话、指示的一个突出主题。结合十八大以来习近平总书记对甘肃的一系列讲话、指示精神，认真学习、深刻领会习近平总书记关于“加强生态环境保护，努力构筑国家西部生态安全屏障”的重要指示，谈三点体会。

一、树牢“底线任务”思维

甘肃地处中国西北内陆，与青海、宁夏、内蒙古、新疆等多个少数民族地区接壤，战略地位特殊。甘肃经济社会发展与生态文明建设对保持西部地区国民经济健康发展、促进民族团结、巩固中国边疆、保持国家长治久安具有特别重要的意义和作用。新中国成立初期，在国家的大力支持下，甘肃的工业有了突飞猛进的发展，但改革开放以来甘肃与全国乃至东部沿海地区的发展差距明显拉开，落后的社会生产力已经无法满足人民物质文化生活的增长需求，特别是由于甘肃省经济发展战略对资源与生态环境价值不够重视，对能源原材料的大量开采以及在农村地区的各种毁林开荒行为，造成了严重的生态环境破坏。这种以生态环境和资源价值换取经济发展的做法使甘肃目前面临来自生态环境、资源和社会经济发展的多重压力。如何实现生态环境与资源的可持续利用，成为构建幸福美好新甘肃、实现经济社会可持续发展的关键。

甘肃也是我国西部重要生态安全屏障。祁连山是黄河流域重要水源产流地，也是我国生物多样性保护优先区城。但曾经很长一段时间，祁连山局部生态破坏问题十分突出。习近平总书记高度重视祁连山生态环境问题，多次作出重要批示，要求“抓紧解决突出问题，抓好环境违法整治，推进祁连山环境保护与修复”。此次，习近平总书记来甘肃考察时强调指出：“保护好祁连山的生态环境对保护国家生态安全、对推动甘肃和河西走廊可持续发展都具有十分重要的战略意义。”

当前，摆在甘肃面前的两大底线任务：一是打赢脱贫攻坚战，二是生态文明建设。习近平总书记指出：“自然是生命之母，人与自然是生命共同体，人类必须敬畏自然、尊重自然、顺应自然、保护自然。”发展事实说明，保护生态环境就是保护生产力、改善生态环境就是发展生产力；自然环境是生存之本，保护环境是生存之道。“生态兴则文明兴，生态衰则文明衰。”要深刻认识到生态环境保护所蕴含的潜在需求，坚持以创新、协调、绿色、开放、共享的发展理念，走出一条变绿水青山为金山银山的新路子，让各族群众既生活在蓝天碧水中，又能享受大美自然带给人们的健康和幸福。甘肃在保护环境上走过弯路，我们要吸取深刻教训，要深刻领会习近平总书记关于“加强生态环境保护，努力构筑国家西部生态安全屏障”的重要指示精神，深刻认识甘肃省生态环境保护在党和国家发展大局中极其重要的定位，始终坚持生态第一、环保第一，从根本上转变发展观念，守护好河西走廊的“生命线”，守护好祁连山自然保护区，守护好黄河上游重要水源地，守护好中华民族赖以生存的生态屏障，进一步提升生态文明建设水平。

二、“套上生态环保的紧箍咒”

甘肃地处西北，既有地理面貌多姿多彩的一面，更有生态环境十分脆弱的一面。习近平总书记曾就甘肃生态环境保护问题多次作出重要指示，明确要“卸下GDP的紧箍咒，套上生态环保的紧箍咒”。

（一）坚持两个“正确处理”

如何保护好甘肃这方水土，搞好生态文明建设，实现绿色可持续发展？习近平总书记讲到了两个“正确处理”。习近平总书记在甘肃考察时曾语重心长地强调：“要正确处理生产生活和生态环境的关系，积极发展生态环保、可持续的产业，保护好宝贵的草场资源，让祁连山绿水青山常在，永远造福草原各族群众。”同时指出：“要加强生态环境保护，正确处理开发和保护的关系，加快发展生态产业，构筑国家西部生态安全屏障。”这两个“正确处理”科学揭示了生态建设工程的关键所在，为甘肃乃至全国加强社会主义生态文明建设提供了根本遵循，也为加快建设幸福美好新甘肃、不断开创富民兴陇新局面指明了方向。

（二）加快生态修复惠民生

良好的生态环境是最普惠的民生福祉。习近平总书记始终强调生态惠民、生态利民、生态为民思想。我们要以践行“为中国人民谋幸福，为中华民族谋复兴”为己任，以高度的责任感、使命感担负起生态修复的重任。一要坚持用新发展理念统一思想认识。环境就是民生，青山就是美丽，蓝天就是幸福。把生态文明建设放在“五位一体”总体布局中去认识和把握。二要凝聚全社会力量共同投入生态环境保护与建设中。人人都是生态环境的保护者、建设者、受益者，形成合力才能使生态修复达到优质高效。三要依靠科技创新。依靠科技手段，发挥科技创新作用是科学修复、保持生态可持续发展的根本保障。四要把制度与模式创新作为重要动力，开发不破坏环境，保护不制约发展，通过综合治理、系统治理、源头治理，统筹推进，协同配合，形成共同抓好大保护、协同推进大治理的良好局面。

（三）保护母亲河

习近平总书记指出："保护母亲河是事关中华民族伟大复兴和永续发展的千秋大计。"甘肃地处黄河上游，生态修复和保护意义非同小可，尤其是黄河生态治理与保护。在听取甘肃省委和省政府工作汇报时，习近平总书记语重心长地说："我曾经讲过，长江病了，而且病得还不轻。今天我要说，黄河一直以来也是体弱多病，水患频繁。治理黄河，重在保护，要在治理。"习近平强调："要坚持山水林田湖草综合治理、系统治理、源头治理，统筹推进各项工作，加强协同配合，共同抓好大保护，协同推进大治理。"甘肃要首先担负起黄河上游生态修复、水土保持和污染防治的重任，兰州要在保持黄河水体健康方面先发力带好头。

三、发扬"六老汉"当代愚公精神

甘肃历史悠久，是中华民族和华夏文明的重要发祥地之一，被誉为"河岳根源、羲轩桑梓"。然而，今天的甘肃，由于历史上生态环境曾遭到一定破坏，人们的生产生活受到影响，以至于经济、社会、文化、生态等方面的发展受到一定制约。"新时代需要更多像'六老汉'这样的当代愚公、时代楷模。"习近平总书记走进地处腾格里沙漠南缘的八步沙林场，同林场职工一起开沟压草，他指出："要继续发扬'六老汉'的当代愚公精神，弘扬他们困难面前不低头、敢把沙漠变绿洲的进取精神，再接再厉，再立新功，久久为功，让绿色的长城坚不可摧。"在新时代，在以习近平同志为核心的党中央的坚强领导下，陇原儿女不仅要贯彻绿色发展理念，摒弃损害甚至破坏生态环境的增长模式，也要从我做起、从小事做起，转变传统生产方式和生活方式，给自然生态一个休养生息的过程，更要发扬八步沙"六老汉"治沙的愚公精神，投身生态环境修复工程，为建设山川秀美、民族团结、社会祥和、生活美好的新甘肃贡献力量。

作者简介

柏正杰，男，兰州财经大学马克思主义学院院长，教授，硕士生导师。

我国西北地区生态安全的现状考察及对策

◎ 陈永胜

一、西北地区生态环境的历史变迁

西北地区的历史自然景观曾是森林和森林草原。在秦汉以前，这里森林茂密，山明水秀；到魏晋南北朝时期，匈奴人赫连勃勃曾赞美黄土高原北部陕北清边白城子“美哉斯阜，临广泽而带清流，吾行地多矣，未有若斯之美”，在此筑统万城，建立大夏国。根据《汉书·地理志》、北魏郦道元《水经注》等书记载考证，黄土高原西部的甘肃陇东、陇西、兰州和宁夏一带也曾密布森林。在甘、宁两省交界的六盘山，曾经覆盖大片林区。成吉思汗征西夏，曾在这里扎营避暑。宁夏西海固由于森林广布、草场丰美，曾经是唐朝的养马中心，直到明代前期，此地仍然是以放牧为主的半农半牧区。我国古生物学家杨仲健先生曾在1929年赴陕北等地考察，中国科学院黄河中游水土保持考察队在1995年也曾到此地考察，他们都断定黄土高原原始植被属于森林和森林草原。由于繁茂的植被涵养水土，所以黄河在古代许多文学作品中是清澈美丽的，也是中华民族的主要生息地。

近代以前，新疆的地表植被也分布较广。“镇西哈密之间，南山之麓，东起松树塘，西抵黑沟，山松荫蔚，亘二百里。”青海的柴达木盆地，20世纪50年代以前尚植被茂盛，覆盖率高达30%～70%。甘肃河西地区，石羊河、黑河、疏勒河发育了一系列荒漠绿洲，曾经是古代主要的农耕和放牧之地。这里自然景观虽然以荒漠为主，但祁连山的森林草地涵养了水源，所以水量充足，历史上黑河流域自然水域面积曾超过100平方千米，是现在不足30平方千米的3倍之多。甘肃洮河上游天然林与陇南白龙江上游和四川北部的森林连成一片，面积十分辽阔，主要有冷杉、山杨、白桦等，直径一尺以上的大树比比皆是。

二、西北地区生态环境的现状考察

（一）自然资源危机严重

西北地区的自然资源，特别是水资源正面临日益严重的危机。由于气候干旱，植被破坏严重，水涵养能力降低，西北地区大部分湖泊、沼泽、湿地都萎缩，河流水量减少，上千座水库干涸。据统计，新疆维吾尔自治区全区湖泊面积比20世纪50年代缩小了4952平方千米。仅黄河自1972年至1997年，就出现断流69次之多，最为严重的是1977年，黄河出现13次断流，历时206天；而青海近20年来注入黄河水量已减少23.2%，而且减少的趋势仍在加剧。

（二）自然灾害发生频繁

西北地区地处灾害带中，抵抗自然灾害风险的能力较弱，自然灾害发生频繁，使得本就十分脆弱的生态环境处于更加恶化的境地。据统计，仅1995年青海省河湟地区由于人类活动诱发的灾害占地质灾害总数的65%。近年来洪水灾害毁房面积成倍增长，泥石流和大面积滑坡致使地毁、水堵的现象不断发生，许多群众被迫迁徙成为“生态难民”。

（三）生物生存条件不容忽视

西北地区是我国野生动植物资源分布最广的地区之一，也是世界生物资源宝库之一，生物类型多样，野生动物种类特殊。新疆有国家保护的野生动物112种，青海有国家保护的一、二级动物67种，宁夏珍稀动物占全国的23.8%。但近年来由于植被破坏以及人为盗猎等因素影响，西北地区种群数量剧减，分布区逐年缩小，多样性开始遭到破坏。据统计，1986—2000年的14年中可可西里地区动物数量就减少了2/3，特别是国家一级保护动物藏羚羊、雪豹和野牦牛所剩不多，因而联合国将藏羚羊列入《濒危野生动植物国际贸易公约》；新疆的野生双峰驼数量已不足200峰，新疆虎彻底绝迹。

三、西北地区生态安全现状的成因分析

造成西北地区生态安全恶化的原因是多方面的，既有自然的因素，也有人为的因素，但笔者认为，历史上过度开垦、人口增长太快和法律实施效率不高等是更为直接的原因。

（一）历史上对西北地区自然资源的过度开发

西北地区大部分地处干旱、半干旱之地，生态环境比较脆弱。由于历史上对西北地区资源的过度开发，造成了其地生态环境恶化、难以恢复的状况。比如，在一些地区，历史上就出现过由于人类过度开发致使环境恶化的现象，许多历史名城被沙漠埋葬。甘肃河西走廊的一些地区，由于弃牧从耕，盲目开荒，使土地失去植被的保护，最终造成该地区土地沙化和水土流失，生态环境恶化。西北地区经过社会经济的长期发展，人类已经占用了大量的水资源和土地资源，有些地方的自然生态环境遭到了较为严重的破坏，威胁到经济社会的可持续性发展。

（二）生存危机迫使危及生态安全的行为自觉或不自觉地存在

新中国成立以来，西北地区人口迅速增加与自然环境逐渐衰退的矛盾日益尖锐，环境承载负荷加大，许多人仍停留在“变资源优势为商品优势”的惯性思维中，“杀鸡取卵”的短期、短视行为仍较为严重，而生存的压力更迫使危及生态安全的行为自觉或不自觉存在。贫困不仅导致人口过快增长，且与环境破坏相互影响，形成贫困和环境保护的恶性循环。在此循环中，一是贫困和生存的压力引发对环境的破坏性生产，从而在生存环境恶化中又产生了新的贫困；二是因贫困影响人口素质（特别是环境意

识）的提升，从而产生不合理的资源开发与环境破坏，又进一步导致生态恶化，形成新的贫困。正如印度高级法官乔德赫瑞在《代与代之间的公平：可持续发展权的基础》中指出的："贫困是生态恶化的首要原因，贫困不堪的地区，不得不过分开发已有的自然资源以便满足自己的基本需求。随着生态系统的开始恶化，贫困地区受到最大伤害，因为他们无力负担采取必要措施来控制生态恶化。"如通过退耕还林还草等措施，生态保护问题解决了，但生计问题未得到保障，生态保护就没有可持续性。因此，政府政策若无视西北地区这一基本现实，相关政策实施的低效率也就在所难免。

（三）环境法律保护政策实施效率不高

西北地区较为偏远，经济发展相对落后。由于人们缺乏法律意识和环境保护意识，环境执法和监督的力度较为脆弱，导致有法不依、执法不严、破坏环境的违法犯罪活动屡禁不止。如一些地方大肆猎捕野生动物的行为长期不能禁止，除了经济利益驱动，与执法不严是分不开的。

四、维护西北地区生态安全的战略措施

一是要以习近平生态文明思想为指导，切实把"绿水青山就是金山银山"的理念贯穿到各项工作中。

二是要坚定不移地贯彻新发展理念，持续抓好十大生态产业。

三是要进一步完善生态安全政策体系，为维护生态安全提供有力的政策保障。

四是要坚决把水资源这一关系生态安全的关键战略性资源保护好，推进节水型社会建设。

五是强化生态环境保护执法力度，形成维护生态安全的良好社会环境。

作者简介

陈永胜，男，甘肃省委党校（甘肃行政学院）教务处处长，教授，甘肃省科学社会主义学会会长。

建立完善甘肃横向生态补偿机制的对策建议

◎ 李振佑

横向生态补偿机制是以保护生态环境、促进人与自然和谐为目的，根据生态系统服务价值、生态保护成本、发展机会成本，综合运用行政和市场手段，调整生态环境保护和建设相关各方之间利益关系的一种制度安排。是一项具有经济激励作用、基于“受益者付费和破坏者付费”原则的环境经济政策。建立横向生态补偿机制是贯彻落实新发展理念、促进区域协调发展、实现保护和发展内在统一的重要举措。

一、甘肃在保障国家生态安全中的重要地位和作用

甘肃独特的地理位置，复杂的气候和地貌类型，对西北乃至全国生态环境有着重大影响。2013年2月，习近平总书记视察甘肃时明确指出，甘肃处于西北地区的中心地带，是黄河、长江的重要水源涵养区，是我国西北地区重要的生态屏障，在保障国家生态安全中具有重要的地位和作用，一定要努力提高生态文明建设水平。

2019年8月，习近平总书记视察甘肃时再次强调，甘肃地处黄土高原、

青藏高原、内蒙古高原三大高原交会处，是黄河、长江上游的重要水源涵养区，在保障国家生态安全中具有举足轻重的地位。黄河是中华民族的母亲河，黄河流域是中华文明的发祥地。黄河流经甘肃长达900多千米，甘肃是黄河流域重要的水源涵养区和补给区，60%的水来自兰州以上的河段。甘肃要负起责任，抓好黄河上游流域水土保持和污染防治工作，突出甘南黄河上游水源涵养区和陇中陇东黄土高原区水土治理两大重点，坚决防止生态恶化，为黄河生态治理保护作出应有贡献。

甘肃作为黄河、长江上游的重要水源涵养区和我国西北乃至全国的重要生态安全屏障，显然在保障国家生态安全中提供了重要的不可替代的公共生态产品和公共生态服务，具有举足轻重的地位和作用。

二、建立完善横向生态补偿机制的政策与理论依据

（一）建立完善横向生态补偿机制的政策依据

党的十八届三中全会《关于全面深化改革若干重大问题的决定》明确提出，实行生态补偿制度。坚持谁受益、谁补偿原则，完善对重点生态功能区的生态补偿机制，推动地区间建立横向生态补偿制度。2015年，中共中央、国务院《关于加快推进生态文明建设的意见》提出，建立地区间横向生态保护补偿机制，引导生态受益地区与保护地区之间、流域上游与下游之间，通过资金补助、产业转移、人才培训、共建园区等方式实施补偿。

（二）建立完善横向生态补偿机制的理论依据

根据公共产品理论，公共产品或劳务具有效用的不可分割性、消费的非竞争性和受益的非排他性等与私人产品或劳务显著不同的三个特征。私人产品只能是占有人才可消费，谁付费谁受益，而任何人消费公共产品不排除他人消费（用技术加以排除几乎不可能或排除成本很高），因而不可避免地会出现“搭便车”现象。由于存在“市场失灵”，市场机制难以在一切领域特别是在公共产品方面达到“帕累托最优”。如果由私人部分通过市场提供就不可避免地出现“免费搭车者”，从而导致“公地悲剧”，难以实现全体社会成员的公共利益最大化，这是市场机制本身难以解决的难题，这时就需要政

府来出面提供公共产品或劳务。

黄河、长江的水源涵养和国家西部重要生态安全屏障的构筑都属于公共生态产品和公共生态服务，作为公共生态产品和公共生态服务，按照“谁受益、谁补偿”原则，应该是全体消费者或受益者购买或承担供给成本，或者说是其代表——政府购买或承担供给成本，也就是说，黄河中下游省份、国家西部重要生态安全屏障受益者省份，作为公共生态产品和公共生态服务的消费者和受益者，都应该承担黄河、长江上游水源涵养、水土治理、污染防治和国家西部重要生态安全屏障构筑的建设和投入成本，而不能只由甘南、陇中陇东、河西走廊所在地区或者甘肃一个省来承担公共生态产品和公共生态服务的全部供给成本。当然，作为公共生态产品和公共生态服务消费者或受益者代表的政府，其购买消费或承担公共生态产品和公共生态服务成本的资金来自公共收入，即可以由公共财政支付。但是，这不是补偿的全部。政府是生态保护的责任主体，但并不意味着政府是付费主体。根据“谁受益谁补偿，谁污染谁付费”的生态补偿原则，谁来付费这个问题，其实是利益相关者之间的责任问题。“生态补偿”的本质内涵是生态服务功能消费者和受益者对生态服务功能提供者付费的行为。因此，付费的主体可以是政府，也可以是城乡居民个人、企业或者区域。

根据外部性理论，公共生态产品和公共生态服务在其供给过程中会产生外部性。甘肃在为黄河、长江上游涵养水源、保持水土、防治污染和构筑我国西北乃至全国的重要生态安全屏障时，必然产生正的外部性，即黄河中下游省份、消费国家西部重要生态安全屏障功能的省份必然会受益。这样，对甘肃来讲，就存在如何实现外部性的内部化问题。实现外部性的内部化，公共对策一般有两个：一是庇古思路，即政府干预，征“庇古税”；二是科斯思路，即政府不必出面干预，由市场自行解决，但这必须有一个前提，即明晰的产权关系。因此，建立生态补偿机制主要有政府与市场两种途径。

三、建立完善横向生态补偿机制的成功实践

横向生态补偿最早起源于美国卡茨基尔（Catskill）流域。1993年，纽约市出于保证饮用水质量而增加的过滤系统投入同上游保护投入平衡考虑，与上游地区谈判并建立补偿机制，由上游实施污染治理，纽约市承担一部分成本。

我国是2011年启动首个国家层面横向生态补偿试点的。为促进千岛湖及新安江水资源保护，财政部、环保部共同推动新安江开展生态补偿试点工作。2012—2014年，中央财政每年安排3亿元，两省每年安排1亿元，3年共计安排15亿元，用于横向生态补偿机制建设，目前已取得了明显成效。安徽省拓宽融资渠道，建立“河长”工作制度，深化环境监管措施，大力开展农村环境综合整治，实施干流网箱退养、沿线工厂搬迁、主要干流综合整治等，新安江跨省界断面水质保持地表水Ⅱ类，下游千岛湖富营养化状态逐步得到改善。2014年试点到期后，新安江上下流域的安徽与浙江两省主动沟通协调，确定延续政策，两省补偿资金分别增加至2亿元，财政部也及时明确了后续支持政策，推动建立常态化的补偿机制。

在总结试点经验基础上，财政部配合环保部重点推进在九洲江、汀江—韩江、引滦入津流域开展生态补偿。九洲江是广西玉林、广东湛江的重要饮用水源，鹤地水库灌区渠系从北至南贯穿大半个雷州半岛，对保障饮水安全、粮食生产发挥了重要作用。2014年，两省区初步达成了合作协议。2015年以来，两省区又进一步沟通协商，提出了更加明确的水质改善目标、考核要求等。汀江是韩江的重要支流，上游所在的长汀、武平、上杭、永定等县属于革命老区，被称为客家人的母亲河，是下游广东省梅州市、潮州市、汕头市的重要饮用水源。目前，在福建、广东两省的努力下，补偿机制已经顺利建立并有效运行。

此外，河北、天津就滦河流域生态补偿多次进行了沟通，在许多方面已经达成了一致意见，具备了良好的工作基础。东江流域对保障珠三角和香港地区生产生活用水具有重要影响，《国务院关于支持赣南等原中央苏区振兴

发展的若干意见》中明确将开展东江源国家生态补偿试点作为一项重要内容，江西、广东两省也在积极协商推进。陕西、甘肃围绕渭河流域的治理也开展了多种形式的合作探索。

四、建立完善横向生态补偿机制的对策建议

甘肃要积极协商推动建立基于黄河流域治理和构筑国家西部生态安全屏障的横向生态补偿机制，科学有效地解决黄河上游水源涵养、水土保持、污染防治、水资源利用与中下游用水的矛盾和甘肃作为国家西部重要生态安全屏障建设与投入的矛盾。

（一）加快建立"环境财政"

把环境财政作为公共财政的重要组成部分，在中央和黄河中下游省份、国家西部重要生态安全屏障受益者省份的省级政府设立生态建设专项资金并入财政预算，中央要加大对甘肃财政转移支付中生态补偿的力度，并且要形成常态化的补偿机制。

（二）积极探索区域间生态补偿方式

从体制和政策上为甘肃的异地开发创造有利条件，通过技术援助、解决就业、对口扶贫等方式加大生态脱贫的政策扶持力度，加强生态移民的转移就业培训工作，加快农民脱贫致富进程。

（三）加大支持甘肃改善发展环境的力度

支持甘肃加快转变经济发展方式，调整优化经济结构，发展替代产业和特色产业，大力发展"十大生态产业"，积极构建与生态环境保护要求和甘肃发展定位相适应的生产力布局。

（四）确定生态补偿重点和突破领域

生态补偿点多面广，任务艰巨。生态补偿机制亟须在一些重点领域突破，以点带面，推动生态补偿发展。按照西部大开发战略的总体部署和国家对甘肃发展的定位以及甘肃的实际，甘肃要以祁连山国家级自然保护区、甘南黄河上游水源涵养区和陇中陇东黄土高原区水土治理为重点，把生态补偿纳入经济社会发展规划，加强规划引导，提出生态补偿问题的优先次序及实

施步骤，研究制定比较完整的生态补偿政策和科学的实施机制。

（五）建立科学合理的生态补偿标准

在考虑生态补偿基准、生态补偿方式和计算生态补偿标准时，不仅要计算当地居民原来生产的机会成本，还要考虑补偿发展机会成本的损失（如瑞典等发达国家对退耕造林实行50%的补助率）。当地政府，不仅要加大生态建设和保护的资金，更需要提高当地的发展能力和社会福利水平。这往往是处于欠发达阶段的甘肃群众更关心的一个问题。

（六）加强生态保护和生态补偿的立法工作

环境财政税收政策的稳定实施，生态项目建设的顺利进行，生态环境保护的有效开展，都必须以法律为保障。为此，必须加强生态补偿立法工作，从法律上明确生态补偿责任和各生态主体应尽的义务，为生态补偿机制的建立和规范化运作提供法律依据。应尽快制定《可持续发展法》《西部地区环境保护法》等，对生态、经济和社会的协调发展做出全局性的战略部署，对西部的生态环境建设做出科学、系统的安排。

作者简介

李振佑，男，中共甘肃省委党校（甘肃行政学院）马克思主义学院专职副院长，教授。

习近平生态文明思想下
武威市生态环境治理绩效评价研究

◎ 马秀玲　关得宇

祁连山自然保护区是我国西北地区最重要的生态屏障，党中央、国务院对祁连山国家自然保护区的生态环境治理十分重视。为了贯彻党中央、国务院决策部署，落实十八届五中全会、中央经济工作会议以及《生态文明体制改革总体方案》中关于开展山水林田湖生态保护与修复的要求，2016年10月，财政部、国土资源部、环境保护部三部门印发《关于推进山水林田湖生态保护修复工作的通知》（财建〔2016〕725号）。甘肃省开展祁连山山水林田湖生态保护修复是贯彻习近平生态文明思想的重要方面，是落实习近平总书记“山水林田湖是一个生命共同体，对山水林田湖要统一保护、统一修复”重要批示的具体体现。根据中央部署，武威市2017年开始实施国家项目《祁连山山水林田湖草生态修复保护工程》，2019年是项目进行的第三年。因此，非常值得我们关注的问题是近三年武威市生态环境治理现状与成效究竟如何？如何对其成效进行科学的绩效评价？武威市生态治理的实践中还存在哪些问题与困境？应如何解决？

一、文献回顾

本文以生态环境治理、绩效评价体系等为关键词，以2006年至今为时限，在CNKI数据库搜索到相关文献20篇，本文从研究内容、研究方法、研究视角三个方面将现有研究分为三类。第一类，环境治理主体研究。彭建交（2018）等人认为，应该从加强地方政府对环境治理的重视、复合式环境监管模式构建和环保绩效考核实效性三个方面增强政府自身的信任度，通过有效互动构建良好的公共关系并创造公共价值，以此来建立环境治理领域的新型政府信任关系。崔晶（2018）认为，在生态治理过程中，地方政府可以通过研究型事业单位和政府的派出机构与民众、学者等行动主体就环境治理问题进行协作，形成跨域治理的“空间利益共同体”。第二类，环境治理模式的研究。邱佩璜（2018）等人认为，评价杭州市城市河道生态治理成效，可以为更好地指导城市河道生态修复工作提供借鉴。第三类，环境绩效评价研究。李春瑜（2016）等人根据环境资源管理PSR模型，构筑了大气环境治理绩效评价体系，能够实现全面评价，便于揭示各评价要素之间的相互关系和进行大气环境治理成效的动因分析，推动我国大气环境治理绩效评价的完善和发展。章恒全（2006）等人选取影响水环境治理过程中的主要因素，构建城市水环境治理绩效的模糊综合评价指标体系，建立模糊综合评价模型，运用该模型对城市水环境治理的绩效进行评价，为城市水环境治理的绩效评价提供了可量化的科学评价方法。艾丽娟（2016）等人以京津冀地区为例，结合再分配、承认及代表权三个维度的参与平等理论，来分析环境治理绩效评价制度存在的公正性困境，对完善环境治理绩效评价制度提出建议。

二、武威市生态治理绩效评价的目标、内容、思路与方法

绩效评价目标是指被评价对象在项目实施一段时间后所要取得的成效，它是调整和监督项目执行以及开展绩效评价的主要依据。本文评价的目标是生态修复项目的完成情况和预定目标的实现情况。项目评价目标设定的依据

有三个：一是中华人民共和国财政部办公厅于2019年9月制定的《重点生态保护修复治理资金重点绩效评价工作实施方案》；二是甘肃省自然资源厅于2019年组织相关单位编制的《甘肃省山水林田湖草生态保护修复项目验收技术指南（试行）》；三是相关单位项目资料和自评报告。

基于以上绩效评价目标，评价内容主要是武威市生态保护修复项目的落实情况、实际成效、公众满意程度三个方面，时间范围是2017年1月1日到2019年6月30日。为了构建科学合理的评价指标体系，首先与武威市自然资源局负责人和工作人员访谈，然后采用德尔菲法，根据专家的建议与意见，借鉴政府绩效管理、公共经济学等有关理论与方法，结合当地实际情况，构建了一套详细测度生态保护修复项目实施成效评价指标体系。为了增强评价指标的科学性、合理性，对指标进行了三轮指标筛选，确定评价指标，构建评价指标体系，最后经过统计数据与实地调研结果，修正并完善了评价指标体系。此外，为了全面反映武威市生态保护修复项目实施成效，本文还设计了公众满意度问卷，选取治理项目工程地点周边的乡镇居民为调查对象，问卷共发放350份，涵盖武威市生态治理代表性的15个乡镇，回收304份有效问卷。通过对回收问卷数据进行统计分析，总体上了解了他们对生态治理的期望、感知、满意度和对未来经济社会发展的信心。

三、武威市生态环境治理绩效评价指标体系建构

（一）指标的遴选原则

本文严格按照可操作性原则、有效性原则和独立性原则进行指标遴选。可操作性原则包括三个方面的内容：一是数据资料的可获得性；二是数据资料的可量化；三是指标体系的设置应尽量避免形成庞大的指标群或层次复杂的指标树，指标尽可能少而精。

（二）指标体系的理论构建

以实地调研，结合武威市生态保护修复项目实施的相关文件、办法、规定和项目实际实施情况，构建了一个测度生态保护修复项目实施成效绩效的第一轮绩效体系$X^{(1)}$（见表1）。

表1　生态保护修复项目实施成效评价指标体系 X[1]

一级指标	二级指标	三级指标	变量标识	单位
生态环境建设	水环境保护	水质分析	X1	%
		地下水埋深	X2	%
		农村自来水普及率	X3	%
	生态绿化	防沙治沙造林	X4	%
		通道绿化	X5	%
		草原封禁面积	X6	%
		湿地保护率	X7	%
		可治理沙化土地治理率	X8	%
	环境问题整改	矿山恢复治理工程	X9	%
		生态移民搬迁安置工程	X10	%
		河道治理工程	X11	%
		边坡治理工程	X12	%
		环境问题整改数量	X13	%
生态经济	项目资金落实	中央基础奖补资金到位率	X14	%
		省级财政配套资金到位率	X15	%
		市县整合资金到位率	X16	%
	项目资金支出	项目资金支付率	X17	%
		资金支出与项目相关度	X18	%
		资金管理符合政府文件要求	X19	%
		资金支出结余与超支情况	X20	%
	项目资金管理	项目组织重视程度	X21	%
		财务健康度	X22	%
		财务自查报告	X23	%

续表1

一级指标	二级指标	三级指标	变量标识	单位
		资金专款专用	X24	%
		资金的拨付程序	X25	%
公众满意度	公众期望	对治理政策的期望	X26	%
		对管理水平的期望	X27	%
		对治理成效的期望	X28	%
	公众感知	对内部程序的感知	X29	%
		对治理效率的感知	X30	%
		对廉政情况的感知	X31	%
		对对外形象的感知	X32	%
	公众满意度	总体满意度	X33	%
		感知与期望比较	X34	%
	公众信任	信心和支持	X35	%

（三）绩效评价指标的实证筛选

表1是依据调研的资料和专业知识进行的理论构建，具有一定程度上的主观色彩。因此，需对遴选的指标进行实证分析，以增强评价指标的科学性、合理性和可操作性。

（1）指标的隶属度分析

本文邀请了兰州大学与地方政府长期合作从事政府绩效评价的专家，对此绩效评价体系提出建议。根据建议，删除不能较好反映项目实施成效的评估指标，改善评估指标的质量，增强评估指标的科学性和合理性。

本文将遴选的评估指标制成专家咨询表，采用邮件、访谈等方式将咨询表发给诸位专家。专家依据自身的专业知识，从35个评估指标中选出最理想的20个评估指标。共发送专家咨询表6份，回收有效咨询表6份。以专家咨询表为基础，对评估指标进行隶属度分析。元素属于某个集合的程度成为隶属度，如果把整个绩效评价体系{X}视为一个集合，把每个评估指标视为一个元素，对每个评估指标进行隶属度分析，假设对于第i个评估指标Xi，专家选择总次数为Mi，那么，该评估指标的隶属度为：$Ri = Mi/6$。

若Ri值很大，则表明该指标在很大程度上属于集合，即评估指标Xi在评估体系中很重要，可以保留下来进入第二轮评估体系$X^{(2)}$；反之，该评估指标则必须删除。通过对6份有效专家咨询表的统计分析，分别得出了35个评估指标的隶属度，删除了隶属度低于0.3的8个指标（如表2所示），保留了其中的27个指标，构成了实施成效绩效评估体系$X^{(2)}$。

表2　第一轮评价体系$X^{(1)}$中被删除的隶属度低于0.3的8个评价指标

一级指标	二级指标	三级指标	变量标识	单位
生态环境建设	水环境保护	农村自来水普及率	$X3$	%
	生态绿化	湿地保护率	$X7$	%
	环境问题整改	河道治理工程	$X11$	%
		边坡治理工程	$X12$	%
生态经济	项目资金管理	项目组织重视程度	$X21$	%
		财务健康度	$X22$	%
		财务自查报告	$X23$	%
公众满意度	公众期望	对管理水平的期望	$X27$	%

（2）指标的相关性分析

在第二轮评估指标$X^{(2)}$中，一些评估指标之间很可能存在高度的相关性，会导致被评估对象信息的过度重复使用，从而降低评估结果的科学性和合理性。相关分析是通过对评价指标之间的相关性分析，删除一些隶属度较低而与其他评价指标高度相关的指标，以消除或降低评价指标重复反映评价对象信息而带来的对评价结果的影响。

评价指标的相关性分析通常包括以下三个基本过程：

第一，评价指标的标准化处理。设Xi为评价指标的原始数据，X为评价指标的均值，Si为评价指标的标准差，Zi为标准化值，具体公式为：

$$Zi=\frac{Xi-\bar{X}}{Si}$$

第二，计算各个评价指标之间的简单相关系数R_{ij}。计算公式为：

$$R_{ij}=\frac{\sum_{k=1}^{nn}(Zk^{-}j-\overline{Z}_i)(Zk^{-}j-\overline{Z}_j)}{\sqrt{\sum_{k=1}^{n}(Zkj-\overline{Z}_i)^2(Zkj-\overline{Z}_j)^2}}$$

第三，根据研究需要，确定一个临界值M（$0<M<1$）。如果$R_{ij}=M$，则可以删除其中的一个评价指标（Xi或Xj）；如果$R_{ij}<M$，则同时保留两个评价指标。本文运用SPSS统计软件对评价指标进行相关分析，得到各个评价指标的相关系数矩阵。给定临界值M为0.8，在相关系数矩阵中共有2对评估指标的相关系数大于该临界值，删除了其中隶属度相对较低的2个评估指标（见表3），保留的其余25个评估指标构成了绩效评价指标$X^{(3)}$。

表3　相关系数大于临界值（0.8）的评估指标

保留的评价指标(Xi)	删除的评价指标(Xj)	相关系数
防沙治沙造林	可治理沙化土地治理率	0.912
对廉政情况的感知	对对外形象的感知	0.863

（3）指标的鉴别力分析

评价指标的鉴别力是指评价指标区分评价对象特征差异的能力。如果所有被评价对象在某个评价指标上几乎呈现很高（或很低）的得分，即与项目最完美的预期相吻合，那么就可以认为这个评价指标几乎没有鉴别力。本文运用SPSS统计软件包对这些评价指标进行方差分析，然后计算评价体系中各指标的变差系数，删除了变差系数较小的“资金支出与项目相关度”和“资金管理符合政府文件要求”两个指标，保留其余的指标构成第四轮评估体系$X^{(4)}$。

（四）绩效评价体系的信度与效度检验

（1）信度检验

信度是指测量工具反映被测量对象特征的可靠程度，或者是测量结果在不同条件下的一致性程度的指标。它是衡量测量工具可靠性与一致性的基本指针。通常采用相关系数（R）来估算测量工具的信度：若R=1.00，则表明测量结果完全可信、可靠；若R=0.00，则表明测量结果完全不可信、不可靠。经验表明，当R达到了0.70，测量工具就基本上符合了测量学的要求。

本文运用SPSS统计软件计算得到23个评价指标的方差和总体方差，进而得到评价体系总体及各类指标的α系数（如表4所示）。结果表明，除了公众满意度评价指标的系数尚未达到0.70之外，其他评价指标的系数都超过了0.70，说明该评价体系内部结构是基本一致的。该生态环境治理评价体系的总体α系数为0.728，该结果应该说是理想的。

表4　生态保护修复项目实施成效评价体系内部一致性信度（α系数）

总 体	生态环境建设指标	生态经济指标	公众满意度指标
0.728	0.754	0.732	0.689

（2）效度检验

效度是指测量工具究竟在多大程度上测量到了真正想要测量的特质，即测量的有效程度。在实践中，以内容效度为主要方法来进行评审，请一些熟悉该评价内容的专家来评判，确定评价项目与所需要测量的内容范畴之间的关系密切程度。内容效度评定的一个重要指标是内容效度比（CVR），其计算公式为：

$$CVR=\frac{n_e-\frac{n}{2}}{\frac{n}{2}}$$

公式中，n_e为评判者中认为某评价指标很好地表示了测量内容范畴的人数，n为评判者总人数。当认为项目内容适当的评判者不到半数时，CVR值为负；当所有人认为内容不当，CVR=−1.00；当认为项目合适和不合适的人数对半时，CVR为零；当所有评判者认为项目内容很好时，CVR=1.00。

本文选择了7位相关专家来做判断，邀请他们对指标进行分析研究，最终确定表5评价体系的23个评价指标与生态治理成效之间关系的密切程度。

6位专家认为，23个评价指标很好地反映了该项目绩效评价体系的内容，计算得到的*CVR*值为0.71，这说明生态治理成效评价体系具有较高的效度。

综合上述从理论和实证两个方面对评价指标的筛查，最终确定了*X*作为本次评价的指标体系，同时请有关专家对各级指标进行了相应的赋值（见表5）。

四、武威市生态环境治理绩效评价结果分析

（一）总体成效

根据上文构建的指标体系，武威市生态保护修复项目实施总体成效（见表5）。

表5　武威市生态环境治理成效总体情况

<table>
<tr><th colspan="3">评价指标</th><th rowspan="2">变量标识</th><th rowspan="2">项目分值</th><th rowspan="2">实际得分</th></tr>
<tr><th>一级</th><th>二级</th><th>三级</th></tr>
<tr><td rowspan="8">生态环境建设指标（30分）</td><td rowspan="2">水环境保护（10分）</td><td>水质分析</td><td>水质分析是否达标。是得5分，否则不得分。</td><td>5</td><td>5</td></tr>
<tr><td>地下水埋深</td><td>地下水埋深是否回升。是得5分，否则不得分。</td><td>5</td><td>5</td></tr>
<tr><td rowspan="3">生态绿化（10分）</td><td>防沙治沙造林</td><td>防沙治沙造林面积是否增加。是得3分，否则不得分。</td><td>3</td><td>3</td></tr>
<tr><td>通道绿化</td><td>通道绿化长度是否增长。是得3分，否则不得分。</td><td>3</td><td>3</td></tr>
<tr><td>草原封禁面积</td><td>草原封禁面积是否扩大。是得4分，否则不得分。</td><td>4</td><td>4</td></tr>
<tr><td rowspan="3">治理工程环境问题整改（10分）</td><td>矿山恢复治理工程</td><td>矿山恢复治理工程数量是否增加。是得3分，否则不得分。</td><td>3</td><td>3</td></tr>
<tr><td>生态移民搬迁安置工程</td><td>生态移民搬迁人数是否增加。是得4分，否则不得分。</td><td>4</td><td>4</td></tr>
<tr><td>环境问题整改数量</td><td>环境问题整改数量是否增加。是得3分，否则不得分。</td><td>3</td><td>3</td></tr>
</table>

续表5

评价指标			变量标识	项目分值	实际得分
一级	二级	三级			
生态经济指标（30分）	项目资金落实（12分）	中央基础奖补资金到位率	实际到位/计划到位×100%，根据实际到位资金占计划的比重计算得分，共4分。	4	4
		省级财政配套资金到位率	实际到位/计划到位×100%，根据实际到位资金占计划的比重计算得分，共4分。	4	4
		市县整合资金到位率	实际到位/计划到位×100%，根据实际到位资金占计划的比重计算得分，共4分。	4	0.5
	项目资金支出（12分）	项目资金支付率	项目资金支付率是否及时，是否影响项目进度及时到位。共8分，及时到位未影响项目进度得8分，未及时到位但未影响项目进度得4分，未及时到位并影响项目进度扣4分。	8	4
		资金支出结余与超支情况	是否出现资金结余与超支情况，结余得4分，未结余未超支得2分，超支扣2分。	4	4
	项目资金管理（6分）	资金专款专用	资金是否专款专用，是得4分，否则不得分。	4	4
		资金的拨付程序	资金的拨付是否符合程序，是得2分，否则不得分。	2	2
公众满意度指标（40分）	公众期望（10分）	对治理政策的期望	政策是否公开、充分、清晰、真实、有用，是得5分，否则不得分。	5	5
		对治理成效的期望	对治理成效的期望是否贴合实际，是得5分，中等得2.5分，否则不得分。	5	2.5
	公众感知（15分）	对内部程序的感知	内部程序是否规范合理，是得5分，否则不得分。	5	5
		对治理效率的感知	对治理效率是否满意，是得5分，否则不得分。	5	5
		对廉政情况的感知	对廉政情况和政府形象是否满意，是得5分，否则不得分。	5	5

续表5

评价指标			变量标识	项目分值	实际得分
一级	二级	三级			
	公众满意度（10分）	总体满意度	对生态治理总体满意度评价。好得5分，否则不得分。	5	5
		感知与期望比较	感知与期望比较是否有差距。是得5分，否则不得分。	5	2.5
	公众信心(5分)	信心和支持	公众对政府是否信赖，对政府工作是否支持与服从。是得5分，中等得2.5分，否则不得分。	5	2.5

从各项得分可以看出，武威市生态保护修复项目实施总体绩效得分为85.0分。其中，生态经济指标中，由于市县整合资金到位率只有13.7%，故得分较低；而项目资金支出虽然未及时支付但没有影响进度，故得4分。在公众满意度指标中，由于公众对治理成效的期望高于治理的规划，因此得2.5分；并且由于公众的期望与修复治理成效出现偏差，故得2.5分；另外，公众在拆迁过程中没有很好地服从政府，因此公众信心和支持得2.5分。其余指标均完成较好，得到满分的为完全完成了该项工作的得分。

（二）生态保护修复项目实施中存在的问题

根据文件梳理，座谈与访谈发现了一些困境与问题。第一，地方财政配套资金落实难度大，主要是市县整合资金到位率底。第二，生态治理过程中部门之间配合不到位，对进度造成影响。第三，项目治理完成后的养护问题。部分地区的牧民破坏围栏网进入生态修复区放牧，导致生态非常脆弱的修复区遭到二次破坏。第四，公众满意度还需进一步提升。部分治理项目设计的工程位置和工程量与村民的期望值不相符，导致了村民对生态修复项目的满意度下降。

五、对策建议

（一）落实资金到位的跟进机制，健全资金跟踪问效机制

武威市生态治理项目的中央和省级配套资金到位率高，但是市县整合资

金到位率较低，应积极加强和相关单位的沟通，跟进专项资金的动态，确保资金及时到位，加快项目建设。健全专项资金跟踪问效机制，推行和实施财政专项资金跟踪问效机制，提高财政资金的使用效率。

（二）建立信息反馈机制，加强各部门沟通协调

信息反馈机制是部门之间协调合作的基础。建议武威市自然资源局是否可以建立信息反馈机制，将生态治理项目实施进展反馈给相关部门，在执行过程中遇到困难及时向政府部门反馈。根据反馈效果，及时调整项目实施策略，解决遇到的问题。通过信息反馈，形成沟通途径，项目参与各方均可以准确地把握项目进展程度，准确评价各环节的工作绩效，提高整个项目的运行效率。

（三）多措并举，构建生态保护修复长效机制

首先，可由当地政府对牧民进行生态保护宣传和思想教育，让他们认识到生态环境的重要性；其次，治理区设置专人看护，发现放牧现象及时制止，并对多次破坏围栏的牧民上报当地政府；最后，设置长期观测点，对人为破坏和治理效果差的区域进行二次治理，保障生态保护修复长效化。

（四）实地调研，提升生态修复项目的公众满意度

在设计生态保护修复项目具体工程时，应增加实地调研工作，详细了解项目点附近村民的期望和需求，对其合理的需求应该在设计项目的工程时着重体现出来，真正做到设计服务于需求，从而提升公众满意度。

作者简介

马秀玲，女，兰州大学管理学院副教授、硕士生导师，研究方向为公共组织与人力资源管理、公共部门领导力、政府绩效管理。

关得宇，男，兰州大学管理学院在读硕士研究生。

武威荒漠化治理的实践经验与现实反思

◎ 蔡生菊

深处内陆干旱荒漠腹地的武威，北部由巴丹吉林沙漠和腾格里沙漠所包围，自然降水量少，植被稀疏，干燥多风。全市荒漠化土地3262.8万亩，沙漠化土地2289.01万亩，分别占全市土地总面积的65.5%、45.91%，有明显沙化趋势的土地271.05万亩，风沙线长达654千米，生态环境极为脆弱，在地理环境梯度上处于全国荒漠化最前沿，是全国荒漠化最为严重的地区之一。生态环境的变迁与社会发展相伴而行，可以说，新中国成立以来的70多年历史，是武威人民同风沙不停抗衡的奋斗史。

一、武威荒漠化治理的实践探索

（一）初期的治沙造林行动

新中国成立以前，武威人民在防沙治沙过程中已摸索出了“移沙”“插风墙”等固沙方式。新中国成立初期便创造出了营造柴湾、土埋沙丘等防风固沙新方法，并开始在绿洲农田边缘营造防风固沙林。一是统一的规划设计。据文献记载，甘肃省营林队于1956—1958年对武威地区北部防风固沙林的营造进行了规划设计，并确定了全区防风固沙林的总布局：沿绿洲农田的北侧营造基干林带，在基干林带的南侧，大致垂直于基干林带向南延伸设支干林带。在绿洲农田区营造田、林、渠、路相结合的护田林带。以绿洲风沙积聚区的沙丘迎风坡和丘间低地营造固沙片林。在水库、村庄、城镇、工矿、道路两旁营造防护林和绿化林。人工林东起景泰营盘水，西经古浪、武威、民勤各县，到永昌县绣花庙，全长931.3千米。二是成立治沙科研机构。在北部风沙线上先后组建了以营造防风固林为主的国营林场（主要是治沙站、天然林植被保护站和苗圃）和乡村办林场，形成了一个科研和生产相结合、造林与保护天然植被相结合的防沙治沙格局。三是探索形成治理思路。在荒漠治理工作中，坚持全面规划，因地制宜，因害设防，先易后难，由近及远，综合治理，集中连片，治理一片，巩固一处的原则，逐步建立起了一套防风固沙林体系，形成了一系列治沙造林技术措施，在灌溉农区和风沙沿线营造了大量的防风固沙林和农田林网。到1985年底，已初步形成了带、片、网、灌、草搭配的风沙区防护林体系，“沙逼人退”的现象有所扭转。

（二）生态环境恶化下转变发展理念

虽然开展了全面防沙造林工作，但是风沙的危害依然很频繁，加之干旱缺水，植被枯萎，流沙严重威胁着绿洲。20世纪80年代初，石羊河流域下游来水量降到了2.2亿立方米左右，年采水量3亿多立方米，超采1亿多立方米，导致地下水位大幅度下降，一些地方天然和人工植被干枯，沙丘活跃，部分地区又引起新的沙化。70年代后期，古浪县鸣沙嘴一带沙化面积比1956年扩大了25%。古浪土门至大靖川出现新发的沙丘和沙化地。民勤县大坝公社的城西大队，1957年在柴湾开荒导致流沙东进，不仅使当年新开的100多亩农田被沙压了，还有200多亩老农田也屡受沙害，粮食产量下降。1993年5月5日，河西走廊金昌市一带，突然刮起一场历史上罕见的黑色风暴。一次次沙害向人们敲响警钟，在严峻的生态现实面前人们认识到：人类必须与自然界和谐相处。转变发展理念，改变以破坏资源和环境为代价的粗放型经济增长方式，加大治理环境污染的力度，禁止各种掠夺和破坏自然的做法，维护自然生态系统的平衡与和谐，实现人与自然和谐共生成为各级政府义不容辞的责任。

（三）组建治沙机构

1957年，甘肃省林业局在民勤成立了民勤县防沙林试验场，目的是采取试验与生产相结合的方法，探索治沙造林技术措施。1958年起，各县先后成立了县林业工作站，配备了林业干部和技术人员，指导育苗造林、护林和病虫害防治工作。1959年，中国科学院治沙队在民勤沙区成立了民勤治沙综合试验站。1964年，经省林业勘测设计队调查，在原民勤、武威、永昌三县及省管的七个国营林场的基础上，组建了以营造防风固沙林为主的石羊河机械林场（后更名为石羊河林业总场）。1965年，成立民勤县柠条林管理站。1973年，建立民勤县三角城林场和古浪县海子滩林场。1980年，成立甘肃省治沙研究所。1983年，成立民勤县连古城沙生植物自然保护区管理站和民勤县勤锋滩植被保护站。1983年，成立武威市（今凉州区）治沙站。

（四）探索防沙治沙模式

在政府主导下，武威全面实施节水、调水、人影工程和设施农业建设等重点治理措施，提出了“南护水源、中调结构、北治风沙”的生态保护治理方针。以重点生态区位治理为依托，以重点生态工程建设为载体，以重点生态项目实施为抓手，统筹节水、造林、治沙、防污四个重点，突出沙漠锁边、特色林果、绿洲造林、水源涵养区生态环境保护四大重点，推进生态屏障行动。如民勤县结合防沙治沙，开发沙区特色旅游和特色产业，打造了沙漠绿洲产业链，将发展沙区经济和当地民众脱贫致富结合起来，形成了生态保护和沙区产业发展相结合的生态经济发展模式，实现了生态效益、经济效益、社会效益共赢的局面。

（五）坚持走治沙造林的群众路线

为充分发挥社会主义集中力量办大事的制度优势，调动企业和农民参与治沙造林，政府坚持走治沙防沙群众路线。按照“分沙到户、承包治理、开发经营、收益归己”的原则，采取个人、联户、企业承包经营的方式，将国有治沙生态林承包到户。1981年，古浪县土门镇6位农民——石满、张润元、贺发林、郭朝明、罗元奎、程海，联户承包了八步沙，以联户的形式组建了八步沙集体林场。2009年，八步沙人在林场的基础上成立八步沙绿化责任有限公司，开始发展沙产业，并承接环境治理工程。八步沙林场成立至今，累计完成国家“三北防护林”建设任务13.7万亩，工程治沙4万亩（草方格），用草2万吨，封沙育林、草面积达到34.6万亩，完成通道绿化近200千米，农田林网5000多亩，栽植各类沙生苗木4000多万株，花卉、风景苗木1000多万株。先后承担实施了国家重点生态功能区转移支付项目、沙化土地封禁保护区建设项目、省级防沙治沙、三北防护林祁连山山水林田湖草生态保护修复工程和北部防沙固沙造林工程等国家重点生态治理和防沙治沙项目，创造了“林进沙退”的治沙奇迹。

（六）荒漠化趋势逐渐被扭转

70年来，武威在持续不断的荒漠化治理实践中，形成了“南护水源、中调结构、北治风沙”的防沙治沙方针，统筹兼顾防沙与治沙、保护与利用、治理与致富的有机结合，突出“节水、治沙、造林、防污”重点，开展治沙生态林承包经营，坚持干部义务压沙制度，严格落实“五禁”规定和沙化土地封禁保护措施。牢固树立“绿水青山就是金山银山”理念，坚定不移走生态优先、绿色发展之路，实施山水林田湖草生态修复工程，使生态环境面貌得到显著改善，重点地区风沙危害和水土流失得到有效遏制，生态状况发生明显转变。南部水源涵养林区得到有效保护，中部绿洲生态经济型防护林网日臻完善，北部防沙治沙示范区建设成效明显。

（七）“时代楷模”播种绿色新希望

近年来，在防沙治沙和生态建设的伟大实践中，武威涌现出了石述柱、张生成、王银吉、八步沙“六老汉”三代人等英雄人物和先进群体。凉州区长城乡红水村的农民王银吉，一人带领一家人在沙漠里义务压沙18年，植树7500多亩，栽植苗木600多万株。八步沙“六老汉”三代人带领林场职工创造了腾格里沙漠万亩林海。感人事迹的背后是38年来三代人锲而不舍、自强不息的进取精神，不畏艰险、顽强拼搏的创业精神，治沙造林、改天换地的务实精神。中宣部授予八步沙“六老汉”三代人治沙造林先进群体“时代楷模”称号，成为新时代中国特色社会主义生态文明建设的强大精神财富。这些榜样所表现出的不屈不挠、顽强拼搏的精神不仅推动了武威防沙治沙工作，也激励着更多的人投身于防沙治沙工作。

从区域来看，武威70年的发展史，也是一部防沙治沙的生态建设史。从整个人类社会生态文明和生态文化的发展历程来看，武威荒漠化治理的成效除了看到的绿色发展实践外，还推动了生态文明进程，使人们对人与自然之间关系的认识实现了由自发到自觉的过程，上升到了用自觉意识指导自我行动，把生态保护意识融入执政理念、工作机制、制度建设、生产生活方式等细小环节之中，从而全面进入生态文明建设的新时代。

二、武威荒漠化治理的现实反思

70多年来持续的生态保护历程中，每一个认识上的进步、每一点实践上的成效都得益于不断总结、不断反思的结果。武威的生态文明建设任重道远，理性看待70多年来的生态环境治理实践，认真总结和反思显得尤为重要。

（一）如何统筹经济发展和生态保护的关系

在严酷并脆弱的生态环境面前，武威人民经历了从抗衡、治沙、造林预防、开发利用到人沙和谐的漫长历程。正是因为实践经验来之不易，所以需要倍加珍惜，使取得的经验成果进一步巩固和扩大。在牢固树立“绿水青山就是金山银山”理念的同时还要不断反思，如何在发展经济的同时兼顾社会、文化发展和生态环境保护。首先要正确认识人与自然的关系，还要坚持以生态优先、绿色发展为导向的高质量发展，着力打好蓝天、碧水、净土保卫战，开展全域生态文明建设，加强山水林田湖草生命共同体建设，切实解决突出环境问题，坚决守护好绿水青山。

（二）如何进一步巩固生态治理成效

武威荒漠化治理的阶段性成效说明这是一条实践证明正确且要坚持走下去的路，关键是要把取得的经验和认识在更广泛层次上推广。一要推进国家生态保护与建设示范区建设，加强生态安全屏障建设，继续实施天然林保护、退耕还林、荒漠化治理、石羊河流域综合治理工程和生态文明试点建设。二要把绿色发展理念融入产业发展中，如全域生态旅游、生态休闲产业等。

（三）如何构建生态产业体系实现发展方式的转变

武威要坚定不移地走生态优先、绿色发展之路，创造更多绿色生态产品，使武威的绿水青山与金山银山协同发展。一是建设循环生态产业园区。以城东生态工业园区为核心，强化循环经济产业示范区建设，同时建设生态工业体系。二是推进现代生态特色农业。以“三大产业带”和“八大产业”为支撑，打造多个农副产品基地和品牌，建设现代特色农业示范区，构建农业循环经济产业链。

（四）如何以生态文明引领乡村振兴

乡村振兴不仅是对乡村经济的建设，而且是全方位、多角度、深层次的，要统筹兼顾政治、社会、文化和生态文明等方面。所以，武威的生态文明建设要在现实基础上更加坚持节约资源和保护环境的基本国策，把生态文明建设融入乡村振兴的各方面和全过程，加大生态环境保护力度。特别是要在改善农村人居环境和提升乡村居民生态文明意识上下功夫，按照生态宜居目标，通过农村人居环境整治、“厕所革命”和绿地倍增等行动，充分利用村庄闲置空地见缝插绿，创建绿色村庄，提高生活污水收集、处理率，从而实现农村居住环境与自然环境的和谐统一。

（五）如何弘扬和传承好八步沙精神持续推进生态文明建设实践

八步沙“六老汉”三代治沙人困难面前不低头，敢把沙漠变绿洲的当代愚公精神成为新时代武威精神，极大地丰富了武威精神的内涵，也使武威的生态文明建设实践更加凸显其价值和意义。保护好、发展好来之不易的良好生态环境已成为武威人民的共识，关键是如何弘扬和传承好八步沙精神，使它焕发出无穷无尽的精神力量，引领和激励更多的人投身于生态文明建设中。

（六）如何实现生态与扶贫的可持续发展

八步沙林场探索出的林下经济发展路子，从小的区域或者小范围（八步沙林场）来说既保护了生态又促进了发展，是可借鉴的成功之路。但是，如何从全域范围内实现生态与扶贫的有机结合，处理和协调好绿水青山与金山银山的内在关系，使生态价值变为经济价值、社会价值、文化价值和人的价值，促进生态价值和经济价值、社会价值、文化价值、人的价值同步协调发展，这是事关长远发展的根本所在。在全面建成小康的基础上，进一步巩固扶贫成效，推动贫困地区建设生态宜居、宜游、宜业、宜养的美好环境，彻底消除贫困并实现经济社会永续发展。

作者简介

蔡生菊，女，中共武威市委党校（市行政学院）副校长（院长），教授。

加快甘肃省生态保护补偿标准的制定和实施

◎ 贾洪文

生态补偿机制是以保护生态环境、促进人与自然和谐为目的，根据生态系统服务价值、生态保护成本、发展机会成本，综合运用行政和市场手段，调整生态环境保护和建设相关各方之间利益关系的一种制度安排。主要针对区域性生态保护和环境污染防治领域，是一项具有经济激励作用与“污染者付费”原则并存的，基于“受益者付费和破坏者付费”原则的环境经济政策。东部经济发达地区与中西部落后地区在生态环境问题上，任何一个地方都不可能独善其身，推进东中西地区生态协作，重点完善省域间生态补偿长效机制，是我国区域合作与发展的题中应有之义。由于生态资源产品具有区域性、公益性和经济性的特征，国内生态保护补偿机制涉及生态领域和要素较多，理清省域间生态补偿这笔账并不容易。谁应该是生态保护补偿主体？按什么标准进行生态保护补偿？生态保护补偿持续期限多久？被补偿方应该承担什么责任？怎么处理好环境保护和发展的关系？这些问题都需要理清。因此，应加快探索生态产品经济价值的实现路径，建立起合理合法的补偿规则、评估方法、补偿标准、计算方法和原则，为省域间生态保护补偿提供现实依据。

甘肃省西临新疆干旱区沙漠，东临内蒙古高原，南临青藏高原，是黄河、长江上游的重要水源补给区。省域内既包含黄土高原生态脆弱区，又包含河西走廊生态绿洲区，是国家“两屏三带”生态安全战略的重点保护区。这些重要地理位置决定甘肃省域内生态环境对国家生态安全具有战略性地位。甘肃省生态环境状况的好坏不仅影响本地区的生态安全，也严重影响下游地区经济的可持续发展。从经济社会发展实践来看，生态环境资源不是“免费的午餐”，只有建立和实施有效的生态保护补偿机制，才能有利于保护生态环境和加快生态文明建设，才能促进经济又快又好发展，当然这也是建设和谐社会体现民主公平的必然要求。

2018年11月29日，中共中央、国务院发布《关于建立更加有效的区域协调发展新机制的意见》中提出：“健全区际利益补偿机制，完善多元化横向生态补偿机制。贯彻绿水青山就是金山银山的重要理念和山水林田湖草是生命共同体的系统思想，按照区际公平、权责对等、试点先行、分步推进的原则，不断完善横向生态补偿机制。鼓励生态受益地区与生态保护地区、流域下游与流域上游通过资金补偿、对口协作、产业转移、人才培训、共建园区等方式建立横向补偿关系。支持在具备重要饮用水功能及生态服务价值、受益主体明确、上下游补偿意愿强烈的跨省流域开展省际横向生态补偿。”2018年12月28日，国家发改委、财政部等9部门联合印发《建立市场化、多元化生态保护补偿机制行动计划》，明确了在资源开发、排污权、水权、碳排放权抵消、生态产业、绿色标识、绿色采购、绿色金融、绿色利益分享等9大领域建立市场化补偿机制，为推进市场化生态保护补偿工作提供了基本依据。

甘肃省应该抓住此次政策红利的机遇，加快研究制定生态保护补偿标准和实施方案，建立一个稳定持续的生态保护补偿利益机制，这样既可以在某种程度上缓解甘肃省内生态文明建设资金紧缺的问题，也可以进一步降低省域内环境治理的成本。由于生态保护补偿市场培育难度较大，导致政策红利目前并没有明显的释放，但未雨绸缪，甘肃省委、省政府应调动各部门的力量，组织该领域的专家学者就制定全省生态补偿标准进行专门研究，提出切实可行的实施方案。

一、加强生态保护补偿机制的理论研究

组织专家学者对国内外关于区域生态补偿机制进行理论研究。一是关于生态资产的概念与范畴，明确生态资产的定义、范畴与核算方法体系。二是开展有关生态资产评估核算方面的研究。三是关于生态补偿机制方面的研究，从流域生态补偿、林地生态补偿、农地生态补偿与矿产生态补偿等多方面、多角度分析制定补偿标准。四是研究欧美国家关于区域生态保护补偿制度的基本理念、测算方法和补偿手段。五是充分了解国内其他地区关于生态保护补充机制的研究和实践情况。

二、加快构建省域内生态资产的核算体系

一是将生态资源资产纳入国民经济统计核算体系，建立可推广、可复制的生态资源资产统计核算技术体系，逐步形成生态资源资产统计核算能力。二是组织统计、林业、农牧、国土、环保和水利等相关部门，按生态系统要素开展生态资源资产清查和核算工作。三是利用统计、林业、农牧、国土、环保和水利等部门长期监测、调查资料，建立综合数据库，构建科学合理的评估指标体系，摸清甘肃省省域内生态资源资产状况。

三、加快制定省域内生态保护的补偿标准

一是密切关注国家生态保护补偿条例制定情况，根据国家有关条例精神，研究制定甘肃省生态保护补偿条例。二是加快生态保护补偿标准体系建设，根据省域内不同领域、不同地区特点，制定和完善测算方法来制定补偿标准。三是探索公共政策和市场手段相结合的多样化补偿方式。四是构建公平公正公开和动态调整的监管和评估体系。

四、统筹协调跨省际生态补偿机制的制度安排

一是由国家相关部委牵头，各省互相协调配合，形成系统完善和长期可

持续的生态保护补偿政策制度体系，推动受益方（地区）和保护生态地区通过协商方式建立区际生态保护补偿机制。二是明晰中央与地方、政府与市场之间在生态保护补偿中的责权关系，加强不同领域区域各类生态保护补偿资金和政策措施的衔接配套。三是加快与下游省份的沟通和交流，在补偿基准选择、补偿标准、补偿方式等方面达成共识。四是加强与京津冀水源涵养区、安徽浙江新安江、广西广东九洲江、福建广东汀江—韩江、江西广东东江、广西广东西江流域等深入开展跨地区生态保护补偿试点单位进行合作交流。

五、强化生态保护补偿标准制定和实施的组织领导

一是建立由省发改委和省财政厅等有关部门组成的配合协调机制，对省内跨地州市行政区域生态保护补偿工作进行指导协调。二是组织各级部门及专家学者研究解决全省生态保护补偿机制建设和实施中的重大问题，加强对全省生态补偿标准制定领域各项任务的统筹推进和落实。三是加快构建动态监测评估体系，根据生态保护补偿具体实施情况对补偿标准和补偿方式进行适当调整，使生态补偿更符合实际和取得实效。四是加强对区域协调发展新机制实施情况的跟踪分析，不断研究新情况，总结新经验，解决新问题。

作者简介

贾洪文，男，兰州大学经济学院副教授，硕士生导师。

新时代愚公精神与接力绘制美丽中国新画卷的几点思考

◎ 谢亚洲

“生态兴则文明兴，生态衰则文明衰。”生态文明建设关乎中华文明兴衰演替，关乎中华民族永续发展。2019年8月21日上午，习近平总书记一路风尘前往距离甘肃省武威市古浪县城30千米的八步沙林场考察调研。此时的八步沙林场山峦染绿，雁阵轻翔，柠条、沙棘、红柳丛花竞放。而38年前的这里，却是“黄沙遮天日，飞地无栖树”。1981年，曾在古浪县土门公社当过大队支书或生产队干部的6位农民不甘心将世代生活的家园“拱手相让”，以联户承包的方式发起和组建集体林场，积极投身治沙造林、守护家园的伟大事业。38年来，以“六老汉”为代表的八步沙林场三代职工接续奋斗，书写了从“沙逼人退”到“人进沙退”的绿色篇章。习近平总书记赞誉道：“要继续发扬‘六老汉’的当代愚公精神，弘扬他们困难面前不低头、敢把沙漠变绿洲的进取精神，再接再厉，再立新功，久久为功，让绿色的长城坚不可摧。”在新时代推进生态文明建设，共建美丽中国，需要大力弘扬新时代愚公精神，持之以恒、接力奋斗，不断满足人民日益增长的优美生态环境需要。

一、矢志不渝，艰苦奋斗，敢教日月换新天

自然界构成了人类生存的既定基础与历史前提，而人类可以在实践活动中发展出自身的全部能动性，从而成为自为自觉的存在。38年前，六枚鲜红的指印见证了“六老汉”誓用白发换绿洲的铿锵誓言。38年来，三代治沙人矢志不渝、拼搏奉献，科学治沙、绿色发展，累计治沙造林21.7万亩，封沙育林37万余亩，植树4000万株，形成了牢固的绿色防护带，为构筑西部生态安全屏障作出了杰出贡献。当地因此流传起歌颂三代人治沙功绩的民间小调：“当年风沙毁良田，腾格大漠无人烟。要好儿孙得栽树，谁将责任担两肩。六家老汉丰碑铸，三代愚公意志坚……”习近平总书记曾说：中国人民是具有伟大奋斗精神的人民。在“三代愚公”的身上，鲜明地展现出自强不息的坚毅品质和“制天命而用之”的生命力量。在新时代的历史起点上，要把建设美丽中国化为人民的自觉行动，增强人民生态环境意识，树立生态文明理念，推广绿色生活方式，形成全社会共同参与的良好风尚，让人民群众共享生态文明建设成果。

二、坚忍不拔、久久为功，吹尽黄沙始到金

38年来，八步沙“六老汉”及其后人始终坚守让沙漠变绿洲的庄严承诺，接力传承治沙理念和精神，父死子继、子承父志、代代坚守，彰显了“虽我之死，有子存焉；子又生孙，孙又生子，子子孙孙无穷匮也”的坚定信念，开创了举世瞩目的生态范例。正如习近平总书记所言：“新时代需要更多像‘六老汉’这样的当代愚公、时代楷模。”当前，我国生态文明建设正处于压力叠加、负重前行的关键期，已进入提供更多优质生态产品以满足人民日益增长的优美生态环境需要的攻坚期，也到了有条件有能力解决生态环境突出问题的窗口期，还有不少难关要过，还有不少硬骨头要啃，还有不少顽瘴痼疾要治。推进生态文明建设如逆水行舟，不进则退，稍有松懈就有可能出现反复。因此，在建设美丽中国新的长征路上，更需要我们弘扬新时代愚公精神，以壮士断腕的决心、背水一战的勇气、攻城拔寨的拼劲、持之

以恒的毅力，冲出一道道腊子口、攻克一座座娄山关、打好一场场攻坚战，用接续奋斗换来青山绿水、碧海蓝天。

三、顺天法时，敬畏自然，万物并育天地新

人与自然的关系是人类社会最基本的关系。马克思主义认为人类是自然的有机组成部分，人与自然是统一的有机整体，彼此相互影响、相互制约、紧密联系、不可分割。马克思指出，“人靠自然界生活”，“只要有人存在，自然史和人类史就彼此相互制约”。自然是生命之母，自然构成了人类生存的自然条件，人与自然是生命共同体，人类必须敬畏自然、尊重自然、顺应自然、保护自然。中华民族向来尊重自然、热爱自然，绵延5000年的中华文明孕育了丰富的生态文化。如“天地与我并生，万物与我为一”，“万物各得其和以生，各得其养以成”。38年来，八步沙三代林场职工在尊重自然的基础上改造自然，以创新的手段造林、以科学的办法治沙，终使无垠黄沙变为片片绿洲，并带领当地百姓脱贫致富。在新时代建设美丽中国，我们要坚持人与自然和谐共生，牢固树立和切实践行“绿水青山就是金山银山”的理念，推进山水林田湖草系统治理，走出一条生产发展、生活富裕、生态良好的文明发展道路，让人民群众在绿水青山中共享自然之美、生命之美、生活之美。

“装点此关山，今朝更好看。”锦绣中华大地是中华民族赖以生存发展的共同家园，孕育了中华民族5000多年的灿烂文明，造就了中华民族天人合一的崇高追求。站在新时代，我们推进生态文明建设，道阻且长，而行则将至。我们要继续弘扬新时代愚公精神，以只争朝夕的干劲、持之以恒的坚守，以为子孙计、为万世谋的担当，久久为功、善作善成，不断谱写美丽中国建设新篇章，努力走向社会主义生态文明新时代！

作者简介

谢亚洲，男，兰州大学马克思主义学院副教授，硕士生导师。

构建生态产业体系
促进古浪县域经济绿色崛起的思考

◎ 李　泉

一、绿色发展是破除县域经济发展制约的必然选择

生态经济学认为，自然生态系统是一种多层次复合体系，能通过其自身所包含的子系统间的协同放大作用、催化作用和弛豫变量的役使作用，凭借本身的自组织能力实现稳态延续。由此观之，区域经济发展从本质上说，就是特定数量的人口与自然不断进行物质和能量转换的互动协调过程。生态系统的持续优化是区域经济社会持续发展的前提条件。甘肃地处西北内陆，自然地理禀赋多姿多彩，生态环境综合承载能力相对脆弱。武威市古浪县深居青藏高原东北部，生物资源种类繁多，温凉干旱、高寒干旱区气候复杂多样，全县降水量分布极不均匀，属于全国荒漠化重点监测县之一，境内沙漠化土地面积超过239万亩，风沙线长达132千米，山、川、沙各占1/3，县域经济发展条件极为严酷。例如，位于腾格里沙漠南缘的八步沙林场，距古浪县城东北30千米、土门镇3000米，占地面积7.2万亩。30多年前，当地沙丘以10米/年的速度南移，严重侵蚀着周围10多个村庄和近10万亩良田，影响

了当地3万多群众的生产生活。面对极其脆弱的生态环境约束，如何科学认识经济与生态的发展关系，直接关系到区域永续发展的成败；如何破除县域经济发展与生态保护的双重矛盾，始终是古浪县必须直面和认真破解的重大战略性问题。实践表明，经济和生态是一个不可分割的整体。党的十八大提出把生态文明建设放在突出位置，并融入经济建设、政治建设、文化建设、社会建设各方面和全过程，这为武威市努力建设美丽武威，实现区域经济社会永续发展提供了行动指南，也成为古浪县通过绿色发展破除县域经济发展生态制约的必然选择。

二、生态产业体系是支撑县域经济绿色崛起的物质保障

从理论上讲，生态产业体系的构建需要在确保区域人口、社会、经济发展与自然生态系统协同互促的过程中进行，必须最大限度地保护生态资源和维护生态系统平衡，从而实现特定经济社会系统与所处的山水林田湖草自然生态系统间保持最大协调性和实现良性互动。总体而言，古浪县依据生态与经济协调发展原则确立生态产业支撑体系，不仅要选择生态环境保护与经济健康发展相统一的产业结构、生产结构、能源结构、技术结构和消费结构，而且要以绿色发展理念为指导，通过强有力的制度设计与政策保障积极引导发展颇具县域特色的生态产业体系。

（一）在县域生态产业发展功能定位方面

在县域生态产业发展功能定位上，必须跳出区域自身，坚持以保护生态安全屏障，实现有度、有序、有限开发。以节约资源、保护环境、恢复生态为方针，形成“三生”和“三产”融合的空间结构、产业结构、产品结构。重点是依托国家生态安全屏障综合试验区和祁连山自然保护区建设，着力实施祁连山山水林田湖草生态保护修复工程，构建国土空间开发保护制度，健全完善生态建设长效机制和现代沙产业发展模式；积极探索生态脱贫有效途径，推动扶贫开发与资源环境相协调、脱贫致富与可持续发展相促进，使贫困人口从生态保护中得到更多实惠。

（二）在生态产业体系构建的总体思路方面

在生态产业体系构建的总体思路上，以加快资源优势向经济优势转化为重要突破口。积极挖掘农业、劳动力、旅游等资源潜力，紧密结合未来产业发展市场需求变化趋势，做强特色生态农业经济，积极发展特色生态农产品的生产和加工，为农服务的装备制造业和物流商贸产业，以文化旅游为带动的红色、古镇、沙漠、乡村等旅游产业，围绕甘肃（武威）国际陆港建设发展的进出口加工贸易产业；积极应用互联网技术，大力培育产业新业态新模式，促进产业融合跨界发展，形成一批与其他县区有差异有互补，既能够带动群众致富又能够增强县域经济实力的特色产业集群和知名产品。

（三）在生态产业体系构建途径和空间布局方面

在生态产业体系构建途径和空间布局上，结合农业供给侧结构性改革和乡村振兴战略，突出建设产品特色化、生态化、高端化、品牌化，生产规模化，融合型，外向型的戈壁绿色农产品生产基地，以生态产品、生产基地带动形成生态产业体系。重点是在黄花滩生态移民区和黄灌区，打造万亩优质枸杞种植基地、移民区种羊繁育基地；在井河灌区稳定优质梨规模，建立泗水镇优质梨种植基地，兼顾发展红提葡萄为主的设施林果基地；在大靖、海子滩、裴家营、直滩等黄灌区乡镇，建设生猪、肉羊、禽类养殖基地；在泗水、土门、西靖等乡镇，建设肉羊、肉牛养殖基地；探索发展肉驴、梅花鹿等特色养殖基地；在土门镇建设金鸡产业扶贫基地。同时，在南部山区黄羊川镇、黑松驿镇，以及井河灌区建立优质马铃薯基地；稳定发展南部山区3万亩天然“红秃头”优质旱地小麦种植基地；在黄灌区与井河灌区探索发展西红柿、辣椒、甜瓜等日光温室精细蔬菜瓜果生产基地；在黄羊川、黑松驿、十八里堡、泗水、定宁等乡镇发展人参果、绿色生态蔬菜、红提葡萄等产业基地。

（四）在文化旅游业方面

在文化旅游方面，整合挖掘红色文化、历史文化、边塞文化、军旅文化、自然风光、民族风情、特色产业、生态休闲等当地独特旅游资源，围绕以红色文化研学游、民俗文化体验游、沙漠生态观光游、绿色休闲度假游为内核的多元化产品体系，构建县域文化旅游产业体系。配合文化旅游业发展，以“原生态、健康、绿色”为主题，培育特色餐饮产品和知名企业，打造古浪品牌菜系。通过塑造美食品牌、挖掘美食文化、提升美食品质，形成美食街区、酒店、景区、餐饮名店与各种社会餐饮相结合的餐饮体系。举办各种美食节庆活动、推出美食路线，大力宣传推介“古浪美食”，发挥中心吸引效应。

（五）在营造生态产业体系保障方面

在营造生态产业体系的保障方面，重点是发挥新型农业经营主体的龙头带动作用。加快培育专业大户、家庭农场、农民合作社、农业产业化龙头企业等新型农业经营主体，鼓励工商资本下乡，发展多种形式适度规模经营，构建多元化的农业社会化服务体系，打造现代化农业经营体系。同时，推进农产品绿色安全生产，强化现代技术支撑，完善现代农业生产体系，提升绿色农业生产能力；大力培育区域品牌、企业品牌、产品品牌和地理标志品牌，增强市场竞争力，充分发挥市场的引领和导向作用。在这里，以完善产权制度和要素市场化配置为重点，激活主体、激活要素、激活市场，全面推进农业农村改革，对于县域生态产业体系构建，同样至关重要。

三、绿水青山必定会成为县域发展的金山银山

作为“丝绸之路经济带黄金段”经济系统运行的重要“生态屏障”，以祁连山自然保护区为核心的甘肃河西走廊地区的生态地位和生态效应已经超越了该区域自身可持续发展的战略意义。党的十八大提出生态文明建设和近年来绿色发展观念更加深入人心，武威市古浪县根据甘肃省关于构建十大生态产业体系的指导意见，深入贯彻“绿水青山就是金山银山”的理念，加快实施了以生态建设为主导、旨在促进县域经济协调可持续发展的绿色发展战略，实现了县域特色生态经济和全面建设更高水平小康社会的新突破。2019年8月21日，习近平总书记在古浪县八步沙林场考察调研时指出：“中国造出了世界上面积最大的人工林，为全球生态保护作出巨大贡献。特别是党的十八大后，绿色发展的观念更加深入人心。”在生态文明和绿色发展业已引

起人们广泛关注的当代中国，阻碍区域经济发展的因素绝不再仅仅是生产资本的缺乏，而更多表现为生态资本和生态产品的缺乏。通过加快构建具有县域特色的生态产业体系实现县域经济绿色崛起，要求我们必须将县域经济发展同生态环境保护和生态文明建设有机结合，以“绿水青山就是金山银山”的理念和生态经济学原理为指引，用生态文明思想组织产业经济活动，实现经济效益、社会效益和生态效益的协调统一，最终促进人口、资源、环境与经济发展、社会进步的协同进化。我们期待，有更多以“六老汉”为代表的古浪县八步沙人接续奋斗，书写从“沙逼人退”到“人进沙退”的绿色发展壮举，有更多像“六老汉”这样的当代愚公、“时代楷模”的不懈奋斗，西部地区和美丽中国实现绿色发展的长城一定会坚不可摧，绿水青山必定会成为中华民族的金山银山。环境就是民生，青山就是美丽，蓝天也是幸福。我们坚信，天蓝、地绿、水净的美丽中国，必定会从美好蓝图变为我们每个人的日常生活！

作者简介

李泉，兰州大学经济学院副教授，硕士生导师。

做大做强沙漠生态产业　推动武威绿色发展崛起

◎倪　鲲

一、做大做强沙漠生态产业是武威践行习近平生态文明思想的生动实践

生态文明建设是关系中华民族永续发展的根本大计。武威建设生态文明，必须把构建沙漠生态产业体系作为推动经济社会持续健康发展的重中之重，着力夯实绿色发展的产业基础，实现既有绿水青山又有金山银山的生态环境。习近平生态文明思想把“坚持人与自然和谐共生”的科学生态观放在首位，强调要像保护眼睛一样保护生态环境，像对待生命一样对待生态环境，推动形成人与自然和谐发展的现代化建设新格局；用“绿水青山就是金山银山”的绿色发展观来处理发展与保护的关系，强调加快形成有利于节约资源和保护环境的新空间格局、产业结构、生产和生活方式；将良好生态环境是最普惠民生福祉的普惠民生观作为重大政治问题，强调着力解决损害群众健康的突出环境问题，不断满足人民日益增长的优美生态环境需要；以“山水林田湖草是生命共同体”的系统治理观，强调要全

方位、全地域、全过程开展生态环境保护建设，共创人类绿色福祉。具体到生态建设与产业发展之间的关系来说，习近平总书记也有过精辟论述，强调根本改善生态环境状况，必须改变过去以来高能耗高排放产业的发展模式，把发展的基点放到创新上来，塑造更多依靠创新驱动、更多发挥先发优势的引领型发展，这也是供给侧结构性改革的重要任务之一。构建生态产业体系，积极发展科技水平高、经济效益好、资源消耗少、环境污染小的沙漠生态产业，正是着眼于贯彻落实习近平生态文明思想和“八个着力”重要指示精神的政治要求，着眼于持续深化供给侧结构性改革的主要任务，体现了武威市委市政府强烈的政治担当和高度的行动自觉。

二、做大做强沙漠生态产业是武威绿色崛起的基础

区域经济理论强调，区域经济发展水平在很大程度上取决于经济集聚的空间模式。区域经济的发达或不发达状况是经济集聚空间模式的不同表现形式，发达的区域经济具有强烈的产业空间集聚特征，不发达的区域经济具有微弱的或没有经济活动的空间集聚特征。而未来区域经济的发展除了空间的集聚外，特色优势产业经济的复合将是其具有较强竞争力的必备条件。特色优势产业是质和核，反映区域经济的核心竞争能力。特色优势产业经济是指以特定的地域空间为载体，以特色要素为基础，以特色产品为核心，以特色产业为依托，在经济结构、组织、体制和运行上带有新特点，能使资源、科技和市场要素有机联系、相互吸引，使特色优势要素得到放大和扩张，并进而体现区域特点和对本地经济起领头、支撑作用的经济。因而，特色优势产业经济与市场经济及省域经济密切相连，甚至可以认为特色优势产业经济就是有特色的省域经济。在以市场作为基础性资源配置方式和机制的社会里，从效益最大化原则来看，区域经济的成长最终依赖于产业经济的特色，区域资源配置是特色优势产业经济的扩张与互补。发展特色优势产业经济，就是要依托区域的优势条件，实现区域生产要素的合理配置，开发特色产品，培育特色产业，并形成带有区域特色的地方经济，从而推进区域经济的整体发展。武威地处沙漠边缘，有着广袤的沙

漠空间，在沙漠不断绿化的过程中种植沙漠易存活的经济作物并产业化发展应该是武威绿色发展的一个方向。用生态农业原理改造现代农业是现代农业的出路。因此，在武威生态保护主体功能区划分和生态产业体系构建的基础上，武威的生态产业可选择的发展模式是：通过区域范围关联产业的投入产出关系，促进区域专业和合理分工，形成具有特色的区域循环型生态农业模式和能源综合利用模式。沙漠生态产业发展可采取农牧结合的畜禽养殖模式。在禽畜养殖和沙漠作物种植中找到结合点，建立基于农牧的畜禽养殖业生物链，形成经济微循环体系。坚持尊重科学、顺应自然，运用现代化手段提高生态治理成效，不断开展科技攻关、技术引导，根据沙漠沙化土地类型和自然、社会、经济条件，坚持“先易后难、由近及远、锁边切割、分区治理、整体推进”的治理原则，在生态严重退化、不具备农牧业生产条件的区域，实施人口集中转移、退耕、禁牧、封育等措施，增强生态自我修复能力；在土地条件较好的区域，采取人工造林、飞播造林等方式，建设乔、灌、草结合的锁边林带，形成生物阻隔带；在沙漠腹地水土条件较好的丘间低地和湖库周边，采取点缀治理的方式，开展人工造林种草，建设沙漠绿岛；利用沟川的水分条件，营造护堤林、护岸林、阻沙林带，建成绿色生态屏障，有效遏制沙漠扩展趋势。

三、构建沙漠生态产业体系是建设幸福美好新武威的现实路径

内蒙古库布齐沙漠绿色经济30年来的成功源于“沙漠经济学”的理念。其核心经验是：第一，治理沙漠必须规模化、系统化、综合规划。让沙尘、绿洲、降雨、生物多样性此消彼长，最终形成沙漠绿洲和生态小气候环境。第二，治理沙漠必须考虑经济性，尊重自然规律、经济规律和产业规律，“向沙要绿、向天要水、向光要电”。已形成“生态修复”“生态牧业”“生态健康”“生态旅游”“生态光能”“生态工业”六位一体的沙漠生态产业体系，把沙漠的问题变成机遇，把沙漠的负资产变成能产生GDP的绿色资产，实现“治沙、生态、产业、民生”四轮驱动。第三，治理沙漠必须坚持科技创新，创新种子技术、节水技术、土壤改良技术、绿色农业

等产业相关技术。库布齐治沙和沙漠绿色经济发展的成功经验，可以供武威学习借鉴。

新时代要实现建设幸福美好新武威的奋斗目标，发展仍然是解决一切问题的基础和关键。武威要以创新、协同、绿色、开放、共享的发展理念为引领，构建生态产业体系，推动绿色发展崛起。构建沙漠生态产业体系，充分体现了贯彻中央精神与立足武威实际的有机统一，体现了发挥武威优势和把准创新脉搏的有机统一，找准了武威可持续发展的金钥匙。构建沙漠生态产业体系也将为武威脱贫攻坚和乡村振兴的稳步推进提供厚实的基础，从而进一步拓展武威发展的战略空间。党的十九大报告提出，我国经济已由高速增长阶段转向高质量发展阶段，正处在转变发展方式、优化经济结构、转换增长动力的攻坚期。新一轮科技革命和产业变革迅速推进，一些重大颠覆性技术创新正在创造新产业新技术。可以预见的是，在新一轮创新创业风起云涌的热潮中，地区间经济发展的走势必将加速分化，其最终结果将取决于产业选择上的战略性、前瞻性和科学性。具体到产业本身，就要能够最大限度地容纳和涵盖新一代信息技术、生物技术、制造技术、新材料技术、新能源技术等新技术，并为这些技术的渗透及其有可能引发的重大颠覆性技术创新提供发挥作用的广阔产业平台。紧紧围绕习近平总书记提出的筑牢西北绿色生态安全屏障的嘱托，坚持以社会化的方式推进沙漠治理，加强政策引导，实施奖补机制，充分调动企业、群众等各方面力量参与荒漠化治理。推行“掏钱买活树”的约束机制和“以补代造”“以奖代投”等激励机制，鼓励、引导企业、农牧民通过承包、入股、租赁以及投工投劳等方式参与防沙治沙，推动全社会共同参与治理。根据当地条件形成系统化、规模化治沙的理念，因地制宜地确定沙漠产业体系的构建，突破防沙治沙为单纯公益性投入的传统思维，创造性地将生态与产业相结合，生态治理与企业发展相结合，构建以企业为主导的生态投入，以建设机制为抓手，吸引、鼓励社会力量积极投入治沙造林和生态文明建设中来，变沙漠问题为沙漠机遇，开创生态经济化、经济生态化发展模式。总之，构建沙漠生态产业体系是推动武威绿色发展崛起的战略支点，也是统筹生态保护和经济发展作出的战略决策。

只要坚定不移地发展壮大沙漠生态产业体系，武威的发展一定会未来可期、大有可为，武威也必将焕发出前所未有的动力和活力。

作者简介

倪鲲，东华大学工商管理学院。

弘扬八步沙精神
助力基层“不忘初心、牢记使命”主题教育

◎ 孙志远

2019年8月21日，习近平总书记在古浪县八步沙林场考察调研时指出：“新时代需要更多像‘六老汉’这样的当代愚公、时代楷模，要弘扬‘六老汉’困难面前不低头，敢把沙漠变绿洲的奋斗精神，激励人们投身生态文明建设，持续用力，久久为功，为建设美丽中国而奋斗。”习近平总书记的教导为我们弘扬八步沙精神明确了方向。“六老汉”都是原村干部，县级党校培训的主要对象也是村干部，要抓住“近水楼台”“天然联系”的优势，在村干部培训中积极主动作为，拓展“六老汉”生命的厚度和广度，大力弘扬八步沙精神，使基层“不忘初心、牢记使命”主题教育在县级党校落地生根，可持续提升。

一、弘扬八步沙精神是“不忘初心、牢记使命”理论原点的价值印证

八步沙林场“六老汉”当村干部时带领群众积极治沙，离职后又带着家人去治沙，他们最初的想法很朴素，就是治住沙，守护自己的家园，为家乡

群众过上好日子做点实事。在职离职一个样，坚守初心，治住了八步沙的风沙。中国共产党人的初心和使命是为中国人民谋幸福，为中华民族谋复兴。可能“六老汉”治沙的行为和出发点，一开始不一定是理解我们党的初心使命理论的结果，但在客观上践行了党的宗旨，与初心使命理论高度契合。“万物得其本者生，百事得其道者成”，偶然的行为靠的是激情，整体的恒久离不开理论上的培元固本。仅仅让村干部像“六老汉”一样坚守初心，靠自发，已不能适应新的伟大斗争的需要。在村干部培训中，我们要抓住“不忘初心、牢记使命”主题教育这个契机，找到朴素初心的理论支撑，使“不忘初心”和八步沙精神实现完全“无缝对接”，由“必然王国”达到“自由王国”。

“六老汉”的事例再一次说明，对村干部来说，自我初心与党的初心是否一致是“扫”和“谋”的起点，“能干事创业”是“扫”和“谋”的关键。村干部如何切入这个起点和关键呢？抓手在哪里？

首先在于找准自身位置原点，认清理论原点，把二者与初心有机结合起来，使初心有的放矢。“为自我谋幸福”往往无师自通，为“人民谋幸福”尤其是为“别的群众谋幸福”逻辑上要顺理成章，这就需要科学理论的阐释指导。根据村干部的实际，让其完完全全弄通“不忘初心、牢记使命”的全部理论价值不现实，但理论原点必须清楚，这样才能永葆初心。

马克思说：“如果我们选择了最能为人类福利而劳动的职业，那么，重担就不能把我们压倒，因为这是为大家而献身；那时我们所感到的就不是可怜的、有限的、自私的乐趣，我们的幸福将属于千百万人，我们的事业将默默地、但是永恒发挥作用地存在下去，面对我们的骨灰，高尚的人们将洒下热泪。”马克思一生艰辛，但他不改初心，为之不懈奋斗，成就了伟大人生。习近平新时代中国特色社会主义思想的一个重要内容就是“坚持以人民为中心”，“老百姓的幸福就是共产党的事业”。由此可见，中国共产党的党性和人民性是一致的，这是我们党的事业兴旺发达的法宝，也是今后实现“中国梦”的力量源泉。所以，我们要根据村干部不同的文化程度因材施教，使“不忘初心、牢记使命”的理论原点和基本逻辑内化于心，然后循序渐进铺开，外化成行动力量，达到干事创业的目的。

“不忘初心”重在坚守到底。可持续弘扬八步沙精神，落脚点至关重要。有许多村干部也有“六老汉”这样的初心，如果一辈子不能干事创业，他们也许就淹没在茫茫人海之中，这样对村干部个人和我们的村干部队伍都是损失。“六老汉”三代人几十年如一日，“敢叫沙漠变绿洲”，干事创业初见成效，印证了“不忘初心、牢记使命”教育的现实价值和实践意义。思想理论是时代的旗帜和灯塔，恩格斯说：“一个民族要想站在科学的最高峰，就一刻也不能没有理论思维。”要让村干部“不忘初心、牢记使命”的教育培训扎实有效，就要运用初心使命理论分析“六老汉”的朴素初心，就要在村干部理解理论原点上持续用力，使其成为干事创业一以贯之的动力。

二、弘扬八步沙精神是“不忘初心、牢记使命”实践信心的提升传承

坚守初心需要正确面对困难，需要不断强化坚守的信心。“六老汉”三代人治沙几十年，与祖国前进的步伐相一致，是困难面前不低头的几十年，是勤劳进取、不断提升的几十年，是和党的路线方针政策合拍同步的几十年。先进典型不是一开始就先进的，初心和使命的认识需要逐步完善，信心的树立需要循序渐进，苛求、忽视发展过程是不科学的。我们从“六老汉”身上看到，无论起始条件如何，只要不懈怠、愿意提升，就能逐步提高思想认识，成为一个有益于人民的人。因此，村干部上任离任都需要调整好心态，要始终成为村里发展的正能量。

首先，村干部要端正工作心态，做到守住初心。村干部是我国社会主义新农村建设的直接推动者、组织者和实践者，是党中央在农村经济工作中的中坚力量，是党的各项路线、方针、政策在农村的贯彻者和实施者，他们担负着组织和领导农民群众建设社会主义新农村的重要任务，在社会主义新农村建设过程中起着决定性作用。中国共产党以此为出发点，自始至终谋求“最广大人民群众的根本利益”，所以才能不断发展壮大。村干部处在农村工作的第一线，担负着贯彻落实党的路线、方针、政策，密切党和政府同人民

群众的联系，带领群众致富奔小康的重任；同时，村干部也是村级组织的“核心”，党员群众的“主心骨”，责任大、担子重，是各项工作的实施者。这就要求村干部要提高政治理论素养，要牢记初心和使命，提高执行农村政策、引领经济发展、服务群众、化解矛盾纠纷的能力和本领。村干部要通过在党校的学习培训，把自己刚刚走向社会的“初心”和当村干部时的“初心”结合起来，百川归海，自觉融入中国共产党的“初心”，以党的初心为初心，找到履职尽责的动力源，稳得住心神，耐得住寂寞，守得住初心，才能真正超越自我，造福村民。

弘扬八步沙精神，必须精准认识“六老汉”三代人治沙成功的本质因素。党在不同时期任务不同，进行“伟大斗争”的目标和策略也就不同。不同党员因岗位不同，保持“初心”的职责就各异。村干部直接同人民群众打交道，是连接党和人民最基础的桥梁。“六老汉”来自不同的村子，虽然都当过村干部，但能互相敬佩，长期干在一起。治沙之初亲自干，响应党的号召发动群众一起干，承包责任积极干；有了收入时，联系周边邻居共同参与、共建共享共受益；后来又发展沙产业，带动乡亲们一起脱贫致富，自觉融入新时代高质量发展的大潮中。他们靠的是共同的善举树立起的威信，凭的是对国家方针政策和村里村外事务的娴熟，本质因素在于政治上与党的初心、路线始终保持一致。因此，要通过培训使村干部牢固树立坚定的共产主义信念，增强“四个意识”，坚定“四个自信”，做到“两个维护”，做全面贯彻执行党的路线方针政策的表率，组织和带领群众走共同富裕道路。

村干部要成为处理村里村外事务的行家里手。“六老汉”的壮举启示我们，村干部首先要当好产业发展的探索者。村上没有特色产业支撑，全面小康就是空中楼阁，村干部不谋划村级产业发展就是不合格的村干部。作为村里经济发展的带头人，要有敢为人先的意识和敢于示范的精神，看准市场的新项目带头示范推广，真正把教训留给自己，把经验传给群众。

其次，村干部要当好先进思想的宣传者。绝大多数村干部都是村上的能人，政策水平、见识胆略相对较高，既要做好自觉主动地向群众宣传党纪国法、产业政策、市场行情和各类农科知识的工作，又要做好倾听群众呼声，归集群众意愿，向上级组织做好真实汇报，帮助上级组织因地制宜地做出决策的工作。村干部又要当好乡村进步的领航者。火车跑得快，全靠车头带。作为村里的领路人，要有服务村民的意识，戴上“望远镜”，立足村情，着眼长远，制定村级经济发展规划。村干部还要当好村民会战的指挥者。目前，“空壳村”、村集体“无钱办事”问题比较普遍，发展村级公益事业难度很大，诸如村级道路养护、人畜两防、通讯文化卫生设施建设等，靠几个农户干不好也干不了。所以，村干部要发挥指挥员的作用，把各方面的积极性调动起来，协调分散力量办好事情，真正让群众受益。

三、弘扬八步沙精神是“不忘初心、牢记使命”善作善成的路径探寻

我们既要提倡奉献精神，又要大力发展社会主义市场经济，正确处理二者的关系才能使先进典型健康成长，成为永远的“时代楷模”。习近平总书记关于“绿水青山就是金山银山”的论述为生态领域解决“奉献”与“市场”矛盾提供了行动指南。生态文明建设周期长、见效慢，是长期的建设，需要一大批人接续奋斗。

村干部的工作是为村民谋幸福、给群众作表率，前提是自己“不出事”。一件事要想有人接力去干，在市场经济不断发展的今天，仅仅靠提倡是远远不够的，必须努力保证奉献者生活安、身心安。村干部不像其他干部能够经常调动，其工作和生活多是“村来村去”，与村民是搬不走的邻居，“出事”了很难面对村民。习近平总书记说：鱼和熊掌不可兼得，当官发财两条道，当官就不要发财，发财就不要当官。村干部必须牢记当“官”就是奉献，这是初心和使命的要求。有些村干部为本村发展吃了苦，为群众也办了很多好事，却因腐败倒下了，让人痛心疾首。

目前，监督检查、制度约束逐步完善，但在乡村文化中“监督等于不信任”的遗毒仍然存在，影响了村干部工作的积极性。你有多大的职务，就能行使多大的权力，也要承担多大的责任，人民群众的要求也就“水涨船高”，职权和监督也是成正比的。所以，在新形势下，对村干部进行“不忘初心、

牢记使命”主题教育，用党的创新理论武装其头脑，是补齐其理论“短板”，解决作风问题的关键。八步沙“六老汉”治沙群体几十年团结合作、勤奋廉洁、健康运作，自觉接受监督、有所为有所不为，实现了个人、集体和社会利益共赢的目标，为我们探索“不忘初心、牢记使命”主题教育的践行路径上了生动的一课。

初心需要本人和全社会共同滋养，没有信仰的支撑，“约定”往往难以坚持。“六老汉”立下约定，无论多苦多累，每家必须有一个治沙继承人，把八步沙管下去。三代人将这个庄重的誓言融入传世家风，将绿色梦想铸成坚定信念，咬定青山不放松，一代接着一代干。几十年来，社会环境多变复杂，“六老汉”能做到定力如初，正是其坚定信仰、坚守初心的结果。“两个一百年”奋斗目标任重道远，为人民谋幸福、为中华民族谋复兴的伟大事业需要有更多的像“六老汉”一样身安心安的人去赓续。弘扬八步沙精神，必须学习、探寻“六老汉”三代治沙人的独特品行。全国有许多治沙典型，“六老汉”脱颖而出，成为“时代楷模”，原因在于“六老汉”及其子孙永葆初心，矢志不渝，持续用力治沙，自我发展健康向上；“眼见”在于勇于探索，唯实创新，与时俱进，善抓政策机遇，科学处置个人奉献与市场经济的关系；“秘密”在于遵纪守法，勤劳诚实，既“愚”又“公”。这是今天的村干部及全社会值得思考和借鉴的。

习近平总书记强调：“中华民族伟大复兴，绝不是轻轻松松、敲锣打鼓就能实现的”，“社会主义是干出来的”。“六老汉”是“当代愚公”，其善作善成不仅是因为有毅力、有恒心，坚持不懈、不忘初心，还表现在“愚”和“公”上。生态文明建设不能只玩概念、忙在吆喝上。“六老汉”三代人治沙持续用力，在常人看来是“愚”，其实质是“干”。村干部都应当学习这种“愚”的精神，“愚”道酬勤，身安久干，心安理得，“愚”中生福。“六老汉”三代人治沙共苦共赢、“公”而别样，表现在公正合理，自我目标和应尽义务相互一致，不使公共财产流失；表现在互帮互让，“求大同，存小异”，不在小事上斤斤计较；表现在创新开发，兼收并蓄；表现在公开接受监督，积极吸纳各方意见。

八步沙林场几十年的发展壮大，“六老汉”几十年来还能初心依旧，在全国成为了范例，如果没有“愚”和“公”的精神走不到今天。所以，学习“六老汉”的“愚”和“公”，可持续弘扬八步沙精神，为村干部“不忘初心、牢记使命”主题教育培训扩展视野、开拓思路，是我们今后奋斗进取、身安心安、用之不竭的精神财富。

作者简介

孙志远，男，中共古浪县委党校，高级讲师。

试论习近平生态文明思想在八步沙的生动实践

◎ 郭水菊

习近平生态文明思想是站在人类社会发展规律的高度和审视现实社会发展中存在的重点问题的基础上，继承与创新了马克思主义生态文明观，运用马克思主义哲学中的辩证唯物主义和历史唯物主义原理，对新时代人与自然、社会发展与生态环境、法治建设与环境保护、文明与生态等关系的理性分析和科学判断，深刻回答了时代发展所带来的系列生态环境问题，有效指导了地方建设与发展。习近平生态文明思想包含习近平在不同场合所提出的“良好生态环境是最普惠的民生福祉”“绿水青山就是金山银山”“人与自然和谐共生”“要像保护眼睛一样保护生态环境”“山水林田湖草是生命共同体”等重大论断。

20世纪80年代，古浪县土门镇六位老汉进军沙漠，开始了自己的治沙生涯。经过38年的治理，八步沙林场三代职工完成治沙造林21.7万亩，管护封沙育林草面积37.6万亩，不仅保住了周围群众的家园田地，还保住了国家的一些重点工程，有效地保护了地方生态环境，维护了人民的切身利益。八步沙“六老汉”三代治沙人，子承父志、世代相传，书写了从“沙逼人退”到

“人进沙退”的绿色奋斗篇章，这不仅是一种奋进的中国精神，更是对习近平总书记生态文明思想的实践。

一、对“生态兴则文明兴，生态衰则文明衰”的生动实践

“生态兴则文明兴，生态衰则文明衰”，是习近平在审视世界历史发展规律的基础上，对生态与文明关系的科学认知与判断。由此可知，文明是否能长久不衰，关键在于生态是否能持久保鲜、持续兴旺。八步沙，位于河西走廊东端，腾格里沙漠南缘。20世纪80年代，八步沙寸草不生，黄沙肆虐，其周围的村庄和农田备受侵害。生活的艰苦，环境的恶劣，威逼着一批又一批的当地人离开自己的家乡向外发展，当地文明的延续与发展成了八步沙最严重的问题。也许当时的土门公社漪泉大队的六位老汉并没有想到“文明延续”的问题，但是他们的治沙行动却是“生态兴则文明兴”的生动实践。世界历史多次证明，自然环境本身的恶劣或人为对生态环境的破坏，都可能直接或间接导致一个地方的文明消失在历史长河中，一个民族的文明淹没在社会发展中。八步沙治沙人成功击退沙漠，保住这一地方的农田家园，很好地延续了当地的生命，延续了当地的文明，延续了当地的精神，是对“生态兴则文明兴，生态衰则文明衰”的印证与生动实践。

二、对“人与自然和谐共生”的生动实践

马克思指出：“自然界，就它本身不是人的身体而言，是人的无机的身体。人靠自然界生活。这就是说，自然界是人为了不致死亡而必须与之不断交往的、人的身体。”所以说，自然界是人生存于世必不可少的一部分。八步沙人民要生存，就得找出一条与大自然能和谐交往之道。在这样的背景下，八步沙林场第一代治沙人面对“沙逼人退”的现实状况，不断探索科学治沙造林之路，让人与自然和谐共生。他们没有因为沙漠的不断威逼而到处迁移、胡乱开垦，也没有因为沙漠的“胁迫”而放弃生存，他们实践的就是一种“天人合一”的生存之道。习近平总书记指出：“人类必须尊重自然、顺应自然、保护自然。人类只有遵循自然规律才能有效防止在开发利用自然

上走弯路，人类对大自然的伤害最终会伤及人类自身，这是无法抗拒的规律。”八步沙三代治沙人在与漫天黄沙抗争过程中逐渐探索出一条尊重自然、顺应自然的治沙之路，将传统治沙方法改良为“网格状双眉式”沙障结构，同时也探索也一条兼顾经济效益的模式。如今，八步沙治沙人不仅成为沙漠地区防沙治沙的能手，而且将当年的不毛之地变为如今的沙漠绿洲，给当地人民带来了良好的生态环境、便利的生活交通及谋生致富的生存之路，演绎出了“人与自然和谐共生”的画面。

三、对“绿水青山就是金山银山”的生动实践

2005年，习近平在浙江日报《之江新语》发表评论时提出：“如果把生态环境优势转化为生态农业、生态工业、生态旅游等生态经济的优势，那么绿水青山也就变成了金山银山。”实现“绿水青山就是金山银山”的关键在于生态环境保护与经济发展的有机衔接。2013年9月7日，习近平总书记提出：“我们既要绿水青山，也要金山银山。宁要绿水青山，不要金山银山，而且绿水青山就是金山银山。”可见，生态环境与经济发展并不冲突，而且生态环境就是一种生产力。八步沙发展的林下经济便是对这一理念的印证及实践。1993年，八步沙林场没有了造林补助。1995年，林场发不出工资，面临破产倒闭的危机。“治沙不治穷，如何实现可持续治沙?”第二代治沙人带着这样的问题矢志不渝、不畏艰难，持续与沙漠斗智斗勇，最终探索出一条解决问题之道——发展沙漠林下经济，有效地解决了治沙过程中的治沙经费短缺问题。八步沙发展林下经济，不仅有利于保护生态环境、防风固沙，还有助于发展绿色经济，助力地方发展。八步沙现有的林下经济有林禽和林药两种模式。其中，林禽模式是八步沙林场充分利用林场的土地、林荫资源优势，在八步沙林间空地修建了一批简易的鸡棚鸡舍，用放养的方式养殖沙漠土鸡、大鹅等家禽，获得林场经济收入。此外，八步沙发展的林药模式是充分利用治沙所用的沙生植物（具有药用价值的沙生植物）而产生经济效益，如枸杞、肉苁蓉等。这些沙生植物不仅抗旱能力强，而且药用价值高，经济效益好。国内外药材市场对肉苁蓉的需求越来越大，而梭梭与肉苁蓉合称为

“荒漠之宝”。所以，八步沙发展林药模式有其自然条件优势与市场需求优势。这些产业之所以能发展的根本条件在于良好的生态环境，而良好的生态环境源于八步沙治沙后的“绿水青山”，源于八步沙治沙成果。

四、对“良好生态环境是最普惠的民生福祉”的生动实践

“良好生态环境是最公平的公共产品，是最普惠的民生福祉。”可见，良好的生态环境关乎民生，关乎党全心全意为人民服务的宗旨。“让良好生态环境成为人民生活质量的增长点”，说明良好的生态环境可为人民生活质量的提升助力。八步沙治沙人在实践中探索出“公司+基地+农户”的产业发展模式，通过注册“八步沙溜达鸡”商标，经过线上线下同时销售获得收益。仅2018年年底，5000多只溜达鸡一个月就销售一空，订单供不应求，收入50多万元。此外，他们充分利用沙地条件和自然气候条件，在沙漠种植具有药用价值的沙生植物，如发展肉苁蓉、枸杞经济产业，在治沙防沙基础上获得市场效益。而且，他们与周边农户合作，成立林下经济养殖专业合作社，修建鸡场养殖沙漠土鸡，通过产业培育与精准扶贫相结合，建立多方位、多渠道利益联结机制，实现在治沙中致富、在致富中治沙。随着八步沙沙漠治理的深入推进和林下经济的不断发展壮大，林禽、林药发展模式已成为八步沙周边地区群众增收致富、提高生活水平的新渠道，这不仅有效解决了“治沙缺钱”的问题，还大大助力了地方的脱贫攻坚事业。八步沙林场在古浪县黄花滩移民区流转1.25万亩土地，引进现代化种植技术，逐步扩大药用沙生植物的种植范围，仅肉苁蓉产业每亩每年可收入2300元以上。2018年，为发展肉苁蓉产业，流转黄花滩移民区沙化严重的土地5300多亩，不仅使当地3000多农户有了土地流转收入，而且也为周边农户提供了300个就业岗位，人均年收入15000元以上，有效提升了当地居民的生活质量，助力地方贫困户脱贫致富，促进地方生态文明、文化、教育及精神文明的建设。如上所述，八步沙治沙成功给当地百姓提供了一个良好的生态环境，也给予其对美好生活追求的机会与平台，切切实实为人民带来了福祉。

五、对“山水林田湖草是生命共同体”的生动实践

在习近平生态文明思想中，对于生态系统自身的和谐与均衡协调也有论述，如“山水林田湖是一个生命共同体，人的命脉在田，田的命脉在水，水的命脉在山，山的命脉在土，土的命脉在树”。可见，要保持一个地方生态环境的良好发展，关键问题在于保持这个地方生态系统自身的和谐发展。对八步沙而言，防沙治沙最显著的成果便是生态效益，而生态效益背后依据的亦是“山水林田湖草是生命共同体”的准则。在防沙治沙过程中，在八步沙构建起来的生态屏障之下，八步沙发展林下经济秉持的原则便是在不破坏沙漠原有林草植被的前提下，充分利用沙漠林地资源和林荫条件进行种植、养殖，实现沙漠中农林牧资源共享、优势互补、循环相生、协调发展的生态模式，这有效保护了八步沙生态环境。如八步沙发展的梭梭嫁接肉苁蓉、枸杞产业，不仅有利于沙漠植物更好地防风固沙，还有利于完善沙漠生态系统，为养殖的溜达鸡提供林荫优势，为沙漠昆虫提供更为良好的生存条件；反之，养殖的溜达鸡为八步沙林地灭虫、施肥。所以说，八步沙发展林禽模式，林禽各得其所、相得益彰，最终达到鸡肥林丰、相互促进的生态良性循环。治理沙漠，培育绿植，涵养水源，养殖土鸡，肥沃土壤，壮苗肥绿……这样的生态系统正是习近平所强调的“生命共同体”的生动实践。

综上所述，八步沙“六老汉”三代人在治沙过程中，留下的不仅仅是治沙精神，而且是习近平生态文明思想生动实践的一个个脚步。为了地方的发展和文明的延续，为了和沙漠共生，为了实现地方人民对更多美好生活的期盼，为了地方人民追求更高质量的生活，为了实现沙漠生态系统的良性循环发展，为了兼顾地方经济发展与生态环境保护，八步沙治沙人拼搏创新、矢志不渝地奋斗，在不破坏原有林草植被的前提下，发展林下养殖、梭梭接种肉苁蓉，既保护了当地生态环境，促进生态文明建设，又有效地利用区域丰富的光热资源和林地资源，促进农业结构调整和林下经济发展，产生了良好的生态、社会和经济效益。这正是习近平生态文明思想中“坚持人与自然和谐共生”“坚持绿水青山就是金山银山”“坚持良好生态环境是最普惠的民生

福祉”“坚持山水林田湖草是生命共同体”的体现。

所以，在生态优先、绿色发展之路上，我们不但要重视生态环境的保护，也要重视这片土地上人民的生存、教育文化及生活质量，更要想办法解决类似这样的沙漠地区居民的脱贫问题与地方乡村振兴问题，而解决这些问题的关键在于打造良好的生态环境，在于生态文明建设。就八步沙三代人治沙而言，我们不仅要传承和弘扬其不畏艰苦、拼搏创新、接续奋斗的治沙精神，不仅要学习其成功的治沙经验与带领沙漠地区贫困人民的脱贫之道，更要学习其对习近平生态文明思想的生动实践，从而大力推进全国生态文明建设，踏踏实实、因地制宜贯彻落实习近平生态文明思想，让习近平生态文明思想在各地生根发芽、开花结果。

作者简介

郭水菊，女，中共武威市委党校（市行政学院）讲师。

创新篇

八步沙精神理论建构

“时代楷模”与新时代愚公精神

◎ 倪国良

一、“时代楷模”及其精神内涵

“时代楷模”就是在某个特定的社会历史时期内，对人们的思想和行为产生巨大而深远影响的，值得人们学习、尊敬、传颂的人物。在这里，时代不仅仅是一个时间概念，更多的是指能影响人的意识的所有政治、经济、文化等客观环境。“时代楷模”也是对这样一种榜样人物的崇高评价。

“当年风沙毁良田，腾格大漠无人烟。要好儿孙得栽树，谁将责任担两肩。六家老汉丰碑铸，三代愚公意志坚。”这是流传在甘肃武威古浪县的一首古浪老调，讲述的是自20世纪80年代起，当地的6位老汉和他们的后人共同治理八步沙、守护家园的故事。

为保护家园，20世纪80年代初，郭朝明、贺发林、石满、罗元奎、程海、张润元6位村民，义无反顾挺进八步沙，以联户承包形式组建集体林场，承包治理7.5万亩流沙。38年来，以“六老汉”为代表的八步沙林场三代职工，矢志不渝、拼搏奉献，科学治沙、绿色发展，持之以恒地推进治沙造林事业，至今完成治沙造林21.7万亩，管护封沙育林草面积37.6万亩，以愚公移山的精神生动书写了从“沙逼人退”到“人进沙退”的绿色篇章，为生态环境治理作出了重要贡献。

2019年8月21日上午，习近平总书记来到八步沙实地考察当地治沙造林、生态保护和移民安置等工作情况。总书记盛赞“六老汉”三代人是新时代的楷模，是当代愚公。

以“六老汉”为代表的八步沙林场三代职工，体现了当代社会的道德高度，不愧为当今中国的“时代楷模”。他们的先进事迹和高尚品德，植根于中华民族深厚的道德积淀，植根于中国特色社会主义伟大事业的实践沃土，是社会主义核心价值体系的生动诠释，是我国社会思想道德主流的真实写照。

（一）“时代楷模”彰显的精神是他们热爱祖国、热爱人民的思想境界

“以热爱祖国为荣”，“以服务人民为荣”，是社会主义荣辱观的核心内容，是每一个公民应当秉持的基本价值取向和行为准则。我们向“时代楷模”学习，就要像他们那样，满怀对祖国对人民的无限热爱之情，自觉把个人价值追求与党和人民的事业紧紧联系在一起，把个人的奋斗融入为实现国家富强、民族振兴而奋斗的历史进程，为实现全面建成小康社会宏伟目标、创造人民幸福生活贡献智慧和力量。

（二）“时代楷模”彰显的精神是他们立足平凡、追求崇高的美好情怀

八步沙“六老汉”三代人简单平凡、朴素无华，默默无闻地坚守着道德标准、涵养着道德情操，以点点滴滴的积累，以持之以恒的追求，成就了平凡中的伟大，汇聚了不寻常的道德力量，铸就了关键时刻的坚强意志。从他们身上可以看到，无私与善良就在自己身边，无畏与勇敢就在自己身边，平凡和伟大之间没有绝对的界限，把小事做好就是不平凡。从自己做起、从小事做起、从举手之劳做起，崇德尚义，积小成大，自觉做中华民族传统美德的传承者、社会主义道德规范的实践者。

我们的时代是英雄辈出的时代，每一个“时代楷模”就是一面鲜明的旗帜。发挥好“时代楷模”示范引领作用，是培育文明新风的时代要求，是推

进社会主义核心价值体系建设的重要途径。我们要把宣传“时代楷模”作为一项经常性工作，以发现伟大的眼光和崇尚先进的情怀，挖掘闪光事例，生动展示“时代楷模”的感人事迹，热情讴歌“时代楷模”的高尚情操，让人们从中汲取精神养分、感悟道德力量。要坚持知行统一，深入开展道德实践活动，广泛搭建平台、丰富渠道载体，使“时代楷模”的崇高精神转化为人们的实际行动。

二、八步沙“六老汉”的精神是“守望、信念、拼搏、奉献”的当代愚公精神

（一）愚公精神的内涵

中国古代有愚公移山的故事。太行、王屋两座山，方圆七百里，高七八千丈，本来在冀州南边，黄河北岸。有个名叫愚公的人，年纪快到90岁了，在山的正对面居住。他苦于山区北部的阻塞，出来进去都要绕道，就召集全家人商量说：“我跟你们尽力挖平险峻的大山，使道路一直通到豫州南部，到达汉水南岸，好吗？”大家纷纷表示赞同。他的妻子提出疑问说：“凭你的力气，连魁父这座小山都不能削平，能把太行、王屋怎么样呢？再说，往哪儿搁挖下来的土和石头？”众人说：“把它扔到渤海的边上，隐土的北边。”

河曲的智叟讥笑愚公，阻止他干这件事，说：“你简直太愚蠢了！就凭你残余的岁月、剩下的力气连山上的一棵草都动不了，又能把泥土石头怎么样呢？”北山愚公长叹说：“你的心真顽固，顽固得没法开窍，连孤儿寡妇都比不上。即使我死了，还有儿子在呀；儿子又生孙子，孙子又生儿子；儿子又有儿子，儿子又有孙子；子子孙孙无穷无尽，可是山却不会增高加大，还怕挖不平吗？”河曲智叟无话可答。握着蛇的山神听说了这件事，怕他没完没了地挖下去，向天帝报告了。天帝被愚公的诚心感动，命令大力神夸娥氏的两个儿子背走了那两座山，一座放在朔方的东部，一座放在雍州的南部。从这时开始，冀州的南部直到汉水南岸，再也没有高山阻隔了。

《愚公移山》是战国时期思想家列子创作的一篇寓言小品文。文章叙述了愚公不畏艰难，坚持不懈，挖山不止，最终感动天帝而将山挪走的故事。

通过对愚公的坚持不懈与智叟的胆小怯懦，以及“愚”与“智”的对比，表现了中国古代劳动人民的信心和毅力，说明了要克服困难就必须坚持不懈的道理。

此文是一篇具有朴素的唯物主义精神和辩证法思想的寓言故事。其主题思想即恒道。它借愚公形象的塑造，通过“智叟”与“愚公”的对话，展现出了“智叟”之愚与“愚公”之智，告诉人们做事要持之以恒，才有可能成功，反映了中国古代劳动人民改造自然的雄伟气魄，表现了中国古代劳动人民的信心和顽强毅力，说明了要克服困难就必须坚持不懈的道理，对人们有很大的启发。

另外，这篇寓言亦有很重要的客观意义。首先，它具有人定胜天的思想，在天人关系上，重人轻天的倾向十分鲜明。其次，愚公在批驳智叟时，关于山与人的关系的分析，实际上蕴含着进步的哲学思想，讲的是在一定条件下事物之间的关系可以发生转化的道理。

（二）“守望、信念、拼搏、奉献”的当代愚公精神

新时代又有了新的愚公移山，移的对象尽管不同，但精神一脉相承，子子孙孙挖沙不止。八步沙“六老汉”三代人就是新时代愚公精神最生动的体现。八步沙“六老汉”三代人的愚公精神既有对古代愚公精神的传承，更赋予其新时代的内涵，这就是“守望、信念、拼搏、奉献”的当代愚公精神。

宋代苏轼《策断》之二五：“其居处以逐水草为常，故无城郭邑居聚落守望之勤。”守望是一种守卫与渴望，是人类的一种自然本能。信念是事实或者必将成为事实的对事物的判断、观点或看法。信念存在于心灵的热情激荡之中，存在于激奋的情感和行动之中，存在于爱和恨、忠诚和不妥协的精神之中。信念是人们在长期的人生实践中逐步形成的，其中积淀了一个人多年的生活经验，包含了社会环境对他的长期影响。信念一旦形成，是不会轻易改变的。一定的思想观念成为一个人的信念，除了经过理智上的反复认识和深刻认同外，还有感情上的强烈支持。拼搏是指豁出性命，进行激烈的搏斗，比喻尽自己最大的力量，用不顾一切的努力，去实现自己的目标。奉献是一种爱，是对事业的不求回报的爱和全身心的付出。对个人而言，就是要

在这份爱的召唤之下，把本职工作当成一项事业来热爱和完成，从点点滴滴中寻找乐趣；努力做好每一件事，认真善待每一个人。“奉”，即“捧”，意思是“给、献给”；“献”，原义为“献祭”，指“把实物或意见等恭敬庄严地送给集体或尊敬的人”。两个字合起来，其义就是“恭敬地交付，呈献”。每个人的工作虽不同，却都可以发挥自己的天分与专长，并使自己陶醉在这种喜悦之中，与社会大众共享，在奉献中，领悟出自己的人生价值，这是现代人普遍期望的。八步沙“六老汉”三代人的行为即体现了新时代奋进的内容。

三、新时代的奋斗需要当代愚公精神

（一）“时代楷模”是社会主义核心价值观建设的旗帜

人无精神不立，国无精神不兴。十八大以来，党中央从建设社会主义文化强国的战略高度，不断推进社会主义核心价值体系建设，大力培育和践行社会主义核心价值观，更好地构筑起中国精神、中国价值、中国力量，为中国特色社会主义事业提供源源不断的精神动力。中宣部及时发布各地和各行业涌现的“时代楷模”“最美人物”，对事迹突出、具有重大社会影响的“时代楷模”举办先进事迹报告会，形成鲜明的价值导向。随着学习宣传先进典型活动在全国范围深入开展，一批又一批充满时代感、饱含正能量的先进个人和集体涌现出来，为全社会树立了道德标杆，成为引领社会主义核心价值观建设的旗帜。

（二）“时代楷模”是全社会的宝贵财富

当我们面对形形色色的诱惑时，我们就需要在心中树立一些光辉的榜样，为我们提供学习前进的方向和动力。“时代楷模”的先进事迹正是主题教育的生动教材，也凝聚起新时代干事创业的精神力量，引领我们奋发向上。

楷模就是旗帜，榜样就是力量。以人为镜可以明得失，榜样不仅是一面镜子，也是一面旗帜，榜样能激励广大党员干部，为全社会树立道德标杆，成为引领社会主义核心价值建设的旗帜，激励中华儿女不忘初心，砥砺前行。

“时代楷模”是旗帜，代表着方向；是资源，凝聚着力量。树立楷模旗帜，传递前行力量；弘扬楷模精神，共同凝聚中华民族伟大复兴的磅礴力量。做新时代的奋斗者，在追梦圆梦的道路上奋力前行。

弘扬“时代楷模”精神，是新时代理论工作者应该担当的责任和使命。作为新时代理论工作者应该始终把责任使命牢记于心，坚定理想信念，严守对党忠诚。始终坚持党的原则第一、党的事业第一、人民的利益第一，恪守全心全意为人民服务的宗旨。作为理论工作者，我们要学习八步沙“六老汉”的精神，坚定理想信念，不忘初心和使命，扎根基层，奋战一线，认真履职尽责，全心全意为人民服务，保护人民利益。

弘扬“时代楷模”精神，新时代理论工作者应有新作为。作为理论工作者，要增强改革创新本领，既要有百折不挠、迎难而上的勇气，又要有科学的谋划，开展各项教学科研工作，勇于承担责任，认真履行好自己的职责，以饱满的工作热情、严谨的工作态度，全身心地投入到本职工作中去，在平凡的岗位上创造出不平凡的工作成绩。时刻以为人民服务的宗旨严格要求自己，把爱国情怀化作永恒追求，把无私奉献化作点滴行动，在个人奋斗中推动社会进步、民族复兴，为实现中华民族伟大复兴的中国梦贡献自己的力量。

作者简介

倪国良，男，兰州大学西北党史党建研究中心主任，教授，博士生导师。

“六老汉”三代人治沙精神刍议

◎ 马玉堂

2019年3月29日，甘肃省古浪县八步沙林场以“六老汉”为代表的三代职工因世代推进治沙造林事业，被中宣部授予“时代楷模”荣誉称号。38年随风而过，“六老汉”子孙三代齐心协力，将漫漫黄沙变为绿洲，忠实践行了“绿水青山就是金山银山”的理念，发扬了“人一之、我十之，人十之、我百之”的甘肃精神，为完成筑牢西部生态安全屏障底线任务作出了重要贡献。研究发掘“六老汉”治沙蕴含的时代精神，具有很强的现实意义。

一、“六老汉”三代人治沙体现了当代愚公精神

愚公移山精神是中华优秀传统文化的重要标识。愚公移山的典故见于《列子·汤问》，讲述的是愚公不畏艰难、子孙相继、挖山不止的故事，体现了中华民族知难而进、艰苦奋斗的伟大精神。千百年来，愚公移山的故事广为传颂，愚公移山的精神激励着中华儿女艰苦奋斗、奋勇前进。愚公移山的精神是我们党战胜各种困难、不断争取新的胜利的宝贵精神财富。在抗日战争即将迎来最后胜利的关键时期，毛泽东同志发表《愚公移山》的演讲，号

召全党“下定决心，不怕牺牲，排除万难，去争取胜利”。新中国成立初期，国家百废待兴，毛泽东同志写下“愚公移山，改造中国”的批语，激励全国人民艰苦奋斗，改变国家面貌。改革开放以来，我们党结合新的时代特征，大力弘扬愚公移山精神。党的十一届六中全会通过的《关于建国以来党的若干历史问题的决议》，号召全党、全军、全国各族人民紧密团结在党中央周围，“继续发扬愚公移山的精神”。党的十八大以来，习近平同志多次强调要弘扬愚公移山精神，指出：“我们要立下愚公移山志，咬定目标、苦干实干，坚决打赢脱贫攻坚战”，“让我们大力弘扬愚公移山精神，大力弘扬将革命进行到底精神，在中国和世界进步的历史潮流中，坚定不移把我们的事业不断推向前进，直至光辉的彼岸”。这些重要论述，赋予愚公移山精神新的时代内涵。

党的十八大以来，党中央非常重视生态文明建设。经过这么多年治理，美丽中国的愿景逐渐照进现实。毛乌素沙漠被治理，库布齐沙漠披上绿装，塞罕坝由荒原变成森林，各地防护林工程建设成就斐然，我国国土绿化率实现了较大提升，这些离不开全体人民的共同努力。我们应当在既有基础上继续前进，努力取得更大的成绩。全社会都应高度重视生态治理，形成绿色的生产方式、生活方式，为建设美丽中国贡献力量。建设美丽中国，要弘扬当代愚公精神。建设美丽中国是一项持久战，要有持之以恒的精神、久久为功的韧劲。

20世纪80年代初，八步沙寸草不生、狂沙肆虐，侵蚀村庄农田。一代代林场人扎根沙漠、治沙造林，从“沙逼人退”到“人进沙退”，昔日漫漫黄沙变成如今郁郁葱葱。当地群众为称赞他们功业，于1999年7月15日立碑为记。碑文中说，“六老汉”赢得社会各界的交口称赞，被誉为“当代愚公”。新时代需要更多像“六老汉”这样的当代愚公、“时代楷模”。要弘扬“六老汉”困难面前不低头、敢把沙漠变绿洲的奋斗精神，激励人们投身生态文明建设，持续用力，久久为功，为建设美丽中国而奋斗。八步沙“六老汉”三代人薪火相传，几十年如一日在沙地播撒绿色，生动诠释了愚公移山精神，是坚持不懈与黄沙抗争、最终达到人与自然和谐共处。

二、“六老汉”三代人治沙体现了科学创新精神

科学技术是世界性、时代性的，发展科学技术必须具有全球视野、把握时代脉搏。纵观人类发展历史，创新始终是一个国家、一个民族发展的重要力量，也始终是推动人类社会进步的重要力量。绿色发展是生态文明建设的必然要求，代表了当今科技和产业变革方向，是最有前途的发展领域。人类发展活动必须尊重自然、顺应自然、保护自然，否则就会受到大自然的报复。这个规律谁也无法抗拒。要加深对自然规律的认识，自觉以对规律的认识指导行动。不仅要研究生态恢复治理防护的措施，而且要加深对生物多样性等科学规律的认识；不仅要从政策上加强管理和保护，而且要从全球变化、碳循环机理等方面加深认识，依靠科技创新破解绿色发展难题，形成人与自然和谐发展新格局。

“治沙工作历来是甘肃生态环境保护的难题，‘六老汉’三代人扎根荒漠治沙造林是甘肃实现绿色发展和沙漠治理的优秀榜样。”甘肃省干旱生境作物学重点实验室常务副主任柴强说，“‘六老汉’三代人不畏艰苦、矢志不渝、持之以恒建设生态家园的奋斗精神令人振奋，他们在多年治沙实践中发现了许多行之有效的经验做法，这种善于总结、善于学习的探索精神更是值得借鉴。”

“六老汉”坚持因地制宜、运用科学方法支撑绿色成长。从第一代治沙人“一棵树、一把草，压住沙子防风掏”，到第二代治沙人创新应用“网格状双眉式”沙障结构，实行造林管护网格化管理，再到第三代治沙人全面尝试“打草方格、细水滴灌、地膜覆盖”等新技术，真正做到了传承与创新并重、环境与效益兼得。在古浪县黄花滩移民区，八步沙第三代治沙人郭玺和村民用大型机械种植梭梭嫁接肉苁蓉，这是八步沙林场生态和经济双赢的项目。近年来，林场通过种植梭梭嫁接肉苁蓉和枸杞等，带动近1000户周边农民脱贫致富。八步沙林场群鸡云集、溜达觅食，这是八步沙林场以副养林的品牌“溜达鸡”。目前，“溜达鸡”的品牌和效益初步显现。如今的八步沙林场，已从昔日寸草不生的荒漠，成为当地群众增收致富的宝藏。随着梭梭嫁

接肉苁蓉规模的不断扩大，提升产品附加值、延伸产业链成为新的课题。

三、“六老汉”三代人治沙体现了党员先锋模范的担当精神

中国共产党成立以来，我们党就自觉地担负起民族独立、国家建设的历史重任。中国共产党带领中国人民奋勇向前、不畏艰难，取得了巨大的成就和辉煌的历史功绩。中国共产党人总是在艰难困苦之际勇于担当、舍生忘死，充分发扬了中国共产党是中国工人阶级的先锋队，同时是中国人民和中华民族先锋队的模范作用。这一重要作用，在新时代需要更多的中国共产党人共同发扬光大，这一作用在“六老汉”三代人治沙的感人事迹中得到了很好的体现。

“六老汉”中四人是共产党员，六人都曾担任村组干部，贺发林、张润元曾任村党支部书记，石满曾任村党支部副书记。面对肆虐的风沙、家园的存亡，他们主动请缨向沙漠进军，带头打响了治理荒漠、守护家园的攻坚战。38年来，以共产党员为骨干的三代人，忠于使命、信守誓言，扎根荒漠、压沙造林，用生命和汗水成功击退了风沙的侵蚀，创造了令人震撼的绿色奇迹。要学习他们充分发挥共产党员的先锋模范作用，在重要关头勇挑重任，以舍我其谁的责任担当，吃苦在前、奋战在先，在平凡的岗位上努力作出不平凡的业绩，书写精彩的奋斗华章。任何事业都离不开共产党员的先锋模范作用。只要共产党员首先站出来、敢于冲上去，就能把群众带动起来、凝聚起来、组织起来，打开一片天地，干出一番事业。

四、“六老汉”三代人治沙体现了人类与自然和解的实践精神

“人与自然是生命共同体”是党的十九大报告的一个关键命题。“生命共同体”是在吸收了马克思、恩格斯关于人与自然关系的思想之后，立足于新时代，对人与自然关系所作出的新阐释。

正如恩格斯指出的：“我们对自然界的全部支配力量就在于我们比其他一切生物强，能够认识和正确运用自然规律。”他警告说：“不要过分陶醉于我们人类对自然界的胜利。对于每一次这样的胜利，自然界都对我们进行报

复。”今天，我们必须看到，自然界的报复是一种远非人力可抗拒的报复，因此，必须自觉限制人类文明的足迹。在这样的背景下，人们对什么是自身共同利益，也将获得新的思考。既然“人和自然之间的物质变换的一般条件，是人类生活的永恒的自然条件”，既然“生态系统共生场就是生命有机体与无机体之间物质变换的自然过程”，既然人类已经处在“地球村”中，那么各主权（民族）国家的公民，同时也就是世界公民、地球公民，全球的利益同时也就是自己的利益，一个人、一个群体、一个国家采取有利于全球利益的举措，也就同时保护了自身利益。而且，地球公民的概念，远不只是人类，必须包括动植物，包括地球上的一切生命生灵，包括正在被人类文明蚕食、鲸吞着的荒野和海洋。

今天的中国正满怀信心和希望地将中国文明与世界文明融合，将建成美丽中国与关爱地球、保护生态环境结合统一，以“六老汉”三代人为代表的中国劳动人民把毕生的精力投入到保护生态环境、创造美好生活的历史重任中去，创造了无数的人间奇迹，给世界人民以极大的鼓舞和信心。他们的劳动实践强有力地证明了马克思恩格斯经典作家的真理性论断，体现了实现人类与自然和解的实践精神。

五、“六老汉”三代人治沙体现了中国人战胜贫穷和恶劣自然环境的伟大斗争精神

十九大报告提出，到2020年，中国将进入全面建成小康社会的决胜期。“让贫困人口和贫困地区同全国一道进入全面小康社会是我们党的庄严承诺”，这既是十九大报告提出的“坚决打赢脱贫攻坚战”的新任务、新要求，更是中国共产党作为一个有担当、负责任的执政党向世界所做的宣言。恶劣的自然环境是影响人类生存、发展的客观因素，自然环境是社会存在的重要构成，直接影响社会的发展速度和文明程度。今天，我们要建设美丽中国，实现人和自然的和谐统一，就要辩证地吸收中国古代荀子、柳宗元、刘禹锡等人的天人关系理论，以合理有效的斗争战胜恶劣的自然环境，营造出美丽的幸福家园。

八步沙人用热血和汗水深入践行了习近平总书记“着力加强生态环境保护，提高生态文明水平”重要指示精神。“六老汉”三代治沙人不惧恶劣环境和治沙造林的重重困难，扑下身子、耐住性子，顶风沙、抗严寒、冒酷暑，喝冷水、啃干馍、睡地窝，坚持“黄沙不退人不退，草木不活人不走”，与干旱和风沙顽强抗争，战胜了种种难以想象的困难，把曾经的黄沙荒漠变成了今天的林海绿洲。“六老汉”三代人的足迹踏遍八步沙，他们的艰辛没有白费，现在的八步沙林区群众不仅过上了富裕的幸福生活，而且为大地披上了一大片绿衣，在恶劣的自然环境中展现出了中国人强大的斗争精神，成为中国人不断努力、拼搏奋进，建设美丽中国的“时代楷模”。

作者简介

马玉堂，男，西北民族大学马克思主义学院院长、教授，硕士生导师。

从五个层面深刻理解八步沙精神的内涵

◎ 刘亚妮

2019年3月29日，中宣部授予甘肃省古浪县八步沙林场“六老汉”三代人治沙造林先进群体“时代楷模”荣誉称号。甘肃“六老汉”三代人接力治沙的感人事迹在全国引起强烈反响。8月21日，习近平总书记在八步沙林场考察时强调，要弘扬“六老汉”困难面前不低头、敢把沙漠变绿洲的奋斗精神，激励人们投身生态文明建设，持续用力，久久为功，为建设美丽中国而奋斗。

人们不禁发问：到底是什么样的精神力量支撑着“六老汉”三代人几十年如一日地与风沙做斗争？伟大实践孕育伟大精神，伟大精神推动实践发展。回顾“六老汉”及其后人治沙的艰难历程，一种体现中华民族优秀品质、践行共产党人初心使命、与中国革命精神一脉相承的八步沙精神清晰地凸显出来。处于平凡岗位的三代治沙人，在不平凡的治沙造林实践中，从坚定理想信念、彰显党性、价值取向、躬行实践、推动社会变革等五个层面升华出崇高的八步沙精神。当前，应当深刻阐释和大力弘扬八步沙精神，为实现中华民族伟大复兴提供精神动力。

一、坚定理想信念层面，矢志不渝、锲而不舍的精神

“志不立，天下无可成之事。”凭着坚如磐石的理想信念和前赴后继的大无畏精神，中国共产党带领中国人民取得了一个又一个的胜利，迎来了中国特色社会主义新时代。八步沙“六老汉”同样怀揣治沙造林过上好日子的梦想，靠着信念坚、意志强和决不放弃的拼劲，久久为功，在茫茫沙漠上开出一片绿色新天地。

20世纪80年代之前，地处河西走廊东端腾格里沙漠南缘的八步沙是漫天黄沙的不毛之地，沙丘以每年7米多的速度向南边10多个村庄、2万多亩良田推移，3万多名群众的生产生活以及过境公路铁路遭受威胁。如何治沙生存下去成为当地人最大的难题。“活人不能让沙子欺负死！”“六老汉”在承包沙漠的合同书上毅然按下红手印，从此抱定与黄沙做斗争的信念，誓用生命换绿洲。面对治沙造林的重重困难，治沙人坚信，只要有持之以恒、滴水穿石的决心，一代接着一代干，治沙理想终究能实现。第一代治沙人“吃在八步沙，住在八步沙，死了也要埋在八步沙”[①]的宣誓，第二代治沙人“八步沙不绿，我哪都不去”的吼声，第三代治沙人“为了家乡的美丽，我这辈子就交给八步沙了”的承诺[②]，无不体现出不达目的誓不休的恒心。“咬定青山不放松”的信念和面对困难绝不低头的韧劲，是几代治沙人书写从“沙逼人退”到“人进沙退”绿色奇迹的密钥之所在。

二、彰显党性修养层面，率先垂范、敢于担当的精神

中国共产党是中国工人阶级的先锋队，是中国人民和中华民族的先锋队，代表中国最广大人民的根本利益。以身作则，率先垂范，为全社会作出模范带头作用是共产党人义不容辞的责任。革命年代如此，建设和改革时代依然如此。

①李琛奇、陈发明：《六老汉封沙造林 三代人接力守绿》，载《经济日报》2019-04-02。

②陈玉福：《八步沙第三代人自述》，载《甘肃日报》2019-05-14。

1981年，当石满、郭朝明、贺发林、罗元奎、程海、张润元“六老汉”以联户承包方式组建八步沙林场时，迎接他们的是外人的冷嘲热讽，甚至家人的极力劝阻。对此，老汉们斩钉截铁地向世人宣告，多少年来都是风沙赶着人跑，必须得想办法治住它，决不能看着村里人让风沙困死，“我们是共产党员，我们来干！”这是向肆虐的风沙宣战，是“六老汉”治沙之路的开启，也是为父老乡亲带来希望的开始。正如习近平总书记在八步沙考察时指出的：“任何事业都离不开共产党员的先锋模范作用。只要共产党员首先站出来、敢于冲上去，就能把群众带动起来、凝聚起来、组织起来，打开一片天地，干出一番事业。”[①]今天，具有担当精神的“六老汉”的后人们正“带领周边群众共同参与治沙造林，不仅壮大了治沙队伍，也增加了农民收入，带领更多的贫困户脱贫致富奔小康”。[②]

三、价值取向层面，始终为民、无私奉献的精神

马克思指出，共产党人是为绝大多数人谋利益的。中国共产党自诞生之日起，就以为民造福为己任。“全心全意为人民服务”，“以人民为中心”，想群众之所想、急群众之所急、解群众之所困是中国共产党人始终不变的宗旨和价值追求。

心里装着父老乡亲的“六老汉”最初面对黄沙吞噬庄稼、埋没家园，义无反顾选择只身治沙就是出于践行共产党人的宗旨和使命。在艰苦的治沙之路上，三代治沙人始终坚持着为民本色，扑下身子，耐住性子，挑起担子，保护家园。从第一代“想保护村里的庄稼不再受风沙侵蚀”[③]的朴实初衷，到第二代“我们不就是为了娃娃么”的使命担当，再到第三代在沙漠里延续绿色的承诺，保卫家乡的责任[④]，都承载着八步沙治沙人朴素的为民情怀和

---

①《习近平在甘肃考察时强调坚定信心开拓创新真抓实干 团结一心开创富民兴陇新局面》,www.xinhuanet.com/politics/2019-08/22/c_1124909349.htm。

②董洪亮、孔祥武:《从沙赶人到人赶沙:六老汉 三代人 一片绿》,载《人民日报》2019-03-29。

③薛砚:《八步沙:大漠中的绿色传承》,载《甘肃日报》2019-03-28。

④陈玉福:《八步沙第三代人自述》,载《甘肃日报》2019-05-14。

崇高的奉献精神。黝黑的面庞，朴实的话语，沙漠里立起的一道道绿色屏障，黄花滩移民区2500多户贫困群众正奔赴在脱贫致富的大道上，这正是“以人民为中心”价值选择的最好注脚。

四、躬行实践层面，百折不挠、艰苦奋斗的精神

马克思指出：“哲学家们只是用不同的方式解释世界，问题在于改变世界。”改变世界的伟大实践需要人类不断地奋斗。1956年，毛泽东在八届二中全会上明确提出“艰苦奋斗是我们的政治本色”。在中国特色社会主义新时代，习近平总书记强调“新时代是奋斗者的时代”。“永远把人民对美好生活的向往作为奋斗目标，以永不懈怠的精神状态和一往无前的奋斗姿态，继续朝着实现中华民族伟大复兴的宏伟目标奋勇前进!”①

38年前，“六老汉”出于共产党人的奋斗本色，卷起铺盖卷，毫不犹豫挺进八步沙，风餐露宿，顶风披沙，埋头苦干。就这样啃着干馍馍，住着沙窝窝，盖着沙粒粒，百折不挠，苦干实干，一干就是一生，一干就是几代。奋斗从来都是艰苦的，关键是要有不低头、不认输的执拗劲。第一年，老汉们付出常人难以想象的艰辛造林1万亩，然而，在沙漠中种活一棵树比养活一个娃娃都难。第二年，开春如期而至的大风把超过一半的树苗刮没了。残酷的风沙并没有压垮、难倒老汉们，经过仔细观察、反复思索，他们总结出“一棵树、一把草，压住沙子防风掏”的治沙经验，造林面积一点一点扩大，希望之火越燃越旺。

生命不息，奋斗不止。“奋斗是长期的，前人栽树、后人乘凉，伟大事业需要几代人、十几代人、几十代人持续奋斗”。②“六老汉”约定，在他们走后，每家必须有一个继承人，把八步沙管下去。为了实现父辈的心愿，“六老汉”的后人们毅然放弃“铁饭碗”，接过父辈的铁锨，走进八步沙，走向更偏远更艰苦的黑岗沙、大槽沙、漠迷沙三大风沙口。“艰难困苦，玉汝

①习近平：《决胜全面建成小康社会 夺取新时代中国特色社会主义伟大胜利》，载《人民日报》2017-10-19。

②习近平：《在2018年春节团拜会上的讲话》，载《人民日报》2018-02-15。

于成。”三代治沙人以顽强拼搏的奋斗精神硬是把漫天黄沙变成了绿意盎然的沙漠观光林场，建起了生机勃勃的黄花滩生态移民区，在改造恶劣自然环境、实现美好生活的征途上继续奋勇前进。

五、推动社会变革方面，立足实际、锐意创新的精神

顺应时势的创新是人类社会发展进步的生命之所在，任何伟大的事业都需要在不断变革创新中持续推进。几十年来，“六老汉”在实践中不断摸索，立足实际改进治沙方法，紧跟时代步伐开创治沙富民新思路，不断拓展治沙事业的发展空间。

一开始并没有治沙经验，“六老汉”只能从“一步一叩首，一苗一瓢水”的土办法开始，慢慢摸索抵制风沙的经验。第二代治沙人创新应用“网格状双眉式”沙障结构，实行造林管护网格化管理。第三代治沙人运用“打草方格、细水滴灌、地膜覆盖”等新技术使治沙造林成效更上一层楼。“六老汉”的后人们不断开拓创新，已然形成与时俱进的科学治沙方式。

实践无止境，随着治沙成果的逐步扩大，第三代治沙人以治沙造林为依托，结合生态文明建设和脱贫攻坚的时代使命，在规模、技术、产业发展等多方面开展新的尝试。他们先后承包了国家重点生态工程等项目，承接了干武铁路等植被恢复工程。如今，八步沙治沙人不断开拓思路，敢想敢试，封沙育林几十万亩，确保过境公路铁路和西气东输、西油东送等国家能源建设大动脉畅通，开创了生态环境改善和脱贫致富双赢的崭新局面。毫无疑问，只要有坚持立足实际、锐意进取的创新精神，“六老汉”及其后人们治沙富民的道路将越走越宽广。

人无精神不立，国无精神不强。内涵深刻丰富的八步沙精神不仅是加强党性修养的鲜活资源，也是增强青少年思想政治教育实效性的生动素材，更是提振中华民族精神的宝贵财富。当前，全国人民在中国共产党的领导下正奋进在实现“两个一百年”奋斗目标和建设社会主义现代化强国的道路上。然而，中华民族伟大复兴，绝不是轻轻松松、敲锣打鼓就能实现的，我们要永葆奋斗精神，准备付出更加艰巨和艰苦的努力。为此，应当大力弘扬八步

沙精神，号召全体党员干部、社会各界以“六老汉”为榜样，深入学习八步沙精神，为促进全社会形成崇高道德理想、实现中华民族伟大复兴提供不竭的精神动力。

作者简介

刘亚妮，女，兰州大学马克思主义学院副教授，硕士生导师。

由八步沙精神引发的对提升新时代共产党人斗争精神和斗争本领的思考

◎ 王　旻

不忘初心，方得始终。中国共产党人追求梦想的步伐永远不会停歇，为人民谋幸福的初心永远不会改变，在推进中国特色社会主义伟大实践中将永远保持奋斗精神，永远保持对人民的赤子之心，始终把人民利益摆在至高无上的地位，以人民忧乐为忧乐，以人民甘苦为甘苦，踏踏实实为人民谋福利，努力为人民创造更美好、更幸福的生活。致力非凡之事业，定有非凡之担当、非凡之精神。习近平总书记指出：我们在工作中遇到的斗争是多方面的，改革发展稳定、内政外交国防、治党治国治军都需要发扬斗争精神、提高斗争本领。诸如在全面从严治党、坚持马克思主义在意识形态领域的指导地位、全面深化改革、推进供给侧结构性改革、推动高质量发展、消除金融领域隐患、保障和改善民生、打赢脱贫攻坚战、治理生态环境、应对重大自然灾害、全面依法治国、处理群体性事件、打击黑恶势力、维护国家安全等等方面，都需要提升斗争精神和斗争本领。

一、八步沙精神本质上就是斗争精神，弘扬八步沙精神就是发扬新时代中国共产党人的斗争精神

八步沙因行路难和对人类的威胁而得名；八步沙精神是“六老汉”及其后代顽强奋斗的精神写照。治沙，是人和岁月的较量。在治理八步沙的过程中，有四位老汉相继离世，在世的也慢慢干不动了，接下来怎么办？面对这个难题，六家人早就约定，无论多苦多累，每家必须有一个继承人，接着把八步沙管下去。“六老汉”，三代人，将治沙的接力棒手手相传，将绿色梦想铸成黄金信仰，将庄重誓言融入传世家风，把自己人生的精彩华章写在了八步沙，创造了八步沙精神。习近平总书记强调：造林绿化是功在当代、利在千秋的事业，要一年接着一年干，一代接着一代干。八步沙人坚信，“今天种活一棵树，明天就会种活千万棵树”。他们以再造秀美山川的非凡勇气，以功成不必在我的博大胸怀，一代又一代接续奋斗，终将不毛之地变成了绿色家园。治沙，是一场人与沙漠的斗争。要赢得这场斗争，不但要有迎难而上的决心和勇气，还必须吃得下常人难以想象的苦。当黄沙肆虐的时候，八步沙人抱着护庄稼、保饭碗的质朴愿望，扛起共产党员应有的担当，不畏恶劣环境，无惧艰苦劳作，默默地用生命和汗水抵抗风沙的侵蚀，浇灌出了葱葱绿荫，不仅保住了小家园，也守护了大家园。他们的朴素情怀、坚定信念、担当精神，点亮了治沙造林的希望之光，谱写了让沙漠披绿的生态壮歌。

社会是在矛盾中发展的，事业是在斗争中前进的，勇担使命、敢于作为，必须有顽强的斗争精神。正如马克思、恩格斯在《德意志意识形态》中所指出的，“实际上，而且对实践的唯物主义者即共产主义者来说，全部问题都在于使现存世界革命化，实际地反对并改变现存的事物。”斗争精神是马克思主义固有的理论品格，是马克思主义者的基本精神底色，是共产主义事业的生命力所在。敢于斗争、敢于担当是中国共产党人鲜明的精神标志和最具特色的精神品格，中国共产党领导中国人民从革命到建设、再到改革开放所取得的一切成就，可以说都是在斗争中取得的。“历史发展有其规律，

但人在其中不是完全消极被动的。”习近平多次强调共产党人在新时代面临新问题、处理新矛盾时要继承发扬斗争精神，加强斗争历练，增强斗争本领，永葆斗争精神，以“踏平坎坷成大道，斗罢艰险又出发”的顽强意志，应对好每一场重大风险挑战，切实把改革发展稳定各项工作做实做好。他指出：“我们党要团结带领人民有效应对重大挑战、抵御重大风险、克服重大阻力、解决重大矛盾，必须进行具有许多新的历史特点的伟大斗争。”“要培养斗争精神，始终保持共产党人敢于斗争的风骨、气节、操守、胆魄。”

习近平总书记2019年连续两次在中央党校中青班开班式上发表重要讲话强调，领导干部不论在哪个岗位、担任什么职务，都要勇于担当、攻坚克难，既当指挥员又当战斗员，培养和保持顽强的斗争精神、坚韧的斗争意志、高超的斗争本领。要经受严格的思想淬炼、政治历练、实践锻炼，发扬斗争精神，增强斗争本领，为实现“两个一百年”奋斗目标、实现中华民族伟大复兴的中国梦而顽强奋斗。习近平总书记还特别指出，领导干部要牢记空谈误国、实干兴邦的道理，坚持知行合一、真抓实干，做实干家。我们必须增强“四个意识”，坚定“四个自信”，做到“两个维护”，坚定斗争意志，当严峻形势和斗争任务摆在面前时，骨头要硬，敢于出击，敢战能胜。面对大是大非敢于亮剑，面对矛盾敢于迎难而上，面对危机敢于挺身而出，面对失误敢于承担责任，面对歪风邪气敢于坚决斗争，做疾风劲草，当烈火真金。我们要做起而行之的行动者、不做坐而论道的清谈客，当攻坚克难的奋斗者、不当怕见风雨的泥菩萨，在摸爬滚打中增长才干，在层层历练中积累经验。

历史是不断前进发展的，历史潮流浩浩荡荡，只有顺应历史潮流、积极应变、主动求变，不消极懈怠、不犹豫观望，高扬斗争精神、进取精神，与历史同步伐、与时代共命运，肩负起历史与时代赋予的使命和职责，才能与时代同行，赢得光明的未来。当前，面对正在发生深刻复杂变化的国内外形势，党员干部要以无私无畏的勇气和坚忍不拔的意志投入到具有许多新的历史特点的伟大斗争之中，面对风险危机要挺身而出，面对逆境挫折要愈战愈勇，面对问题矛盾要迎难而上，锤炼破解难题、化解风险的斗争本领，用攻坚克难、负重前行的实际行动诠释使命担当，把责任担当体现到每一个任务、每一个岗位、每一项职责上，战胜前进道路上的一切艰难险阻，汇聚起无坚不摧的磅礴力量，取得民族复兴“接力跑”中当代中国共产党人这一棒的优异成绩。

二、弘扬八步沙精神要进一步坚定理想信念，勇于迎接挑战，勇于开展自我革命

习近平总书记视察甘肃时深刻指出：“建设生态文明，关系人民福祉，关乎民族未来。”多年来，以“六老汉”三代人为代表的甘肃各族干部群众，依托三北防护林等生态工程，以护卫家园、勇挑重任的担当，以不畏艰难、实干苦干的拼搏，以矢志坚守、接续奋斗的韧劲，艰苦奋斗，锐意进取，为生态环境治理和构筑西部生态安全屏障作出了重要贡献。“幸福都是奋斗出来的。”前人栽树，后人乘凉，伟大事业需要几代人、十几代人、几十代人持续奋斗。甘肃发展正处于滚石上山、爬坡过坎的关键阶段，必须以负重前行、顽强拼搏的意志，以久久为功、一张蓝图绘到底的决心，以勇于探索、改革创新的精神，撸起袖子加油干，用勤劳的双手把自己的家园建设得更加美好。

在新时代，党员干部必须增强忧患意识、坚持问题导向，对照党中央统筹推进“五位一体”总体布局、协调推进“四个全面”战略布局的决策部署来省视自身，发扬刀刃向内的自我革命精神，以自我革命的勇气解决自身存在的突出问题，高标准、严要求找出自身在实际工作中的不足之处，同一切影响实现党中央决策部署的言行作坚决斗争，努力提升自我的先进性和纯洁性，为实现中央决策部署、实现“两个一百年”奋斗目标、实现中华民族伟大复兴不懈奋斗。

“有了‘绿’着的八步沙，才有‘活’着的黄花滩!”在多年的治沙实践中，八步沙的治沙人从最初探索“一棵树、一把草，压住沙子防风掏”的传统治沙办法，到创新应用“网格状双眉式”沙障结构，再到全面尝试“打草方格、细水滴灌、地膜覆盖”等新技术，从防沙治沙、植树造林到培育沙产

业、发展生态经济，因地制宜、勇于探索，以不服输的闯劲和拼劲，走出了一条“以农促林、以副养林、农林并举、科学发展”的路子。如今，八步沙人通过坚持科学治沙与科学管护相结合，使昔日黄沙漫天、环境恶劣的沙地贫困林场发展成为一个物种丰富、环境优美、生机盎然的沙漠林场。八步沙的兴衰再次证明，当人类粗暴掠夺自然时，自然的惩罚必然是无情的；当人类友好保护自然时，自然的回报常常是慷慨的。

回首我们党近百年来波澜壮阔的奋斗历程，从战争年代的“人民英雄”，到和平岁月的“建设标兵”，再到改革时期的“改革闯将”，涌现出无数像张思德、焦裕禄、雷锋、王进喜、孔繁森、吴天祥这样的先进模范，还有八步沙“六老汉”三代人这样的治沙造林先进群体，他们为了祖国和人民的事业前赴后继、无私奉献、奋勇拼搏，做出了很大贡献。1981年，为了遏制不断恶化的自然环境，作为三北防护林前沿阵地，古浪县着手治理荒漠，对八步沙试行“政府补贴、个人承包，谁治理、谁拥有”的政策。在改革开放初期，承包沙漠对于当地人来说是一件“破天荒”的大事，谁有勇气向茫茫沙漠发起挑战？关键时刻，在土门公社漪泉大队当主任的石满老汉站了出来，他说：“多少年了，都是沙赶着人跑。现在，我们要顶着沙进！治沙，算我一个！”紧接着，郭朝明、贺发林、张润元、罗元奎、程海也站了出来。六位老汉，四位共产党员，他们以联户承包方式，组建了八步沙林场。老汉们的想法很简单，不能都走了，一定要想方设法保住耕地和家园，再难也要试一试，不能让风沙这么轻易就侵占过来。“舍不得离开祖祖辈辈生活的地方啊，这可是我们自己的家和土地，自己不去管谁管？”1991年夏天，常年劳作在沙漠中的贺发林病倒了，他对儿子贺中强说：“我怕是不中了，但是治沙的事还得干下去。我没有给你留下什么，就那一摊子树，你好好看去吧。”临终前，躺在病床上的贺发林还想到八步沙去看看。贺中强套上毛驴车，拉着父亲来到八步沙。这时，梭梭、花棒已经开花。贺发林指着那片树林说：“干啥事都要费心用力，豁不出一头子是干不成事情的。你要好好把树种下去，要是树毁掉了，就是对不起我……”那一刻，抱着骨瘦如柴、病得不成样子的父亲，贺中强的泪水夺眶而出。那年冬天，贺发林走了。贺中强背着被褥，毫不犹豫地住进了八步沙。2018年底，八步沙第三代治沙人陈树君在网上看到有关公益组织发布的治沙项目后，及时与对方衔接，争取到1000多万元的公益治沙资金。同时，还联系到一些社会公益组织和志愿者到八步沙治沙造林。老一辈人说，从网络上争取社会力量参与治沙，这在以前想都不敢想。今天，在八步沙活跃着2000多名生态建设工人，有300多名治沙志愿者长期坚持义务治沙。八步沙的治沙力量越来越壮大！他们是先进典型、英雄模范和时代先锋，突出展现了共产党人“不忘初心、牢记使命”的高尚政治品格和崇高价值追求。

三、不断检视自我，自觉锤炼斗争本领

在新时代，党员干部应当经常沉下心来反思自己的不足、缺点和差距，才能有更大的成长提升空间，才能增强进取动力，才能不断激励斗争精神，增强斗争本领。党员干部要做到“择其善者而从之”，善于发现典型，学习典型，从中国共产党无数英雄模范和先进典型的成长轨迹中吸取营养，在对照中找差距，在行动上立标杆，从而永葆先进性。在前进的道路上，广大党员干部应当以八步沙治沙群体中的优秀共产党员为标杆，发扬当代愚公、“时代楷模”精神，用严格的尺子衡量自己，用更高的标准要求自己，要照好“典型的镜子”，要反思自己在服务群众、联系群众上与先进模范的差距与不足，要查找自己在思想、工作、作风等方面与先进模范的差距与不足，见贤思齐，争当先进，锐意进取，不断提高自身素质，以坚定理想信念，提高政治觉悟，坚守初心使命，为推进伟大事业、实现伟大梦想贡献自己的智慧和力量。

（一）筑牢思想根基，用党的创新理论武装自己

习近平总书记指出：理论上清醒，政治上才能坚定，斗争起来才有底气、才有力量。当前，一些干部尤其是年轻干部斗争准备不足，斗争意志不强，或看不见斗争，或遇不得斗争，碰到矛盾和问题就头脑发懵，软骨症、恐惧症、无能症都来了。不敢斗争、不愿斗争、不会斗争，说到底是党的创新理论武装不够，马克思主义看家本领不强，没能从中悟出信仰的味道、真

理的力量。恩格斯曾说："历史从哪里开始，思想进程也应当从哪里开始。"近代以来，中华民族从站起来、富起来到强起来的每一次奋起飞跃，都是马克思主义中国化成果引领斗争的结果。中国特色社会主义进入新时代，充满机遇，也必须准备进行具有许多新的历史特点的伟大斗争。在这一时代创立并不断丰富发展的习近平新时代中国特色社会主义思想，面对世界正在经历的百年未有之大变局，面对中国发展许多前所未有的困难和挑战，面对党内存在的突出问题，科学解答了时代之问、人民之问、世界之问，引领党和国家事业取得历史性成就、发生历史性变革，使世界范围内两种意识形态、两种社会制度的演进及较量，发生了有利于马克思主义、社会主义的深刻转变。领导干部要学懂、弄通、做实习近平新时代中国特色社会主义思想，联系国际共产主义运动史、中国共产党史、新中国史，在回看走过的路中，感悟这一思想对马克思主义的坚定信仰、对社会主义和共产主义的坚定信念，在比较别人的路中，感悟这一思想对人类发展重大问题的睿智思考和独特创见，在远眺前行的路中，感悟这一思想蕴含的辩证思维、战略思维、系统思维、历史思维、底线思维，虔诚而执着，至信而笃行，不当坐而论道的清谈客，不当怕见风雨的泥菩萨，防止只武装嘴巴、不改造灵魂、不付诸行动，一遇到矛盾和问题又回到老路上去。

（二）把准方向原则，在大是大非面前敢于亮剑

习近平总书记指出：共产党人的斗争是有方向、有立场、有原则的，大方向就是坚持中国共产党领导和我国社会主义制度不动摇；强调凡是危害中国共产党领导和我国社会主义制度的各种风险挑战，凡是危害我国主权、安全、发展利益的各种风险挑战，凡是危害我国核心利益和重大原则的各种风险挑战，凡是危害我国人民根本利益的各种风险挑战，凡是危害我国实现"两个一百年"奋斗目标、实现中华民族伟大复兴的各种风险挑战，只要来了，我们就必须进行坚决斗争，而且必须取得斗争胜利。这些重大原则问题丝毫没有妥协的余地。比如，必须牢牢把握意识形态领域主导权。当前，意识形态工作形势总体向上向好，但斗争会长期存在，马克思主义在有的领域中仍被边缘化、空泛化、标签化，西方敌对势力与我争夺阵地、争夺人心、

争夺“下一代”的斗争更加复杂严峻，这项工作我们不做、做不好，别人就会钻空子。历史和现实都告诉我们，思想舆论阵地一旦被突破，其他防线就很难守得住。正如马克思所言：“如果从观念上来考察，那么一定的意识形态的解体足以使整个时代覆灭。”面对这些重大斗争，领导干部决不能视而不见，决不能看轻了、看低了，更不能放弃斗争。在事关重大方向、立场、原则的问题上，头脑要特别清醒、立场要特别坚定，牢牢把握正确斗争方向，练就草摇叶响知鹿过、松风一起知虎来、一叶易色而知天下秋的见微知著能力，保持战斗的姿态、战士的担当，该出手时就出手，寸步不能让、寸地不能丢。

（三）培育自觉担当精神，在各种复杂斗争中敢战能胜

毛泽东同志曾指出：“什么叫工作？工作就是斗争。哪些地方有困难、有问题，需要我们去解决。我们是为着解决困难去工作、去斗争的。越是困难的地方越是要去，这才是好同志。”怎样成为好同志？习近平总书记指明了方向：坚持在重大斗争中磨砺，越是困难大、矛盾多的地方，越是形势严峻、情况复杂的时候，越能练胆魄、磨意志、长才干。斗争离我们不远，就在身边；斗争不是短期的而是长期的，至少要伴随我们实现第二个百年奋斗目标全过程；斗争是具体的，打好三大攻坚战，贯彻新发展理念，深化供给侧结构性改革，反腐败，克服形式主义、官僚主义，都是斗争。特别是听从组织召唤，到困难大、矛盾多的地方去工作，与那里的群众一块苦、一块干，更能检验对党的忠诚心、对人民的感恩心、对事业的进取心，需要自我斗争。恩格斯说：“要担任领导职务还需要熟悉党的斗争条件，掌握这种斗争的方式，具备久经考验的耿耿忠心和坚强性格，最后还必须自愿地把自己列入战士的行列中。”把职位当官位，越干越累；把职务当平台，在带领人民群众解决一个个矛盾问题中推动事业前进，越干越有劲。当党的干部，就要苦心志、劳筋骨，总想当“太平官”、开“顺风船”、过舒坦日子、搞自我设计，都不应在战士之列。领导干部要始终战斗在斗争前沿，主动担责，敢于扛事、愿意做事，干好每件事；主动担难，啃最硬的骨头、接烫手的山芋，多当几回“热锅上的蚂蚁”；主动担险，关键时刻挺身而出、冲上一线，

危急关口豁得出来、顶得上去。

“人才自古要养成，放使干霄战风雨。”生逢伟大的时代，领导干部要保持昂扬的斗争精神，把握斗争规律，讲究斗争艺术，增强斗争本领，善于抓住主要矛盾，把握时机分寸，紧紧依靠人民，通过夺取一个个伟大斗争胜利，在建设伟大工程、推进伟大事业、实现伟大梦想中，交出无愧于党、无愧于人民、无愧于时代的答卷。

作者简介

王旻，男，中共甘肃省委党校（甘肃行政学院）副教授，《甘肃理论学刊》副主编、《甘肃党校》（报）副总编辑。

八步沙精神的内涵及时代价值

◎ 彭舸珺　刘亚琴

八步沙林场位于腾格里沙漠的南缘，曾是甘肃省古浪县最大的风沙口，基本无常住人口。过去八步沙的沙丘每年以10米的速度向南推移，严重影响和威胁着当地人民的生活生产。1981年，当地的六位老汉毅然在沙漠承包合同书上摁下红手印，立志改变生存现状，治理沙漠，用“愚公精神”谱写了生命奇迹，深刻诠释了“绿水青山就是金山银山”的发展理念。

一、八步沙精神的产生背景

38年前的八步沙，黄沙漫天，环境恶劣。“一夜北风沙骑墙，早上起来驴上房”是曾经八步沙的真实写照。1981年冬，饱受风沙摧残的“六老汉”——石满、张润元、郭朝明、罗文奎、程海、贺发林以联户承包方式造林封沙，治理沙害。在艰苦的环境中一步一步创新、一步一步发展，打机井、种作物，走出了一条“以农促林、以副养林、以林治沙，农林牧副多业并举”的发展新路子。到了2003年，在两代治沙人的不懈努力下，7.5万亩沙漠的治理任务完成，创造出了沙漠治理的绿色奇迹，让昔日的不毛之地焕发出了盎然生机。风沙不止，精神不灭。如今，八步沙的第三代治沙人依旧守候在前人开拓的土地上，八步沙再次见证了陇原儿女面对恶劣生态环境不屈不挠、久久为功、勇于担当的顽强精神。

二、八步沙精神的内涵

八步沙精神是指在甘肃省古浪县八步沙林场，"六老汉"三代人用毕生精力甚至生命治沙造林，为把沙漠变绿洲的不屈不挠、艰苦奋斗的当代愚公精神，也是他们用实际行动践行绿色可持续发展和生态文明建设理念的崇高精神。2019年8月19日至22日，习近平总书记视察甘肃，在八步沙林场，习近平总书记拿起开沟犁同林场职工一起劳动。在劳动过程中，习近平总书记对他们说：八步沙"六老汉"的精神已经感动了千千万万人，新时代我们更需要这种不畏困难、坚持奋斗的当代愚公，激励更多的人投身生态文明建设，持续用力，久久为功，为建设美丽中国而奋斗。

八步沙精神是关键时刻发挥党员先锋模范作用，党员带头冲锋陷阵的斗争精神。当古浪县的个人承包开始试行时，作为共产党员的石满老汉第一个站出来响应政策，他说："多少年了，都是沙赶着人跑，现在我们得想办法治住它，决不能眼睁睁看着村民让风沙困死，决不能把世代生活的家园让给黄沙。治理风沙，我们共产党员不带头，让谁来干！"有了这个带头人，紧接着张润元、郭朝明、罗文奎、程海、贺发林几个老汉也相继加入了治沙造林的队伍。正是因为石满老汉的带头行动，其他老汉的积极响应参与，才让这偌大一片荒漠在三十几年的治理下变成了绿洲。

八步沙精神是面对困难时不屈不挠、勇于担当的顽强精神。在三代治沙人造林治沙的过程中困难重重，从开始的环境艰苦、树苗存活率低到后来的病痛缠身、林场面临破产倒闭，三代治沙人始终没有退缩，反而在困难和失败中越挫越勇，承担重任，终于在38年后的今天，让八步沙焕发出盎然生机。

八步沙精神是践行生态优先绿色发展理念，不计回报、勇于付出的奉献精神。38年前，漫天黄沙、寸草不生的八步沙严重困扰着当地人民，但八步沙林场的治沙人"六老汉"始终听从党的召唤和指引，在"黄沙遮天日，飞鸟无栖树”的荒漠沙地上艰苦奋斗、无私奉献，创造了荒漠变绿洲的奇迹，用实际行动响应国家号召，诠释了“绿水青山就是金山银山”的理念，铸就了牢记使命、艰苦奋斗、绿色发展的八步沙精神。

三、八步沙精神的时代价值

38年如一日，“六老汉”及其传承者们用实际行动改变了八步沙的面貌，也把艰苦奋斗、甘于奉献、不忘初心的当代愚公精神发扬光大，更是身体力行地践行着“生态优先绿色发展”的理念，真正做到了精神文明和生态文明的统一。

精神文明建设的基本要求。八步沙精神有益于新时代精神文明建设，更好地弘扬和传承时代楷模精神。八步沙精神已经家喻户晓，人们都备受感动。中国特色社会主义是物质文明和精神文明全面发展的社会主义。一个没有精神力量的民族难以自立自强，一项没有文化支撑的事业难以持续长久。要向广大青年大力弘扬八步沙精神，把前人坚持的艰苦奋斗、不忘初心、勇于承担、甘于奉献等当代愚公精神扩大宣传，加强思想道德建设，营造良好的社会风气，向“六老汉”这样的“时代楷模”看齐，实现个人价值与社会价值的统一。

生态文明建设的迫切呼唤。生态文明是人类社会进步的重大成果，是实现人与自然和谐共生的必然要求。习近平总书记指出，建设生态文明是关系人民福祉、关乎民族未来的千年大计，是实现中华民族伟大复兴的重要战略任务。八步沙“六老汉”三代人用实际行动阐释了绿水青山和金山银山绝不是对立的，一切关键在人、在思路。他们通过多年的摸索创新，探索出一条生态脱贫的新路子，让环境恶劣、经济贫困的八步沙的荒漠活了起来，让荒漠变绿洲，让资源变资产，让农民变股东，让绿水青山变金山银山。八步沙践行的“生态优先绿色发展”理念，很好地改善了人民群众的生活环境，顺应了人民群众对优美生态环境的新期待，为构筑西部生态安全屏障作出了重大贡献。

作者简介

彭舸珺，女，兰州大学马克思主义学院副教授，硕士生导师。

八步沙精神的丰富意蕴和时代启示

◎ 万积平

2019年8月21日，习近平总书记视察八步沙林场时强调："要弘扬'六老汉'困难面前不低头、敢把沙漠变绿洲的奋斗精神，激励人们投身生态文明建设，持续用力，久久为功，为建设美丽中国而奋斗。"38年来，"六老汉"三代人几十年如一日，创造了荒漠变绿洲的奇迹，也形成了伟大的八步沙精神，为甘肃（武威）的绿色崛起注入了强劲动力。作为理论工作者，我们应该深入研究和阐释八步沙精神的内涵和价值，讲好甘肃（武威）绿色发展故事，为加快建设幸福美好新甘肃贡献力量。

一、八步沙精神形成的时代背景

（一）改革开放是八步沙精神形成的历史条件

任何一种精神的形成都有其特殊的历史渊源和条件，总是在一定的时间和空间内孕育和展开的，八步沙精神也不例外。八步沙林场成立于1981年，是由当时平均年龄为49.5岁的六个老汉为了响应国家"三北"防护林工程项目建设，为了治理沙漠保护家园，以联户承包的形式组建的集体林场。"仓廪实而知礼节，衣食足而知荣辱”，虽然当地早在1969年就已经开始了治沙造林，但在吃大锅饭的人民公社时期，很多人温饱问题尚未解决，当地群众的口粮还需要国家救济，所以当时治沙效果并不理想，树木的成活率不高，存在“年年植树年年死，年年老地方挖窝窝”的现象。直到1978年改革开放的一声春雷炸响以后，人民公社退出了历史舞台，农村的经济体制改革才逐步展开，特别是农村的家庭联产承包责任制逐渐由群众的自发性探索变为政府的政策引导，正是在这样的改革浪潮之中，在这样新的宏观政策引导之下，才有了八步沙的六个老汉来联户承包治理沙漠。习近平总书记指出：“我们党作出实行改革开放的历史性决策，是基于对党和国家前途命运的深刻把握，是基于对社会主义革命和建设实践的深刻总结，是基于对时代潮流的深刻洞察，是基于对人民群众期盼和需要的深刻体悟。”毋庸置疑，如果没有党的十一届三中全会，没有当时的农村经济体制改革，没有国家的“三北”防护林工程项目支撑，肯定就不会有当时的八步沙林场，更不会形成今天的八步沙精神。

（二）甘肃地域文化是八步沙精神形成的思想基础

马克思曾指出：“人们自己创造自己的历史，但是他们并不是随心所欲地创造，并不是在他们自己选定的条件下创造，而是在直接碰到的、既定的、从过去继承下来的条件下创造。”因此，八步沙精神的形成也具有很强的历史继承性。甘肃作为一个历史悠久的省份，文化底蕴非常深厚，虽然自然条件较差，长期以“苦瘠甲天下”著称，但也最终造就了独特的以“人一之、我十之，人十之、我百之”为核心的甘肃精神。八步沙“六老汉”三代人也正是在这一精神的熏陶和感召之下，最终形成了八步沙精神。可以说，八步沙精神是对甘肃精神的继承和发展，也是对甘肃精神的一种地方化和具体化体现。同时，八步沙精神形成于古浪县，古浪县属于甘肃省23个深度贫困县和甘肃中部18个干旱县之一，在全省属于“贫中之贫、困中之困”地区。因此，长期以来当地人民群众经历了更多的艰辛与苦难，同时也造就了当地人民群众更顽强的意志和斗志。另外，八步沙精神还形成于土门镇一带，历史上土门乃汉魏揟次县故地，位处腾格里大漠边缘，是河西走廊之东大门，丝绸之路之重镇。数千年来，历经西戎、月氏、匈奴、党项等部族之争夺与割据，干戈频繁，烽烟不息，乃兵家必争之地。传说中有很多“铁脚僧”曾在土门一带习武修炼，因此直至今天，土门一带群众比较崇尚武风，骨子里有一种遇事不服输的拼劲、韧劲和闯劲。因此，这些独特的地域文化与个性都为八步沙精神的形成提供了各种思想保障。

（三）生态文明建设是八步沙精神形成的根本指引

习近平总书记多次强调，生态文明的建设是关系到我们中华民族永续发展的根本大计，良好的生态环境是我们人类文明存在和发展的前提和基础。中国是世界上荒漠化面积最大，受风沙危害比较严重的国家。1978年，党中央为了改善“三北”地区的生态环境，开始启动了“三北”防护林工程项目，规划实施73年。在此项目实施的过程中，我们党对生态文明的认识也在逐步深化，并且越来越重视，推出了一系列改革措施。2007年，生态文明建设第一次出现在党代会报告中。十八大以来，我们党对生态文明的重视程度前所未有，将它作为统筹推进“五位一体”总体布局和协调推进“四个全面”战略布局的重要内容，分别在之后的十八届三中、四中、五中全会进行了相关布局。2017年，党的十九大又将生态文明建设上升为新时代中国特色社会主义的重要组成部分。习近平总书记指出：当前我国“生态文明建设正处于压力叠加、负重前行的关键期，已进入提供更多优质生态产品以满足人民日益增长的优美生态环境需要的攻坚期，也到了有条件有能力解决生态环境突出问题的窗口期”。因此，当前生态文明建设亟须进一步与经济、政治、文化和社会等内容进行深度融合，形成相互支撑、相互促进的良好局面，特别是要与文化建设融合，形成全社会崇尚生态文明建设的“最大公约数”。十八大以来，党中央也通过各种形式的宣传教育以及组织中国生态文明奖、绿色年度人物评选与表彰等方式，引导和激励了更多单位和个人参与生态文明建设。因此，八步沙林场“六老汉”三代人治沙造林先进群体被授予“时代楷模”“最美奋斗者”等称号，这不仅是对他们成绩和精神的肯定，更是当前我们这个时代发展的需要。

二、八步沙精神的丰富意蕴

（一）坚守初心、为民谋福是八步沙精神之源

初心是指做某件事最初的愿望和最初的原因。1981年，“六老汉”组建八步沙林场的目的简单而朴实，就是为了治理沙漠、保护家园，不再让父老乡亲们背井离乡。在建立林场之初，“六老汉”也曾遭受到外界的各种质疑、嘲笑、讽刺和挖苦，甚至也遭到家人的反对和不理解，但是即便这样都没有动摇“六老汉”的信心和决心，他们还是毅然决然地背着铺盖、拿着铁锨、赶着毛驴住进了沙漠，这一干就再也没回头，直到生命的最后一刻。当年，石满老汉第一个站出来响应当地政府的号召，他特意讲道：“多少年了，都是沙赶着人跑。现在我们要顶着沙进。治沙，算我一个。”石满老人在八步沙治沙造林11年，由51岁干到了62岁，1992年去世。临终前，石满老汉仍然坚守初心，给子女提的唯一要求，就是要把自己葬在八步沙，他要看着后人好好治理八步沙。贺发林老人临终前也是不忘当初誓言，病倒后对儿子贺中强说：“我怕是不中了，但是治沙的事还得干下去。我没有给你留下什么，就那一摊子树，你好好看去吧。”贺发林老人在八步沙治沙造林10年，由56岁干到了66岁，1991年去世。可见，第一代人“言必信，行必果”，做到了在生命最后一刻初心不改。到了第二代人，林场在发展的过程中也曾遭遇到前所未有的困难和处境，林场一度处于破产倒闭的境地，林场职工生计无法得到维持，但是面对父辈留下的“经济林”，他们不为所动，仍然坚守父辈遗愿，未曾砍伐一棵树来补贴林场，同时还将带动周边群众一起致富为己任。到了第三代人，作为“90后”，他们不为各种诱惑所动，甘愿放弃城市人的生活，依然将自己的青春时光献给了治沙事业。可以说，三代人38年来，初心未改，做到了“任凭风浪起，稳坐钓鱼台”，始终体现着一种坚守初心、为民谋福的精神本质。

（二）保护生态、绿色发展是八步沙精神之本

绿色是大自然的底色，更是我们美好生活的愿景。习近平总书记明确指出：“良好生态环境是最公平的公共产品，是最普惠的民生福祉。对人的生

存来说，金山银山固然重要，但绿水青山是人民幸福生活的重要内容，是金钱不能代替的。”八步沙地处腾格里沙漠南缘，是古浪县北部的一个风沙口。百年以前，这里的沙口子只有“八步宽”，所以叫作八步沙。但是，随着气候的变化和后期人为破坏，到20世纪六七十年代，八步沙已变得黄沙漫天、寸草不生，沙丘每年以7.5米的速度向南推移，严重侵蚀着周边的农田和村庄，一方水土变得再也不能养一方人，当地很多群众开始逃荒到新疆、内蒙古和宁夏等地。为了治理沙漠，从1981年开始，林场第一代人和第二代人通过20多年的努力，在八步沙植树造林4万多亩，栽植各类沙生苗木1000多万株，八步沙得到了彻底治理，周边10多万亩农田得到保护，亘古荒漠呈现一片绿洲。2000年起，林场第二代治沙人再接再厉，继续又向古浪县北部沙区沙害最为严重的黑岗沙、大槽沙、漠迷沙进发，通过10多年的时间，累计在区域完成治沙造林6.4万亩，栽植各类沙生苗木2000多万株。2015年，八步沙林场第二代和第三代人又跨区承包实施了甘蒙边界古浪段麻黄塘治沙环路沿线15.6万亩封禁保护区的管护任务，完成工程治沙造林2万多亩，栽植树木近千万株。2018年，林场又流转土地12500亩发展沙产业，其中梭梭嫁接肉苁蓉5000亩，枸杞和红枣7500亩。2019年，林场又承包治理甘蒙边界山水林田湖项目工程治沙2680亩，十二道沟东侧承包植被恢复1500亩，补植补造11000亩，防沙治沙工程10000亩。可以看出，林场三代人38年，始终在与黄沙做斗争，体现着一种保护生态、绿色发展的精神，是典型的“两山”理论践行者。

（三）群众首创、科学治沙是八步沙精神之基

习近平总书记多次强调：“人民是历史的创造者，群众是真正的英雄，人民群众是我们力量的源泉，要尊重群众的首创精神。”建立林场之初，对于“六老汉”来讲，栽种树苗毫无任何经验可循，只能采用“一步一叩首，一苗一瓢水”的原始方法，而他们的治沙工具又显得极其简陋，仅有一头毛驴、一个大水桶和几把铁锨。第一年，他们造林1万亩，完全是处于一种探索和摸索的阶段，结果第二年六七成的树苗全被刮走。“六老汉”发现那些没有被刮走的小树苗周围或多或少有点草，在有草的地方小树苗子奇迹般的

活了下来，所以他们就想，如果种一棵树，然后周围再放一把草，效果是不是会好一点，最后他们成功探索出了“一棵树、一把草，压住沙子防风掏”的办法；同时，他们还发现，沙漠里治沙要有技巧，就是要“先治窝，再治坡，后治梁”的这种办法，效果非常好。对于第一代人而言，他们是在劳动和实践的过程中，摸透了沙漠的脾性，创造和探索出了一套科学治沙的办法。到了第二代人，治沙条件有所改善，在当地林业部门的指导下，他们又运用了“网状格双眉式”的治沙办法，实行造林管护网格化管理。同时，他们还为了破解林场发展的困境，探索出了一条“以农促林、以副养林、农林并举、科学发展”的新路子，并采取“出工记账，折价入股，按股分红”的办法，在封育区内新打机井1眼，架通农电线路2公里，衬砌节水渠道3000米，平地500亩，种植各类经济作物400亩、苗圃100亩。这一举措也为林场的可持续发展奠定了坚实的经济基础。到第三代人的时候，治沙条件不断改善，各种机械装备都有了，他们又在父辈的基础上不断探索，最终探索出了“打草方格、细水滴管、地膜覆盖”等新方法、新技术，甚至开始实行互联网治沙新模式。2018年底争取到网络公益治沙资金1000多万元，彻底打破了时间和空间的限制。从这些方面来看，三代人还传承着一种群众首创、不甘落后、勇于探索、唯实创新、科学治沙的精神。

（四）甘当愚公、接续奋斗是八步沙精神之魂

愚公移山的故事寓意深刻，众人皆知，表明我们在困难挫折面前不能轻言放弃，要有敢于战胜困难的信心和决心。1945年，毛泽东在中共七大闭幕式上，发表了题为《愚公移山》的演讲，并把帝国主义和封建主义比作两座大山，号召共产党人要以愚公移山的精神，下定决心，不怕牺牲，排除万难，去争取最后的胜利。1981年，八步沙林场成立之初，“六老汉”就相互约定，无论治沙条件有多艰苦，六家人每家必须要有一个继承人，要把八步沙管护下去。现在第一代治沙人只剩下程海和张润元两位老人还在世，贺老汉在1991年去世，石老汉在1992年去世，郭老汉在2005年去世，罗老汉在2017年去世。目前，程海老人（程海2020年1月20日去世）已有83岁高龄，张润元老人也已77岁。当年，当第一代人都干不动的时候，他们的儿子和女

婿又陆续接了上来，成为八步沙的第二代治沙人。30多年又一晃而过，第二代治沙人也在慢慢变老，目前第二代治沙人中年龄最大的郭万刚已有67岁，他于1982年接过治沙棒，最小的罗兴全也有47岁，他于2002年接过治沙棒。为了能够继承先辈的遗愿，2016年，郭老汉的孙子、郭万刚的侄子郭玺又成为了第三代治沙人，并且后来还有大学生陈树君和董涛树也加入其中。可以看出，这三代人传承的不仅是治沙造林、绿色发展的理念，更是一种“虽我之死，有子存焉；子又生孙，孙又生子；子又有子，子又有孙”的愚公精神。进入新时代，习近平总书记也多次强调，我们要学习和弘扬愚公精神，他提出：“新长征路上，每一个中国人都是主角、都有一份责任。让我们大力弘扬愚公移山精神，大力弘扬将革命进行到底精神，在中国和世界进步的历史潮流中，坚定不移把我们的事业不断推向前进，直至光辉的彼岸。”可以说，这种矢志坚守、接续奋斗的愚公精神是整个八步沙精神的灵魂和核心。

三、八步沙精神的时代启示

（一）党的领导是生态文明建设的根本保障

习近平总书记指出：“党政军民学，东西南北中，党是领导一切的。”马克思在《1844年经济学哲学手稿》中指出：“这种共产主义，作为完成了的自然主义，等于人道主义，而作为完成了的人道主义，等于自然主义，它是人和自然界之间、人和人之间的矛盾的真正解决。”因此，建设生态文明其实就是在向我们党的最高理想和最终目标迈进，生态文明的建设也必然离不开共产党的领导。八步沙林场发展到今天，在取得了经济效益和生态效益双赢的同时，还形成了伟大的八步沙精神，这不仅是“六老汉”三代人艰苦奋斗的结果，也是我们党政策扶持和培育的结果，得益于我们党对生态文明建设工作的高度重视。习近平总书记也强调：“荒漠化防治是人类功在当代、利在千秋的伟大事业。中国历来高度重视荒漠化防治工作，取得了显著成就，为推进美丽中国建设作出了积极贡献，为国际社会治理生态环境提供了中国经验。”同时，八步沙林场能取得今天的成就，还在于习近平生态文明思想的指引，最终找到了一条人与自然和谐相处、经济发展与生态保护协同推进的可持续发展道路，让“沙漠荒山”变成了“绿水青山”，让“绿水青山”带来了“金山银山”。38年来，八步沙林场“六老汉”三代人的治沙实践也充分证明，党的领导是生态文明建设的根本保障，只要加强党对生态文明建设的领导，美丽中国的目标就会更进一步。

（二）生态文明建设必须要坚持走群众路线

“一切为了群众，一切依靠群众，从群众中来，到群众中去”的群众路线是我们党的根本工作路线，是我们党在长期革命和建设中制胜的法宝。马克思、恩格斯在《神圣家族》中也指出：“历史活动是群众的活动，随着历史活动的深入，必将是群众队伍的扩大。”这就从根本上决定了人民群众在无产阶级事业中的核心地位，离开人民群众的参与，我们党的事业将无法继续、社会主义理想也将无法实现。因此，生态文明建设同样离不开人民群众的直接参与和支持，生态文明是人民群众共同参与、共同建设、共同享有的事业。习近平总书记也明确指出：“环境就是民生，青山就是美丽，蓝天也是幸福。”“人民对美好生活的向往，就是我们的奋斗目标。”所以，对于沙区群众而言，他们不仅是防沙治沙工程的直接受益者，更是治沙造林的主体和关键力量。1981年，古浪县林业局和土门镇政府为了改善当地的生态环境，让当地群众生活有盼头，结束“沙逼人退”的历史，他们充分依靠群众，积极发动群众，坚持走群众路线，提出了“政府补贴，个人承包，谁治理，谁拥有”的政策，把八步沙作为试点向社会推出，最终得到了当地群众——“六老汉”的响应。通过这种方式，当地政府一方面弥补了防沙治沙资金不足的问题；另一方面，还让沙区群众积极主动投身到当地的防沙治沙事业中，使沙区群众充分认识到防沙治沙事业的艰辛与不易，从而更加珍惜自己的劳动成果，从内心深处更加爱护当地的生态环境。38年来，“六老汉”三代人也带动了周边更多的群众参与到防沙治沙事业中，累计治沙造林21.7万亩，管护封沙育林草37.6万亩，将风沙线向后推移了10千米至20千米。八步沙林场的成功实践也证明，生态文明建设离不开人民群众的参与和支持，生态文明建设必须要坚持走群众路线。

（三）党员干部是生态文明建设的排头兵

《中国共产党章程》明确指出："中国共产党党员是中国工人阶级的有共产主义觉悟的先锋战士。"因此，发挥党员先锋模范作用，是由我们党的性质和宗旨决定的，不仅是党员的权利，更是每个党员的责任和义务。生态文明建设作为党的一项政治任务，更需要党员干部发挥先锋模范引领作用。对于八步沙林场而言，当年当地政府提出治理八步沙的倡议后，刚开始几乎无人响应，因为面对寸草不生的沙漠，治理它谈何容易。关键时刻，共产党员石满老汉第一个站出来响应，全力支持当地政府。他随后还带动了其他几名共产党员郭朝明、贺发林、张润元，最终组建了林场。在1981年，虽然不是战火纷飞的年代，没有生死离别的考验，但是面对一项几乎"不可能完成的任务"，以石满老汉为代表的党员干部能够挺身而出，舍小家为大家，显示出了共产党人的先锋模范引领作用。即便在之后的漫长治沙道路中，以共产党员为代表的第一代治沙人始终不畏艰难，勇战八步沙，住地窝铺、喝凉水、吃干炒面，为第二代和第三代治沙人治沙树立了榜样。习近平总书记视察八步沙林场时强调："任何事业都离不开共产党员的先锋模范作用。只要共产党员首先站出来、敢于冲上去，就能把群众带动起来、凝聚起来、组织起来，打开一片天地，干出一番事业。"八步沙林场38年来取得的成绩，靠的正是以共产党员为骨干的三代人，忠于使命、信守誓言，扎根荒漠、压沙造林，用生命和汗水成功击退了风沙的侵蚀，创造了荒漠变绿洲的奇迹。作为党员干部，我们不仅要讲好八步沙的故事，更好弘扬好八步沙精神，当好生态文明建设的排头兵。

（四）建设生态文明必须要持续用力久久为功

习近平总书记强调："在生态环境保护建设上，一定要树立大局观、长远观、整体观，坚持节约资源和保护环境的基本国策，像保护眼睛一样保护生态环境，像对待生命一样对待生态环境，推动形成绿色发展方式和生活方式。"

对于甘肃而言，长期以来受荒漠化危害比较严重，荒漠化土地面积占到全省总面积的45.8%。武威市荒漠化和沙漠化面积占全市总面积的66%和

46%。古浪县是全国荒漠化重点监测县，风沙线长达132千米，沙漠化土地面积达239.8万亩，约占全县总面积的1/3。显而易见，甘肃的防沙治沙工作任重道远。八步沙林场38年的治沙实践也证明，生态文明建设是一项长期而艰巨的任务，不可能一蹴而就，立竿见影，必须要遵循自然规律和经济社会发展规律。对于荣获“地球卫士奖”的塞罕坝机械林场也是一样，林场老中青三代人用55年的时间，才将荒原变林海。“六老汉”第一代人和第二代人治理八步沙用了20多年时间，才将荒漠变绿洲，实属不易，但是7.5万亩的八步沙对于6400多万亩的腾格里沙漠而言，这只能算是迈出了长征的第一步，前面还有许多的“娄山关”和“腊子口”需要八步沙人去征服。另外，生态文明建设也不仅仅局限在生态保护，生态保护不是生态文明建设的全部，生态文明建设还涉及经济、政治、文化、社会等方方面面的相关内容，如果说生态修复和生态保护属于“硬件”建设，那么生态文化、生态产业等就属于“软件”建设。众所周知，文化的普及和教育又是一个极其漫长的过程，特别是对沙区贫困群众而言，他们对生态建设和环境保护的认识，与他们物质生活条件的不断改善是分不开的，因此这就需要生态产业来支撑，而产业的培育又不可能在短期内培育和形成，同时还要承受市场风险等。一言以蔽之，生态文明建设需要持续用力、久久为功，要做好打“攻坚战”和“持久战”的准备。

（五）建设生态文明必须要发扬斗争精神

习近平总书记强调：“斗争是一门艺术，要善于斗争。当前和今后一个时期，我国发展进入各种风险挑战不断积累甚至集中显露的时期，面临的重大斗争不会少，经济、政治、文化、社会、生态文明建设等方面都有，而且越来越复杂。”总书记还指出：“建设生态文明是一场涉及生产方式、生活方式、思维方式和价值观念的革命性变革。”因此，建设生态文明必须要发扬斗争精神。纵观八步沙林场“六老汉”三代人38年的治沙历程来看，38年来，“六老汉”三代人始终处于斗争状态，他们一直在与黄沙做斗争，从最初的“沙逼人退”的处境斗争到了现在“人进沙退”的良好局面，蕴含的是一种“黄沙不退人不退，草木不活人不走”的斗争精神。同时，当年第一代人也曾与“闲言碎语”“讥笑讽刺”作过斗争，与“不懂技术毫无经验”作过斗争，与“病虫害”作过斗争，与“肝硬化”作过斗争，可以说第一代人始终处于斗争的状态。第二代人也曾与“接班与不接班”作过斗争，与“意外伤害”作过斗争，与“偷盗伐木者”作过斗争，与“林场资金短缺”作过斗争，与“解散与不解散”作过斗争。第三代人也与曾有“城市诱惑”作过斗争，与“留与不留”作过斗争，与“别人异样的眼光”作过斗争，与“因循守旧”作过斗争。38年来，“六老汉”三代人在斗争中不仅磨炼了治沙的意志，更锻造了治沙的本领。八步沙林场的治沙实践也证明，建设生态文明必须要发扬斗争精神，只有敢于斗争、善于斗争，才能在生态文明建设中把牢方向，做到“不畏浮云遮望眼”，“乱云飞渡仍从容”。

作者简介

万积平，男，中共武威市委党校（市行政学院）教务处副主任，讲师。

浅析八步沙精神的文化内蕴及时代价值

◎吕　倩

一、八步沙精神的文化内蕴

中华文化古老而深远，优秀的中华传统文化是中华民族的灵魂。从八步沙“六老汉”三代人身上以及他们治沙的历史中，我们切实感受到了中国优秀传统文化的气息与魅力。

（一）展现了“道法自然”“天人合一”的生态文明智慧

“道法自然”是《道德经》里的一句话，体现的是道家哲学的核心思想。其原文为“人法地，地法天，天法道，道法自然”，意思是人取法于地，地取法于天，天取法于道，而道是终极的，它自己取法于自己。道家认为道是万物之宗，是世间万物变化的规律，体现着自然界的和谐。“天人合一”思想代表了中国古代最初的宇宙观。儒、释、道三家“天人合一”思想起源各不相同，形成的现实基础亦不相同，但是他们在人的关系、自然法则、天人关系协调方面的解读基本一致。“天”代表道、真理、规律和法则，“天人合一”就是与先天本性相合，回归大道，归根复命。“天人合一”不仅仅是一种思想，也是一种状态。“道法自然”“天人合一”是我国传统哲学的重要思想。

习近平总书记多次强调：“绿水青山就是金山银山”“保护环境就是保护生产力”。1993年，武威市古浪县罕见的特大沙尘暴不仅损坏了人民群众的家园、造成了严重的财产损失，而且吞噬了很多人的生命。这警示人们应该遵循“天人合一”“道法自然”的理念，寻求永续发展之路。“六老汉”三代人治理八步沙就是坚持自然法则，还原八步沙植被，与沙漠抗衡，为子孙后代造福。这正是“道法自然”“天人合一”传统哲学思想的状态，达到天与人共生、共存和协调发展的美好境界。

（二）展现了中华民族自强不息的进取精神

《周易》一书从尊崇天道的角度出发，肯定和弘扬了自强不息的进取精神。《周易·乾·象》中提出：“天行健，君子以自强不息。”“健”是在这里是运行不息的意思，天道在不息地轮回，昼夜交替不待、四季轮回不停歇，君子更应该孜孜不倦，不断求取上进。自强不息是中华民族绵延发展、传承不断的精神支柱，是在中华大地特有的地理特征、自然气候、人文环境下所形成的进取精神。一个国家要想强盛，必须要有自强不息的精神。自强不息的精神主要是不畏强权、不畏艰险、以天下为己任的浩然情怀和苟日新、日日新的开拓创新的精神，展现了中华民族共同的价值追求与民族特色。

八步沙是绿色中国践行之地，八步沙精神是一个时代的标志。八步沙三代治沙人是习近平“绿水青山就是金山银山”生态文明思想的践行者，是荒漠变绿洲的接续奋斗者，是弘扬“人一之、我十之，人十之、我百之”甘肃精神的典型代表，是坚持走生态优先、绿色发展之路的生动范例。1981年，时任甘肃省委第一书记的宋平同志首次提出以“人一之、我十之，人十之、我百之”为核心的甘肃精神，激励了一代又一代陇原儿女。2007年4月，中国共产党甘肃省第十一次代表大会的报告中明确提出：“在长期同严酷自然环境的不屈抗争中，在革命、建设和改革发展的伟大实践中，造就了陇原儿女独特的精神风貌，形成了‘人一之、我十之，人十之、我百之’为核心的甘肃精神。”

纵观八步沙三代人治沙的历程，我们发现正是植根在中国人内心的优秀传统文化的基因，潜移默化地影响着他们的思想和行为。在三代治沙人的背后，我们看到的是自强不息、勇于担当、坚持信念的精神力量。他们在治沙的道路上怀抱家国情怀，怀抱不让子孙后代不被沙漠吞噬的执着信念，共同谱写了一个时代的治沙精神，体现了中华民族优秀文化中的自强不息的精神。

（三）体现了中华民族淳朴勤劳的道德品质

勤劳是中国人最优秀的品质之一，“勤”和“劳”在哲学上是辩证统一的。《说文》释：“勤，劳也。”《尔雅·释诂上》说：“劳，勤也。”因此，勤而得劳，即辛苦、尽力才能得到。“朴”作为一个美学品质词汇，属于道家哲学范畴，蕴含的是自然、本色、本质。“朴散则为器”，这里要强调的就是最初的、本质的、原始的、未经任何修饰和雕琢的状态。老子曾提出“复归于朴”的观点，他把“道”“无为”“朴”放在一起，并认为这是一种较高的道德境界。这种道德境界是人保持赤子之心、初心的最基本的精神。“复归于朴”也是强调不违背自然、最初的状态，是最纯洁的价值追求。

八步沙“六老汉”治沙最原始、最初衷的想法就是治理风沙，保住他们脚下的那一方家园。这种最初的追求和理想是人的本性的体现，即对美好生活的追求。马克思曾说：“我们首先应当确定一切人类生存的第一个前提，也就是一切历史的第一个前提，这个前提是：人们为了能够‘创造历史’必须能够生活。但是为了生活，首先就需要吃喝住穿以及其他一些东西。因此，第一个历史活动就是生产满足这些需要的资料，即生产物质生活本身。”人类在与自然的相处中，逐渐认识到要按照自然的规律与自然相处，这种规律是创造历史活动的前提。八步沙“六老汉”三代人治沙造林就是与沙漠抗衡，为自身以及子孙后代创造美好生活的过程，也是他们尊重自然、保护自然的过程。

（四）展现了对中华优秀家风的传承

中华民族历来重视家族成员之间的亲情，崇尚家和邦兴。家风是中华传统文化遗产的重要内容，深植于厚重肥沃的中华民族文化土壤中。家风是建立在中华文化之根上的集体认同，是每个个体的精神足印。家风对家族的传承、民族的发展都有重要作用。良好的家风是成就一个人的重要因素。按照“六老汉”当初的约定，不论谁走了，每家人都要有一个人去继承父业来治理沙漠，这就是家风的传承。家风关系着党风，党风联系着政风，政风则影响着国风。所以说，优良的家风不仅是家族兴旺的因素，更是国家和社会进步的标志。

1992年8月，病重的石满老人将儿子石银山叫到身边，不停地嘱咐他：八步沙缺人手，你去替爹到那里继续干吧！后来，郭老汉的儿子郭万刚、贺老汉的儿子贺中强、石老汉的儿子石银山、罗老汉的儿子罗兴全、程老汉的儿子程生学、张老汉的女婿王志鹏，逐渐成了第二代治沙人，又接着迎来了第三代治沙人。采访时，郭万刚说他当时在供销社上班，父亲生病干不动时，让他辞了工作来种树，他最初不愿意，到后来看着树木渐渐长大，他也舍不得走了。现在，他已接班肩负起八步沙林场场长职责，在黄沙窝里一干就是37年。第二代治沙人郭万刚辞掉了供销社的稳定工作，投身于治沙造林，并立下誓言：治沙的步伐一刻不能停歇，一定要把父辈肩上治沙这面大旗继续扛下去。正是因为良好的家风影响，才会出现郭万刚这样的第二代治沙人，还有现在的第三代治沙人，在弘扬和发展良好家风的基础上将来可能还会有第四代、第五代等等，子承父业、代代传承，他们不仅怀抱着治理沙漠的坚定信念，更肩负着祖辈的愿望。

（五）体现了中华民族道义凛然的博大胸怀

古人云：“国而忘家，公而忘私，利不苟就，害不苟去，惟义所在。”大概意思就是说：为了国家，可以舍弃自己的小家，为了大家，可以牺牲自己，不会一见到利益就冲上去，不会一遇到危害就断然离开，之所以这样，完全是因为道义的原因。八步沙“六老汉”在治沙造林过程，曾经面临无数困难甚至生死考验，但是他们没有退缩，无论在多么艰难的条件下，他们都没有放弃，而且还教育、引导、说服后代们去接着治理沙漠。在采访中，二代治沙人郭万刚说：“和老人们一起治沙的日子里，我觉得他们都是性格要强的人，都是意志坚定的人，好像什么困难都能克服，什么挫折都能经受得住。”第二代治沙人贺中强说：“治沙劳动是辛苦的，可是也很有成就感。每当又一片沙漠被我们治住，黄色的沙海变成了绿色的林子，我的心中就充满了说不出的自豪，也更加坚定了继续治沙的决心。”让沙漠变绿洲是他们的梦想，为了梦想即使拼了命也值得，他们把治沙造林当成一生的事业。为了保住家园他们宁愿牺牲自我，放弃优越的工作，放弃其他梦想，只为使子孙后代不再被沙漠欺凌。

他们身上所体现的道义、胸怀正是我们中华民族一直以来具有的优秀品质。“苟利国家生死以”，为了大义、为了大局牺牲自我，这种道德品质是崇高的，胸怀是博大的。这样的道义、胸怀也是新时代我们实现中华民族伟大复兴的中国梦所需要的。

二、八步沙精神的时代价值

（一）是实现中华民族伟大复兴中国梦的价值引领

第一，八步沙“六老汉”用生命书写了“功成不必在我”的伟大奉献精神。三代治沙人不顾自身和小家的利益，将一辈子都奉献给了沙漠。这种崇高的精神力量是实现中华民族伟大复兴中国梦的价值引领。生态文明建设关系到中华民族与中华儿女的永续发展。习近平总书记在全国生态环境保护大会重要讲话中提出六项原则：“一是坚持人与自然和谐共生”“二是绿水青山就是金山银山”“三是良好生态环境是最普惠的民生福祉”“四是山水林田湖草是生命共同体”“五是用最严格制度最严密法治保护生态环境”“六是共谋全球生态文明建设”。生态文明建设是中国特色社会主义事业的重要内容，关系人民福祉，关于民族未来，事关“两个一百年”奋斗目标和中华民族伟大复兴的中国梦的实现，也是乡村振兴的要求之一。建立生态美、百姓富、产业优的发展格局，首先就要从根本上改善人居环境，实现人与自然和谐共处，实现生态与市场协调发展。八步沙三代治沙人把为沙漠披上绿装作为最终目标和理想，是习近平生态文明思想的践行者，是对马克思主义生态观的继承和发展，符合时代要求，符合人民群众的根本利益。

第二，八步沙精神传递出的是对美好生活的追求。习近平总书记多次强调，人民群众对美好生活的向往是我们党的奋斗目标。当党带领全国人民建设并达到了人民群众所向往的美好生活的状态，中华民族才能实现真正的复兴。习近平总书记提出："没有文明的继承和发展，没有文化的弘扬和繁荣，就没有中国梦的实现。"八步沙三代治沙人就是坚守着保住即将被沙漠吞噬的土地，保住世代生存的家园，为子孙后代造福的信念，38年来，一直与黄沙斗争，到现在达到人沙和谐共处。这种追求与当下精准脱贫、乡村振兴所蕴含的价值是一致的，这种朴素的追求所映射出的精神可以说是最自然、最单纯、最本质的。

（二）是中国人民创新精神的集中体现

习近平总书记提出："世界每时每刻都在发生变化，中国也每时每刻都在发生变化，我们必须在理论上跟上时代，不断认识规律，不断推进理论创新、实践创新、制度创新、文化创新以及其他各方面创新。"创新是进步的灵魂，通过创新，突破原有的思维定式，突破常规，发现或产生某种新颖独特的有价值的新事物、新思想，从而推动社会进步。古老的中华民族一直以来都是善于突破、善于创新的民族。从古到今，从底层的群众到高层的统治者，中国人民的创造智慧一直都是推动整个社会前进的重要力量。八步沙三代治沙人吃苦耐劳，他们一开始只是为了固定流沙，即用麦草、稻草压沙防止沙子迎风而起，后来不断创新、研究新的治沙方法，开始种梭梭树、红柳、沙枣树，直到现在，他们种上了具有药用价值的经济作物肉苁蓉，还在沙漠中建设了养殖基地，探索出了沙产业，硬是从丛草不生、狂风肆虐的沙漠中走出了一条脱贫致富之路。这个艰辛的过程具有创造性，他们就是通过不断研究、探索，使沙漠变成绿洲，而且产出了"金蛋蛋"。

"穷则变，变则通，通则久。"人是最善于变通的动物，世界上所有的人文景观都是人类智慧的体现。人会在困难达到极限时创造出奇迹，这种过程的艰辛程度无法估量。"38年来，八步沙的三代'愚公'已经累计完成治沙造林21.7万亩，管护封沙育林草37.6万亩，植树4000万株”，他们就是通过不断挖掘、不断发现、不断尝试取得了如此傲人的成绩。

（三）是激励全国各族人民奋勇前进的强大精神力量

习近平总书记多次强调：作为共产党员、作为国家干部始终都要坚持不忘初心、牢记使命、砥砺前行。不论是在血雨腥风的战争年代，还是在艰苦奋斗的建设年代，还是如今和平发展新时代，人民永远是共产党人的力量源泉。八步沙三代治沙人，他们代表的正是中国偏远贫困地区最基层的人，他们的力量与智慧可以代表中国最基层的力量与智慧。三代人艰苦奋斗、秉承初心、矢志不渝、克服困难的精神正是甘肃精神的代表，也是中华民族的精神力量之一。他们有人放弃了“铁饭碗”，毫不犹豫地投身于治沙工作，而且把治沙当成事业、当成使命。三十多年以来，他们团结奋斗、勇于探索、子承父业，他们身上的这种坚守、信仰和智慧是最能催人奋进、让人前行的精神力量。这种精神力量是激励全国各族人民不畏艰险、敢于迎难而上，实现“造血”，顺利走出贫困的力量，能够激励年轻人不断健全和完善自己的价值观，团结一致，为实现中华民族伟大复兴的中国梦而奋勇前行。

（四）是对党员进行党性教育的重要文化题材

习近平总书记指出：“种树者必培其根，种德者必养其心。党性教育是共产党人修身养性的必修课，是共产党人的‘心学’。”提高党员党性很重要的一点是学习和弘扬党的优良传统和作风，学习模范人物和先进团体的先进事迹，以此教育、引导党员干部牢牢树立正确的世界观、价值观、权力观、事业观，做到政治立场坚定，明辨是非。

第一代治沙人贺发林老人守护八步沙林场时煤烟中毒，家人劝他好好休息，可是他一天也闲不下来，一门心思要去治沙，他说：我是个共产党员，说话得算数，身体有个小毛病就打退堂鼓，那不是一个党员的做法。这种质朴、无私的高尚品质正是一个共产党员该具备的。第一代治沙人中有4位是共产党员，第二代治沙人中也有4位共产党员，体现了党员的模范带头作用。八步沙“六老汉”三代人治沙精神是新时代的愚公精神，他们的品质是鞭策广大党员干部的最好题材，尤其是基层党员干部。基层党员干部担负着处理一线问题的重任，认真学习八步沙精神，有利于党员更深层次领悟全心全意为人民服务的宗旨，有利于培养党员吃苦精神，有利于培养和挖掘党员创新意识，有利于增强党员团结进取的意志。

作者简介

吕倩，女，中共武威市委党校（市行政学院），讲师。

从八步沙精神谈共产党员先进性

◎张　峻

八步沙精神是古浪县八步沙林场“六老汉”三代人治沙造林先进群体感人事迹中所体现的担当、拼搏、进取和奉献的精神。2019年3月，中宣部授予古浪县八步沙林场“六老汉”三代人治沙造林先进群体“时代楷模”称号，八步沙精神在广大干部群众中引起热烈反响。在学习和弘扬八步沙精神的同进，我们不禁反思，为什么是“六老汉”最先挺进沙漠，坚持治沙？从八步沙第一代治沙人“六老汉”中有四人是共产党员，六人都曾担任村组干部的身份中我们不难看出，“六老汉”的先进事迹并不是巧合。多年来，在武威这片风沙肆虐的土地上，有人选择忍受，有人选择离开，只有真正的共产主义者才能凭借不畏艰险、勇往直前的坚强品格选择运用人的主观能动性去改造客观世界。八步沙“六老汉”三代人治沙造林先进事迹不仅是对“绿水青山就是金山银山”理念的忠实践行，也是共产党人先进性的生动体现。党的先进性建设是十九大提出的党的建设总要求的一项重要内容。大力弘扬八步沙精神，不仅是贯彻落实党的十九大精神的有力举措，也对促进党的先进性建设有重要意义。

一、党员个体先进性是党的整体先进性的基础

先进性是马克思主义执政党的根本特征。党的发展历程表明，党之所以能带领全国人民取得革命胜利，靠的就是保持党的先进性；之所以能把中国特色社会主义事业推向前进，靠的也是保持党的先进性。在党的建设历程中，党的先进性的内涵不断科学完善。党的十六大在《党章》中将关于党的性质的阐释增改为："中国共产党是中国工人阶级的先锋队，同时是中国人民和中华民族的先锋队，是中国特色社会主义事业的领导核心，代表中国先进生产力的发展要求，代表中国先进文化的前进方向，代表中国最广大人民的根本利益。"这是对党的性质的科学定位，也是对党的先进性建设的基本要求。当前，党的建设面对各种风险考验，只有不断加强党的先进性建设，才能确保党始终走在时代前列，领导人民推动中国特色社会主义事业迈向前进。那么，党的先进性如何体现？这就需要明确两个概念，党的整体的先进性和党员个体的先进性。因为我们不得不承认一个现实，那就是在一个先进的大党中，难免会存在那么一部分党员是不那么先进的，甚至是落实后的，正如习近平总书记在党的十九大报告中指出的："党内存在的思想不纯、组织不纯、作风不纯等突出问题尚未得到根本解决。"而党的整体的先进性正是由那些先进的党员个体所体现出来的。因此，党员个体的先进性会对党的整体先进性产生影响、同化和示范效映。八步沙精神正是党员群体对党的先进性的生动诠释，是全党加强党的先进性建设的良好典范。

二、八步沙精神是共产党员先进性的生动体现

共产党员的先进性是党的整体先进性的基础，只有共产党员的个体先进性体现出来，党的先进性才能得以实现。八步沙精神正是共产党员个体先进性的生动体现，同时也是对党的先进性的忠实践行。2019年3月，中宣部授予古浪县八步沙林场"六老汉"三代人治沙造林先进群体"时代楷模"称

号。2018年12月，甘肃省委、省政府作出表彰古浪县八步沙林场“六老汉”三代人治沙造林先进群体的决定。2019年4月，中共甘肃省委印发了《关于深入开展向“时代楷模”——古浪县八步沙林场“六老汉”三代人治沙造林先进群体学习活动的决定》。《决定》号召广大干部群众学习“时代楷模”——八步沙林场“六老汉”三代人治沙造林先进群体勇挑重任、护卫家园的担当精神，学习他们不畏艰难、实干苦干的拼搏精神，学习他们勇于探索、唯实创新的进取精神，学习他们矢志坚守、接续奋斗的愚公精神。“时代楷模”先进事迹所蕴含的时代精神，无不渗透着中国共产党人忠诚于信仰、服务于人民的思想精髓，无不体现着中国共产党人开拓创新、永立潮头的先进性本质。

（一）八步沙精神是对党的理想信念的光荣坚守

十八大以来，党的新一代领导集体深刻总结革命建设经验，准确把握时代要求，开创了习近平新时代中国特色社会主义思想，丰富和发展了中国特色社会主义理论。在新时代，坚定党的理想信念，就是要学习好、践行好习近平新时代中国特色社会主义思想，以习近平新时代中国特色社会主义思想指导社会实践，推动中国特色社会主义事业不断向前发展。八步沙“六老汉”三代人治沙造林先进事迹，正是党员模范带头践行习近平生态文明思想的光荣典范。在八步沙“六老汉”中，四人是共产党员，六人都曾担任村组干部，其中二人曾任村党支部书记，一人曾任村党支部副书记。从八步沙治沙造林的发起人中可以看出，在整个治沙造林的活动中，共产党员发挥先锋模范作用是关键。沙漠荒野环境艰苦，治沙造林困难重重。“六老汉”不惧艰难，“扑下身子、耐住性子，顶风沙、抗严寒、冒酷暑，喝冷水、啃干馍、睡地窝，立志‘黄沙不退人不退，草木不活人不走’”，最终谱写了金色大漠中的绿色奇迹。这种精神彰显了中国共产党人战天斗地、人定胜天的英雄气概，也继承了“红军不怕远征难，万水千山只等闲”的革命传统。究其根本，无不渗透着中国共产党人坚定的马克思主义信仰和对中国特色社会主义的坚定信念。

（二）八步沙精神是对党的根本宗旨的忠实践行

全心全意为人民服务是党的根本宗旨，也是党赖以生存的生命之基。八步沙精神之所以被广大人民群众认可与褒扬，正是因为其本身蕴含着为人民服务的精神本质，它是对党的根本宗旨的忠实践行。20世纪80年代初，八步沙寸草不生，狂沙肆虐，侵蚀村庄农田，生态环境极度恶化，“一夜北风沙骑墙，早上起来驴上房”是对当时“沙逼人退”状况的真实写照。张润元老人在谈到治沙以前的环境状况时说：“种上庄稼，一场大风就被沙埋了。”可见，环境恶化已经严重影响到当地群众的生产生活。为保护家园，“六老汉”义无反顾挺进八步沙，组建林场治理荒漠。如今，“六老汉”的子孙后代们又在治沙造林取得巨大成功的基础上，积极发展新型产业，带动当地人民群众脱贫致富。这是一代又一代共产党人带领人民群众克服艰难险阻、追求幸福美好生活的缩影，也是共产党人全心全意为人民服务的集中体现。

（三）八步沙精神是对党的优良传统的继承与发扬

艰苦奋斗是共产党人在艰苦卓绝的革命建设实践中传承下来的优良传统。毛泽东同志在党的七届二中全会中指出：“务必使同志们继续地保持谦虚、谨慎、不骄、不躁的作风，务必使同志们继续地保持艰苦奋斗的作风。”艰苦奋斗的精神不仅是中国革命取得胜利的有力武器，也是将中国特色社会主义推向前进的根本动力。八步沙“六老汉”三代人治沙造林群体的先进事迹，时时处处都体现着不屈不挠的艰苦奋斗精神。治沙初期，为了节省治沙时间，“六老汉”吃住都在八步沙。每人带点面粉、干馍馍和酸菜，用几块石头支起来做简单的饭。没有住处，便在沙地上挖一个深坑，上面用木棍撑起来，再盖一帘茅草，搭建起一个当地人叫作“地窝子”的“荒漠之家”，靠如此简单的住所来抵挡荒漠的严寒酷暑，其艰辛程度可想而知。可敬的是，这样的生活六位老人坚持了整整十年。也正是这种面对困难永不低头的奋斗精神才迎来了十年后4.2万亩的沙漠绿洲。

（四）八步沙精神是与时俱进、开拓创新精神的鲜明体现

与时俱进、开拓创新是共产党人自我革命、自我发展的内在要求，也是

推动党的事业不断向前迈进的动力源泉。八步沙“六老汉”三代人治沙造林事业之所以能够坚持38年之久，除了三代人具有艰苦奋斗的精神外，与其开拓创新的勇气也是分不开的。治沙之初，“六老汉”努力造林1万亩，却在第二年春季被一场大风刮走了六七成。巨大的损失迫使“六老汉”开始钻研治沙方法。通过观察，他们发现草墩子旁边种植的树苗成活率高，最终他们研究摸索出“一棵树、一把草，压住沙子防风掏”的治沙方法，极大地提高了造林的成活率。第二、三代治沙人不断优化治沙技术，又逐步探索出“打草方格、细水滴灌、地膜覆盖”等一些速度快、效率高的治沙方法。与此同时，他们也在探索将防沙治沙与产业富民相结合的路子，在政府支持下，按照“公司+基地+农户”的模式，建立了“按地入股、效益分红、规模化经营、产业化发展”的公司化林业产业经营机制，流转土地，种植经济作物，探索发展特色产业。八步沙治沙成功的实践证明，开拓创新是任何一项事业发展的生命源泉，与时俱进是推进事业发展的不竭动力。习近平总书记曾深刻指出：“变革创新是推动人类社会向前发展的根本动力。谁排斥变革，谁拒绝创新，谁就会落后于时代，谁就会被历史淘汰。”八步沙精神中所体现出的开拓创新精神正是我们不断推动中国特色社会主义事业前进，努力实现中华民族伟大复兴中国梦的巨大精神力量。

三、大力弘扬八步沙精神，永葆共产党员的先进性

当前，在习近平新时代中国特色社会主义思想的引领下，中国特色社会主义事业正处于凝心聚力、攻坚克难的关键时期。充分发挥共产党员的先进性，“把党建设成为始终走在时代前列、人民衷心拥护、勇于自我革命、经得起各种风浪考验、朝气蓬勃的马克思主义执政党”是实现中华民族伟大复兴的中国梦的关键。当前，全党正处于贯彻落实“不忘初心、牢记使命”主题教育的关键时期，大力弘扬八步沙精神，有利于充分激发党员干部守初心、担使命的革命情怀，有利于充分发挥党员干部的先锋模范作用，在全党乃至全国树立榜样标杆，营造学典范、争先进的良好氛围。

（一）弘扬八步沙精神要紧密结合“不忘初心、牢记使命”主题教育

2019年5月，“不忘初心、牢记使命”主题教育工作会议在北京召开，习近平总书记在会中指出：“开展这次主题教育，就是要教育引导广大党员干部发扬革命传统和优良作风，团结带领人民把党的十九大绘就的宏伟蓝图一步一步变为美好现实。”同时指出：“要宣传正面典型，宣传党员干部身边可信可学的先进人物，推广一批可复制可普及的好经验。”八步沙精神正是新时代楷模精神的典型代表，是开展“不忘初心、牢记使命”主题教育的良好素材。因此，大力弘扬八步沙精神，要紧密结合主题教育工作，充分发挥其在主题教育工作中的思想教育功能，将学习八步沙精神融入党内政治生活，以主题教育为契机，进一步促进学习八步沙精神常态化，扩大八步沙精神学习的覆盖面，确保八步沙精神入心入脑，内化于心、外化于形。

（二）弘扬八步沙精神要注重提升基层党组织建设质量和水平

习近平总书记指出：“推进全面从严治党，必须做好抓基层、打基础的工作，使每个基层党组织都成为坚强战斗堡垒。”党的基层组织是党在社会基层组织中的战斗堡垒，是确保党的路线方针政策和决策部署贯彻落实的基础。弘扬八步沙精神必然要以基层党组织为依托，使八步沙精神在党员中广泛传播，争相传颂。这就要求基层党组织有效发挥其教育、管理、监督党员的基本职能，充分发挥其组织力和引领力优势，通过开展多种学习教育形式，引导和号召基层党员认真学习和传承八步沙精神。八步沙精神本身也是提升基层党组织建设质量和水平的精神动力和良好模板。八步沙第一代治沙人“六老汉”中有四人是共产党员，六人都曾担任村组干部，这充分证明，基层党组织建设的重中之重是骨干带头人的选拔和培养。“火车跑得快，全靠车头带”，只有选好基层党组织带头人，带头转变作风，身体力行，以上率下，充分发挥基层党组织的政治优势、组织优势、密切联系群众的优势，才能把群众组织起来、动员起来，使其积极投身到中国特色社会主义伟大事业中来。

（三）弘扬八步沙精神要善于发挥共产党员先锋模范带头作用

2019年8月21日，习近平总书记赴八步沙林场视察时指出："新时代需要更多像'六老汉'这样的当代愚公、时代楷模。要弘扬'六老汉'困难面前不低头、敢把沙漠变绿洲的奋斗精神，激励人们投身生态文明建设，持续用力，久久为功，为建设美丽中国而奋斗。"号召广大党员干部群众学习八步沙"六老汉"的当代愚公精神。八步沙"六老汉"用共产党员的坚守，致力于治沙造林这一事业，他们的事迹感动了广大干部群众，同时，也吸引了一大批党员和群众加入他们的行列，共同为生态文明建设贡献力量。这充分体现了共产党员先锋模范作用在党的建设和社会发展中产生的巨大力量。因此，弘扬八步沙精神，关键还是要充分发挥共产党员的先锋模范作用。要不断培养党员意识和党的意识，充分认识共产党员不同于普通人民群众的身份，把共产党员自身的先进性建设融入党员日常工作当中，主动加强自身学习，提升党性修养和能力素质，牢固树立人民立场，积极践行和宣传党的路线、方针、政策，自觉维护党的形象，自觉建立党的威信，自觉管好自己的日常生活细节，为树立良好社会风气、带动普通群众积极投身于中国特色社会主义伟大事业树立榜样、做出表率。

作者简介

张峻，男，中共武威市委党校（市行政学院）办公室副主任，讲师。

发展篇

八步沙精神实践探索

弘扬八步沙精神　激励党员干部担当作为

◎ 刘务勇

中华民族在几千年的历史进程中，涌现出了无数英雄人物，会聚了无数英雄事迹，而这些英雄就存在于人民群众之中。人民群众是历史的创造者，古今中外的伟大工程和历史奇迹，都是人民群众创造的。古有愚公移山，今有八步沙“六老汉”三代人治沙。20世纪80年代初，郭朝明、贺发林、石满、罗元奎、程海、张润元6位老汉义无反顾挺进八步沙，以联户承包形式组建集体林场，承包治理7.5万亩流沙。38年来，以“六老汉”为代表的八步沙林场三代职工，完成治沙造林21.7万亩，管护封沙育林草面积37.6万亩，创造了在艰苦环境下改造自然、治理沙漠、人进沙退的人间奇迹。八步沙“六老汉”三代治沙人的所为体现出了八步沙人“勇挑重担、无私奉献的担当精神，不畏艰难、勤劳苦干的拼搏精神，生命不息、战斗不止的坚韧精神，团结一心、共同努力的协作精神，矢志不移、勇往直前的斗争精神”，值得我们每个党员干部学习。

筚路蓝缕，勇往直前。艰难困苦，玉汝于成。伟大的事业都是在艰难困苦中开拓前进的。当前，对全国来说，我们要努力实现中华民族伟大复兴的宏伟目标，这个目标绝不是轻轻松松、敲锣打鼓就能实现的。正如习近平总书记指出的："在前进道路上我们面临的风险考验只会越来越复杂，甚至会遇到难以想象的惊涛骇浪。我们面临的各种斗争不是短期的而是长期的，至少要伴随我们实现第二个百年奋斗目标全过程。"对甘肃来说，要完成脱贫攻坚和生态保护两大底线性任务，要实现建设经济发展、山川秀美、民族团结、社会和谐的幸福美好新甘肃的目标，也不是简简单单、轻轻松松就能做到的，也要做好克服困难、啃硬骨头的思想和精神准备，要努力奋斗、艰苦奋斗、顽强拼搏、锐意进取，方能实现富民兴陇的战略部署。对甘肃省广大党员干部来说，我们要学习先进榜样，弘扬八步沙精神，坚定信心、艰苦奋斗、敢于斗争，能攻坚克难，有担当作为，凝聚起加快建设幸福美好新甘肃的强大社会力量。

一、党员干部要做到政治忠诚

八步沙精神内含着对党和人民事业的忠诚，弘扬八步沙精神，广大党员干部必须要对党忠诚，坚持走中国特色社会主义道路，坚定不移听党话、跟党走。对党忠诚，就是要增强"四个意识"，坚定"四个自信"，做到"两个维护"，严守党的政治纪律和政治规矩，始终在政治立场、政治方向、政治原则、政治道路上同以习近平同志为核心的党中央保持高度一致，不做"两面人"。忠诚不是挂在嘴上、写在纸上的，而是要体现在实际行动上，体现在脱贫攻坚和生态保护的具体行动中。我们要高度警惕那些人前会上信誓旦旦讲"四个意识"、高调表态，而私下里却妄议中央、不贯彻党中央路线方针政策的人；口口声声坚定"四个自信"、信仰马克思主义，而背后在大是大非问题上态度暧昧、立场不稳的人；高谈阔论国家前途命运，而背地里却一遇到个人名誉地位就牢骚满腹、怨恨组织的人；领导面前卑躬屈膝、阿谀奉承、溜须拍马，而在下属和群众面前却趾高气扬、盛气凌人、不可一世的人。

二、党员干部要踏踏实实、干干净净做事

弘扬八步沙精神，就是要学习八步沙"六老汉"三代人踏实做事、勤勉

奋斗的工作作风。广大党员干部要廉洁自律，要把当老实人、讲老实话、做老实事作为人生信条，经受住权力、金钱、美色等考验，耐得住寂寞、吃得了苦，不做“官油子”。党员干部要想行得端、走得正，就必须涵养道德操守，明礼诚信，怀德自重，保持严肃的生活作风，培养健康的生活情趣，特别是要增强自制力，做到慎独慎微。一个人廉洁自律不过关，做人就没有骨气。这几年在扶贫领域出现某些干部贪污扶贫资金的问题我们要注意防范，要牢记清廉是福、贪欲是祸的道理，树立正确的权力观、地位观、利益观，任何时候都要稳得住心神、管得住行为、守得住清白，强化自我修炼，正心明道，防微杜渐，做到有原则、有底线、有规矩，踏踏实实深入基层做好本职工作。要从最基层抓起，进一步加强基层村“两委”干部队伍建设，重视对基层干部的教育培训。廉洁警示教育是预防腐败产生的基础性工程，要把党性党风党纪相关专题教育延伸到基层，将解决基层干部侵犯群众利益、贪腐谋私等作为查找问题、整改落实的重点，纳入专题教育之中。筑牢基层干部的群众观念和宗旨意识，提高履职尽责的能力。要进一步完善和规范执行各项制度，认真梳理扶贫领域制度漏洞，从源头上遏制扶贫领域的腐败和作风问题。加强对各项制度落实情况的监督，围绕扶贫工作中的重点内容和关键环节开展监督检查，从单一的、事后的问题追究向项目全过程、动态监管转变，进一步强化财政、审计部门的监督管理作用。探索建立民生领域监督大数据平台，运用大数据等现代科技手段，以党员干部及亲属涉权事项报告公示为载体，以扶贫项目及资金大数据比对核查、进村入户专项清查为抓手，建立集组织监督、民主监督、同级监督、群众监督于一体的维护群众利益监督机制，切实提高扶贫民生领域监督执纪智能化、精准度和实效性，确保党的政策落地落实，真正惠及贫困地区和困难群众。

三、党员干部要敢于和善于担当

弘扬八步沙精神，就要激励广大党员干部勇于和善于担当作为。党员干部要强化责任意识、担当意识，克服畏难情绪，克服懒惰思想，在急难险重的任务面前敢于挺身而出，勇挑重担。党组织对广大党员干部要严管和厚爱相结合，既坚持管理上严格、监督上有力，又注重政治上激励、工作上支持、待遇上保障、生活上关怀，真正调动和激发广大党员干部干事创业的积极性、主动性和创造性。习近平总书记在全国组织工作会议上指出：要建立崇尚实干、带动担当、加油鼓劲的正向激励体系，树立体现讲担当、重担当的鲜明导向。要真情关爱干部，帮助干部解决实际困难，关注干部身心健康，对基层干部特别是困难艰苦地区和奋战在脱贫攻坚第一线的干部要给予更多理解和支持。甘肃省脱贫工作越是往后，啃下硬骨头的难度越大，对干部素质能力的要求就越高，我们要激励一批能吃苦、有干劲、能担当、讲奉献的干部到脱贫攻坚一线驻村挂职、蹲点挂钩，让干部在脱贫攻坚的最前沿经风雨、受历练，在脱贫攻坚的主战场提素质、强能力，在结对帮扶中增强对群众的血肉感情，在摸爬滚打中培育扎实创新的工作作风，在破解难题中提高过硬的工作本领，使干部在做好扶贫工作的同时增进自身的成长。

四、党员干部要提高斗争本领

八步沙精神体现了人民群众艰苦奋斗、敢于斗争的精神特质。在甘肃脱贫攻坚和生态环境保护的主战场上，广大党员干部要发扬斗争精神、提高斗争本领，要敢于斗争、善于斗争，不断取得一个个斗争胜利。正如习近平总书记指出的：“社会是在矛盾运动中前进的，有矛盾就会有斗争。领导干部不论在哪个岗位、担任什么职务，都要勇于担当、攻坚克难，既当指挥员又当战斗员，培养和保持顽强的斗争精神、坚韧的斗争意志、高超的斗争本领。我们在工作中遇到的斗争是多方面的，改革发展稳定、内政外交国防、治党治国治军都需要发扬斗争精神、提高斗争本领。全面从严治党、坚持马克思主义在意识形态领域的指导地位、全面深化改革、推进供给侧结构性改革、推动高质量发展、消除金融领域隐患、保障和改善民生、打赢脱贫攻坚战、治理生态环境、应对重大自然灾害、全面依法治国、处理群体性事件、打击黑恶势力、维护国家安全等等，都要敢于斗争、善于斗争。领导干部要做敢于斗争、善于斗争的战士。”斗争精神、斗争本领，不是与生俱来的，党员领导干部要经受严格的思想淬炼、政治历练、实践锻炼，在复杂严峻的斗争中经风雨、见世面、壮筋骨，真正锻造成为烈火真金。要学懂弄通做实党的创新理论，掌握马克思主义立场观点方法，夯实敢于斗争、善于斗争的思想根基，理论上清醒，政治上才能坚定，斗争起来才有底气、才有力量。我们要围绕甘肃改革发展等各方面工作着力提高党员干部的斗争本领。甘肃经济社会发展滞后，改革发展的任务艰巨，面临的各种风险挑战前所未有，这也为锻炼培养干部提供了重要的舞台。要坚持在重大斗争中磨炼干部，越是困难大、矛盾多的地方，越是形势严峻、情况复杂的时候，越能练胆魄、磨意志、长才干。党员领导干部要主动投身到各种斗争中去，在大是大非面前敢于亮剑，在矛盾冲突面前敢于迎难而上，在危机困难面前敢于挺身而出，在歪风邪气面前敢于坚决斗争。

作者简介

刘务勇，男，中共甘肃省委党校（甘肃行政学院）党建研究所所长，教授。

发展绿色新业态
为安定区脱贫摘帽凝聚生态扶贫力量

◎张　诤

党的十八大以来，以习近平同志为核心的党中央高度重视生态文明建设，坚持把生态文明建设作为统筹推进“五位一体”总体布局和协调推进“四个全面”战略布局的重要内容，坚持节约资源和保护环境的基本国策，坚持绿色发展，把生态文明建设融入经济建设、政治建设、文化建设、社会建设各方面和全过程，加大生态环境保护建设力度，推动生态文明建设在重点突破中实现整体推进。2013年2月2日至5日习近平总书记来到甘肃，看望慰问各族干部群众，调研期间提出加快建设经济发展、山川秀美、民族团结、社会和谐的幸福美好新甘肃，努力到2020年实现同全国一道全面建成小康社会的奋斗目标，并作出“八个着力”的重要指示，其中就包括“着力加强生态环境保护，提高生态文明水平”。

党的十九大把污染防治作为全面建成小康社会必须坚决打好的“三大攻坚战”之一，就建设美丽中国作出重要部署。2019年8月19日至22日，习近平总书记再次来甘肃视察并发表重要讲话，作出系列重要指示，其中就包括“加强生态环境保护，努力构筑国家西部生态安全屏障”。8月21日上午，习近平总书记来到八步沙林场，实地察看当地治沙造林、生态保护等情况，并强调："新时代需要更多像'六老汉'这样的当代愚公、时代楷模。要弘扬'六老汉'困难面前不低头、敢把沙漠变绿洲的奋斗精神，激励人们投身生态文明建设，持续用力，久久为功，为建设美丽中国而奋斗。"

八步沙林场"六老汉"三代人治沙造林先进群体，是"绿水青山就是金山银山"理念的忠实践行者，是荒漠变绿洲的接续奋斗者。这是勇挑重任、护卫家园的担当精神。"六老汉"中四人是共产党员，六人都曾担任村组干部，面对肆虐的风沙、家园的存亡，他们主动请缨向沙漠进军，带头打响了治理荒漠、守护家园的攻坚战。38年来，他们忠于使命、信守誓言，扎根荒漠、压沙造林，用生命和汗水成功击退了风沙的侵蚀，创造了令人震撼的绿色奇迹。这是不畏艰难、实干苦干的拼搏精神。"六老汉"三代人不惧恶劣环境和治沙造林的重重困难，扑下身子、耐住性子，顶风沙、抗严寒、冒酷暑，喝冷水、啃干馍、睡地窝，坚持"黄沙不退人不退，草木不活人不走"，与干旱和风沙顽强抗争，战胜了种种难以想象的困难，把曾经的黄沙荒漠变成了今天的林海绿洲。这是勇于探索、唯实创新的进取精神。38年来，从第一代治沙人"一棵树、一把草，压住沙子防风掏"，到第二代治沙人创新应用"网格状双眉式"沙障结构，实行造林管护网格化管理，再到第三代治沙人全面尝试"打草方格、细水滴灌、地膜覆盖"等新技术，从防沙治沙、植树造林到培育沙产业、发展生态经济，他们因地制宜、勇于探索，坚持运用科学方法治沙造林，探索出了一条"以农促林、以副养林、农林并举、科学发展"的新路子，建设了古浪县唯一一家由农民联户组建的生态公益性林场。这是矢志坚守、接续奋斗的愚公精神。"六老汉"立下约定，无论多苦多累，每家必须有一个治沙继承人，把八步沙管下去，三代人将这个庄重誓言融入传世家风，将绿色梦想铸成坚定信念，咬定青山不放松，一代接着一代干，从承包治理八步沙7.5万亩荒漠，到治理黑岗沙等三大风沙口11.4万亩沙漠，继续向15.7万亩古浪北部沙区全面进发，他们用矢志不渝的坚守、久久为功的韧劲，把构筑西部生态安全屏障的宏伟事业不断推向前进。

通过实地观摩和现场聆听学习思考，我觉得学习好弘扬好"时代楷模”——八步沙林场“六老汉”三代人治沙造林先进群体蕴含的优秀品格和奋斗精神，结合定西市安定区实际，要重点做好五个方面的工作。

一、把牢思想之舵，持之以恒贯彻生态文明思想

习近平总书记指出：全党同志都要清醒认识保护生态环境、治理环境污染的紧迫性和艰巨性，清醒认识加强生态文明建设的重要性和必要性，真正下决心把环境污染治理好、把生态环境建设好，为人民创造良好生产生活环境。我们要始终把牢思想之舵，坚持以习近平新时代中国特色社会主义思想为指引，切实增强“四个意识”，坚定“四个自信”，做到“两个维护”，深入学习贯彻习近平生态文明思想，以及习近平总书记视察甘肃重要讲话和指示精神，牢固树立“绿水青山就是金山银山”的理念，始终坚持生态第一、环保优先，正确处理开发和保护的关系，大力弘扬八步沙“六老汉”三代人治沙造林精神，加快实施各类重点林业工程，严格落实河（湖）长制，统筹抓好山水林田湖草系统治理，坚决扛起生态文明建设的政治责任，坚决打好蓝天、碧水和净土三大保卫战，特别是要认真抓好中央和省级环保督查反馈问题的整改，持续开展燃煤锅炉、扬尘管控、工业污染源、河道采沙、乱垦乱采等问题专项整治，坚决打赢污染防治攻坚战，奋力开创生态文明建设新局面。

二、坚持苦干实干，大力弘扬“三苦”精神、拼搏精神

安定区是“苦瘠甲于天下”的全国闻名贫困县（区）之一，境内沟壑纵横，水土流失严重。作为全国贫困地区的典型代表和欠发达地区发展变化的缩影，安定区的发展备受党中央、国务院的关心关注。为从根本上改善生存条件，历届党委、政府把“生态立区”战略摆在首要位置，始终把加强生态环境建设、控制水土流失、改善农业生产条件、发展生态经济作为增强其发展后劲的一项战略性举措，一届接着一届干、一届干给一届看。在与恶劣的自然环境进行艰苦抗争中，安定区人民形成了领导苦抓、社会苦帮、群众苦干的“三苦”精神和“人一之、我十之，人十之、我百之”的拼搏精神。八

步沙“六老汉”三代人治沙造林精神，与安定人民的“三苦”精神、拼搏精神存在着共性，今后我们要将八步沙“六老汉”三代人治沙造林精神融入“三苦”精神、拼搏精神中去，不断丰富“三苦”精神、拼搏精神的内涵，进一步解放思想、科学谋划，真抓实干、砥砺奋进，坚决打赢防范化解重大风险、精准脱贫、污染防治三大攻坚战，推进中央和省、市的各项决策部署在安定落地生根、开花结果。

三、突出因地制宜，着力培育发展优质饲草产业

针对安定干旱多灾、生态恶劣的历史现状，历届党委、政府坚持从生态治理入手，大力实施退耕还林草工程，以紫花苜蓿等优质牧草种植为主，推动实现由水土保持向产业化发展的华丽转身。总体来看，安定草产业发展主要经历四个阶段。第一阶段（1983—2000年），顺应自然、提升认识；第二阶段（2000—2012年），顺应政策、乘势扩量；第三阶段（2012—2015年），顺应时代、提质增效；第四阶段（2015年至今），顺应市场、培育产业。经过多年的发展，安定草产业已成为继马铃薯产业之后又一优势主导产业，在生态保护修复、助力群众增收、调优产业结构、助推县域经济发展等方面都发挥了重要作用。今后，我们要围绕打造“中国西部草都”核心区的目标定位，按照“生态优先、立草为业、以草带畜、以畜促草、草畜并举、循环发展”的思路，把草业开发作为区域性主导产业，以大面积的饲用作物为基础，依托各类蓬勃发展的草牧业新型农业经营主体，大力推动草产业发展，致力构建种养加销全链条、种草养畜一体化的产业体系，推动草牧一、二、三产业融合发展，实现“粮—经—饲”三元结构转变、“耕地农业”向“草地农业”转型，把安定区建设成为西部最大的牧草种子繁育基地、优质商品草种植示范基地、标准化加工生产基地、商品饲草应急储备集散基地和高端草品试验示范基地。

四、探索发展机制，创新安定模式助力脱贫攻坚

近年来，安定区坚持把新型经营主体培育作为核心，把产业发展体系化

建设作为关键，不断探索集“草牧业精准扶贫、草牧业经济技术开发、草畜一体化循环、生态文明建设优先”为一体的黄土高原丘陵沟壑区产业振兴模式，努力打造“黄土高原丘陵沟壑区草牧业生态循环经济试验示范区”，推动建立“马铃薯+牧草+牛羊”的循环发展模式。目前，草牧产业已成为实现产业兴旺和生活富裕的有效载体，也探索形成了能够有效助推脱贫攻坚、助力乡村振兴的“民祥模式”（市场+龙头企业+合作组织+大户+基地的产业发展体系）、“四跟进”模式（项目资金跟着贫困村户走、贫困户跟着合作社走、合作社跟着龙头企业走、龙头企业跟着市场走的产业扶贫模式）、“双进双促”（村两委成员进入新型经营主体，新型经营主体负责人进入村两委班子，以基层党组织的作用发挥促进新型经营主体快速发展，以新型经营主体的有效带动促进贫困群众精准脱贫）等模式。今后，我们将持续解放思想，大胆探索创新，积极学习八步沙“六老汉”三代人治沙造林精神，吸取其他地区的先进典型经验，不断拓展思维和视野，继续推广“民祥模式”、“四跟进”模式、“双进双促”模式，不断推动草牧产业市场化发展，推动农业生产向产业化、规模化、现代化方向迈进，着力提升抓党建促脱贫攻坚工作水平，进一步推动产业增效、农民增收。同时，深入挖掘各领域、各行业探索创新的特色亮点，全面总结提炼，形成典型做法、典型经验，着力培育打造新的“安定模式”，为助力安定经济社会持续发展注入强大活力。

五、聚焦脱贫摘帽，抢抓机遇推进生态扶贫工程

在脱贫摘帽的关键之年，我们要把习近平生态文明思想、习近平总书记视察甘肃重要讲话和指示精神同安定决战决胜脱贫摘帽紧密结合起来，大力实施生态扶贫工程，深入推动脱贫攻坚与生态文明建设实现“双赢”。一是有效抓好东西扶贫协作项目。抢抓东西扶贫协作机遇，继续推进福州·定西生态林建设，做好补植、抚育管理工作，积极衔接实施好新的造林工程，努力把福州·定西生态林打造成东西部扶贫示范工程，树立成生态扶贫的样板；持续抓好扶贫产业园、易地扶贫搬迁产业园、田园综合体、巨菌草种植等项目的建设和管理，并尽可能地对接争取新的项目落地实施，充分发挥东

西协作的扶贫和生态双重效益。二是积极开发一批生态公益岗位。按照脱贫攻坚总体部署，积极探索生态保护和脱贫攻坚相结合的新模式，深度挖掘开发生态护林员、农村环卫保洁员、乡村道路维护员等非营利性公共管理和社会公益服务岗位，有效选聘建档立卡贫困户中的劳动力，切实帮助解决贫困家庭劳动力就地就业，让贫困群众在生态保护中实现增收。三是培育发展乡村旅游扶贫产业。借助省上发展乡村旅游和旅游扶贫的政策机遇，结合农村“三变”改革，充分挖掘资源优势、发挥主体带动、金融支撑撬动的积极作用，采取“生态+”“旅游+”等模式，积极探索有效途径，建设一批集现代农业、农耕文化、采摘体验、休闲观光等为一体的乡村旅游扶贫项目，促进乡村旅游与农业、生态、文化、养生等产业深度融合，推动贫困村发展、带动贫困户增收，努力把乡村旅游和旅游扶贫培育成脱贫攻坚的一项重要产业，并为推进乡村振兴奠定良好基础。

作者简介

张诤，男，中共甘肃省委党校（甘肃行政学院）组织部部长，教授。

以八步沙精神助力甘肃打赢脱贫攻坚战

◎ 杨宏伟

古浪县八步沙林场“六老汉”三代人，以勇挑重任、情系家园的担当精神向沙漠进军，带头揽下了封沙造林、护卫家园的艰巨任务；以不畏艰难、实干苦干的拼搏精神与干旱风沙不懈抗争，突破重重困难打造了一片林海绿洲；以勇于探索、唯实创新的进取精神不断摸索钻研，闯出了一条科学合理、生态环保、产业发展的治沙致富道路；以矢志坚守、接续奋斗的愚公精神扎根荒漠、恪尽职守，创造了沙漠中的生命奇迹。八步沙精神体现了中华儿女勤朴坚韧、拼搏奉献的优良品格，彰显了共产党人不忘初心、牢记使命的坚定信念，反映了甘肃人民不惧困难、战天斗地的顽强意志。

一、以勇挑重任、情系家园的担当精神助力脱贫攻坚

勇挑脱贫攻坚重任，主动成为脱贫攻坚的生力军和先锋队。甘肃是全国脱贫攻坚难度最大、压力最大、时间最紧的省份，目前仍有贫困人口17.5万，脱贫攻坚任务十分艰巨。全省上下各级领导干部要充分认识到甘肃的脱贫攻坚在全国脱贫攻坚中的极端重要地位，强化担当意识，增强决战脱贫攻

坚的紧迫感和压力感，奋勇担当，扛起扶贫职责，担起脱贫任务，充分发挥党员干部的先锋模范作用，坚定打赢脱贫攻坚战的信心，不达目的誓不罢休、不获全胜决不收兵。

心系人民、情系甘肃，为官一任、造福一方。各级领导班子和扶贫工作人员要始终把贫困群众放在心上，体察民情、询问民需、排解民忧，真心实意为群众办实事、做好事，把“老百姓的幸福就是共产党的事业”化为具体行动，始终以“贫困不除、愧对历史的使命感和群众不富、寝食难安的责任感”服务于人民、执政于甘肃，力争为甘肃脱贫攻坚交上一份完美答卷。

二、以不畏艰难、实干苦干的拼搏精神助力脱贫攻坚

面对恶劣的自然环境和艰难的生活环境，八步沙“六老汉”三代人不懈怠、不气馁、不放弃，付出了常人难以承受的艰辛，战胜了常人难以想象的困难，以“黄沙不退人不退，草木不活我不走”的执着，长期同风沙搏斗，不断同困难抗争，书写了从“沙逼人退”到“人进沙退”的绿色篇章。这种精神就是武威人民在决战决胜全面小康的征程中不畏艰难、实干苦干精神的具体体现。进入新时代，更需要大力弘扬新时代武威精神，敢啃硬骨头，勇打攻坚战，以担当体现忠诚，以实干创造实绩，一步一个脚印把各项工作向前推进。

习近平总书记在视察甘肃时对甘肃省脱贫攻坚工作作出最新指示：“要深化脱贫攻坚，坚决攻克最后的贫困堡垒。”这意味着在脱贫攻坚的最后关键时期，面对贫中之贫、坚中之坚，没有回头路可走，更没有任何捷径可寻，只有一鼓作气、横下一条心，与脱贫作战、与攻坚抗争，不屈不挠，战胜脱贫攻坚道路上的艰难险阻，攻破贫困的顽固营垒。

狠抓实抓、实干苦干，勇于打硬仗。深化脱贫攻坚任务要以“两州一县”和18个省定深度贫困县为重点，集中力量查漏洞、破瓶颈、固弱项、补短板，全力以赴攻克深度、重度贫困地区的脱贫任务，不搞形式主义、面子工程、官僚主义，着重处理“虚假式脱贫”“指标式脱贫”“算账式脱贫”等问题，扎扎实实做好扶贫工作，有效推进脱贫攻坚工作向纵深发展。脱贫致

富是一点一滴干出来的，不是熬出来的，只有务实苦干，撸起袖子加油干，才能打赢脱贫攻坚战。要牢固树立“宁愿苦干，不愿苦熬”的脱贫理念，上至省委书记、省长，下至村支部书记、村长以及驻村扶贫人员要求真务实，不喊口号、不说大话、不做虚功，落实落细脱贫攻坚的各项工作，使扶贫政策真正惠及每个贫困乡村、每个贫困家庭，做到精准扶贫、精准脱贫。

三、以勇于探索、唯实创新的进取精神助力脱贫攻坚

敢为人先、大胆探索、创新方法，破解攻坚难题。脱贫攻坚工作进入深水区，要继续深入推进脱贫攻坚工作，攻克最后的贫困堡垒，就得在体制机制上花力气、下功夫，取得新突破。不断创新脱贫方式，主动探索脱贫致富的新路子，想方设法解决好贫困的代际传递问题，努力开创脱贫攻坚工作新局面，开辟出一条具有甘肃特色的脱贫攻坚道路，为西部扶贫事业和民生建设工程贡献一份力量。

不断创新扶贫脱贫的体制机制，建立科学有效的激励、监管、考核机制，运用新体制新机制解决脱贫攻坚中的新问题；创新精准扶贫策略，根据不同区域不同贫困现状重新规划脱贫方案，探索多元化脱贫新路径，坚持“因人因地施策、因贫困原因施策、因贫困类型施策，做到对症下药、靶向治疗”；有效整合产业扶贫、科技扶贫、教育扶贫、医疗扶贫、生态扶贫、消费扶贫等各类形态的扶贫工作，形成脱贫致富合力。例如，在大力发展贫困地区的牛、羊、菜、果、薯、药等六大特色产业的基础上，利用互联网平台拓展贫困地区产品和服务消费渠道，在政府的引导下通过线上线下等多元渠道，调动社会各界消费者参与消费扶贫的积极性和主动性，增加贫困地区的经济效益，从而有效整合产业扶贫和消费扶贫，增强脱贫的稳定性和致富的可持续性。

四、以矢志坚守、接续奋斗的愚公精神助力脱贫攻坚

忠诚事业、久久为功，完成脱贫攻坚任务。习近平总书记指出：“贫困县摘帽后，也不能马上撤摊子、甩包袱、歇歇脚，要继续完成剩余贫困人口

脱贫问题，做到摘帽不摘责任、摘帽不摘政策、摘帽不摘帮扶、摘帽不摘监管。”虽然当前甘肃省脱贫攻坚事业取得了良好的成效，贫困人口和贫困面积不断减少，但是在扶贫脱贫工作中仍然不能有丝毫松懈、半点马虎，仍需秉持坚持不懈、驰而不息的信念，再接再厉。对脱贫摘帽的县乡，保持原有扶持政策和投入力度不变，不撤离驻县驻村扶贫队伍，不断完善现行的扶贫政策，建立健全脱贫的体制机制，加强返贫风险监测和管控，着力解决“扶贫—脱贫—再返贫”的问题，持续深入推进脱贫攻坚工程，巩固脱贫的质量和效果。在完成贫困县脱贫摘帽的目标后，继续进军深度贫困区域，以滴水穿石的恒心解决深度贫困问题，确保到2020年实现全面建成小康社会的战略目标。

由于特殊的地理位置、脆弱的生态环境和复杂的人文历史因素，甘肃省的脱贫致富事业是一项长远的民生工程，更是一场持久战，并不是一朝一夕、一代人就能轻轻松松完成的任务。要拔掉甘肃省的“穷根子”，满足甘肃人民对美好生活需要的愿景，需要一代代共产党人持之以恒、永不言弃为人民群众谋幸福，更需要党员干部以愚公移山的精神带领人民群众一代接着一代干，扎根甘肃，坚守奋斗。以八步沙精神助力脱贫攻坚，担当重任、奋力拼搏、锲而不舍、砥砺前行，走完脱贫攻坚的最后一公里路，攻克贫困的坚固堡垒，创造甘肃如期打赢脱贫攻坚战的奇迹。

作者简介

杨宏伟，男，兰州大学马克思主义学院副院长、教授，硕士生导师。

美丽中国建设中当代愚公精神的传承与弘扬

◎ 刘继华　许周菲

愚公是中国一则古老寓言中的人物，他下定决心挖掉门前两座大山的举动被当时的智叟讥笑，但其坚持不懈的精神感天动地，让不可能（实现的目标）变为了现实。70多年前，毛泽东同志号召全党向愚公学习，“下定决心，不怕牺牲，排除万难，去争取胜利”，去推翻压在中国人民头上的大山。事实证明，70年前甘当愚公的中国共产党人将不可能变为了现实，建立了新中国，实现了民族独立和人民解放，为实现国家富强和人民富裕创造了根本前提。70年后，也有一群人甘当愚公，让不可能变为了现实，实现了沙漠变绿洲，谱写了从“沙逼人退”到“人进沙退”的绿色篇章。这群人就是八步沙“六老汉”三代人这个先进群体和“时代楷模”。习近平总书记称赞其为当代愚公，其先进事迹家喻户晓。

六家老汉丰碑铸，三代愚公意志坚，昔日漫漫黄沙变成如今郁郁葱葱。“六老汉”分别是郭朝明、贺发林、石满、罗元奎、程海、张润元，都是文化水平不高的农民，其中四人是共产党员。他们发挥党员的先锋模范作用，首先站出来、敢于冲上去，一不怕苦，二不怕死，党叫干啥就干啥，为保家园不被狂沙吞没，立志要为黄沙披绿装。38年来，以“六老汉”为代表的八步沙林场三代职工，矢志不渝，投身生态文明建设事业，至今完成治沙造林21.7万亩，管护封沙育林草面积37.6万亩，以愚公移山的毅力创造了人间奇迹，为生态环境的治理作出了重要贡献。八步沙“六老汉”三代人的当代愚公精神就是在困难面前不低头，敢把沙漠变绿洲的奋斗精神，它激励全党全国各族人民投身生态文明建设，铸就坚不可摧的绿色长城，为建设美丽中国而不懈奋斗。新时代需要这种精神。

一、学习八步沙“六老汉”三代人坚持生态保护优先，常保常严，保护绿色成果的坚定意志

弘扬当代愚公精神，建设美丽中国，要学习八步沙“六老汉”三代人坚持生态保护优先，常保常严，保护绿色成果的坚定意志。自然是人类社会产生、存在和发展的基础和前提，人与自然是相互依存、相互联系的整体，我们要处理好人与自然的关系，实现人与自然的和谐发展，努力开创社会主义生态文明新时代。在八步沙这片土地上，最难的不是种树种草，而是如何看管养护种植下的草木，如何将人与自然的关系由对立转变为和谐相处。一代代八步沙人都严格遵守这样一个规定：“一分种，九分护。”为了防止放牧对林场造成伤害，林场禁止砍伐林木，“六老汉”苦口婆心地宣传相关林业法规，日夜守护林木，铁面无私地处理违规者。习近平总书记指出：“只有实行最严格的制度最严密的法治，才能为生态文明建设提供可靠保障。”他们不仅禁止外人破坏植被，还禁止自己砍伐，像保护眼睛一样保护生态环境，像对待生命一样对待生态环境。在生活困难时期，他们没有卖树变现，宁要绿水青山，不要金山银山。在亲人去世需要棺木时，他们也没有向八步沙的树木伸过手。八步沙林场的那片“绿”就是一代代“六老汉”在禁止人为破坏、实现人与自然和谐相处中一点点“积攒”而来的。

二、学习八步沙“六老汉”三代人坚持科学治理，在保护基础上践行绿色发展的宝贵经验

弘扬当代愚公精神，建设美丽中国，要学习八步沙“六老汉”三代人坚持科学治理，在保护基础上践行绿色发展的宝贵经验。八步沙“六老汉”三代人将荒漠变绿洲的惊人成就，是在坚持实干而不是蛮干中不断创造出来的。第一代治沙人探索总结出“治沙要先治窝，再治坡，后治梁”的治沙思路和“一棵树、一把草，压住沙子防风掏”的治沙模式。第二代治沙人向专业技术员请教治沙造林方法，在固定沙丘周围构筑立体固沙体系，在活动沙丘上种植饲料灌木，这种方法将树苗成活率由不到四成提高到近八成。由于国家“三北”防护林政策调整，加上连年干旱少雨，林场发展遇到了前所未有的困难，他们开始探索绿色发展，开荒种地实行以农养林。第三代治沙人加快科学治沙的步伐，不断创新治沙方式，学到“打草方格、细水滴灌、地膜覆盖”技术，同时大踏步走上绿色发展的道路，发展沙产业经济，将“贫穷不是八步沙人”当作一种追求，探索出“以农促林、以副养林、农林并举、科学发展”的可持续发展模式。他们争取到蚂蚁森林等治沙项目资金支持，种植梭梭、嫁接肉苁蓉、种植枸杞和红枣等沙区林果，饲养“溜达鸡”，发展林下养殖，通过互联网销售林场产品，通过合作社带动周边农户致富。从“一棵树、一把草，压住沙子防风掏”到打草方格压沙，从单纯治沙到发展沙产业，实现了生态效益和经济效益双赢，既保持了绿水青山，也有了金山银山。八步沙林场的那片“绿”就是一代代“六老汉”在不断创新治沙方式和保护的基础上探索绿色发展模式中一点点“接续”而来的。

三、学习八步沙“六老汉”三代人坚持矢志不渝，久久为功，实现绿色梦想的奋斗精神

弘扬当代愚公精神，建设美丽中国，要学习八步沙“六老汉”三代人坚持矢志不渝，久久为功，实现绿色梦想的奋斗精神。“绿水青山就是金山银山”，有了好的生态，才会有好的生活。保护和改善生态环境，功在当代、

利在千秋。起初“六老汉”承包八步沙广受非议，但他们义无反顾挺进八步沙，以联户承包形式组建集体林场，住在八步沙、吃在八步沙、管在八步沙，死后还把自己“埋”进八步沙，生前不忘立下父死子继接续奋斗的誓约。八步沙的树逐渐变绿了，治沙老汉的头发变白了。尽管最初的“六老汉”已经有四位相继离世，新“六老汉”们用咬定青山不放松的韧劲，持续坚强地守护着敢把沙漠变绿洲的愚公之志。三代人，父死子继，子承父志，世代相传，把飞沙走石的不毛之地，治理成了生机盎然的绿色海洋。“六老汉”群策群力，众志成城，一代又一代接力，不仅治好了八步沙，还将治沙种树的步伐不断向外延伸，治好八步沙北面11.5万亩的黑岗沙后，继续向北承包治理麻黄塘沙区，向那里的15.7万亩荒漠发起挑战，用辛勤汗水筑起守护人们幸福家园的绿色屏障。八步沙林场的那片“绿”就是一代代“六老汉”在持之以恒、不畏艰辛、久久为功中一点点拼搏而来的。

伟大时代需要伟大精神，伟大时代呼唤伟大精神，新时代诞生了当代愚公精神，也必然会出现更多“六老汉”这样的当代愚公。千千万万的共产党员要始终不忘初心、牢记使命，在弘扬和践行当代愚公精神中发挥先锋模范作用，把群众带动起来、凝聚起来、组织起来，在中国特色社会主义生态文明建设中打开一片天地，干出一番事业。

作者简介

刘继华，男，兰州大学统战部副部长，马克思主义学院副教授、硕士生导师。

论新时代愚公精神对建设美丽中国的意义

◎ 范景鹏

中国特色社会主义进入新时代，习近平总书记多次强调要弘扬愚公精神。2019年8月21日，习近平总书记来到甘肃省古浪县八步沙林场，听取防沙治沙整体情况汇报和“六老汉”三代人治沙造林的感人事迹，高度赞扬了八步沙“六老汉”三代人的先进事迹，强调新时代需要更多像“六老汉”这样的当代愚公、“时代楷模”。这是在生态文明观念日益深入人心、建设美丽中国的时代背景下，在“不忘初心、牢记使命”主题教育开展中再次强调的时代精神，弘扬愚公精神对于建设绿色中国、美丽中国具有十分重要的意义。

一、由中华智慧到红色标志的演变

（一）“愚公故事”

愚公移山出自《列子·汤问篇》，在中国是一篇家喻户晓的寓言。全文三百余字叙次井然，首尾呼应，情节完整，对话生动，符合个性的对白极好地推动故事情节的发展。文章叙述了愚公不畏艰难，坚持不懈，挖山不止，最终感动天帝而将山挪走的故事。寓言故事通过愚公的坚持不懈与智叟的胆小怯懦，以及“愚”与“智”的对比，表现了中国古代劳动人民的信心和毅力，说明了想要克服困难就必须坚持不懈的道理，告诉人们做事要持之以恒才有可能成功，反映了中国古代劳动人民改造自然的雄伟气魄，表现了中国古代劳动人民的信心和顽强毅力，对人们有很大的启发。

（二）“愚公精神”的时代内涵

由于愚公精神能给人提供强大的精神动力，这种内在的精神资源在战争年代被赋予对外反帝革命的民族主义意象，被用于革命动员。毛泽东同志在抗战时期在抗大等场合多次讲到“愚公移山”的故事。1945年，中共七大三次提到愚公精神。第一次是在4月24日，毛泽东在中共七大作口头政治报告时；第二次是在5月31日，毛泽东在中共七大上对大会结论进行解说时；最后一次是在致党的七大闭幕词《愚公移山》中，对愚公精神进行了重新诠释，赋予其崭新的时代含义，深刻揭示了愚公的信念、信心和力量，来自充分发动群众、团结群众、紧紧依靠“全中国的人民大众”这个“上帝”。这成为全党同志坚韧不拔、不懈奋斗精神的写照，激励和鼓舞一代又一代共产党人前赴后继，带领人民不断夺取革命、建设、改革的新胜利。愚公移山精神从此成为我们党团结带领全国人民战胜一切艰难险阻、从胜利走向胜利的强大思想武器。

新中国成立后，革命的理念和任务发生变化，政治主题由革命转向建设，恢复生产、发展国民经济已成为当务之急。面对这些新问题，不仅“愚公移山”核心价值中的不怕困难、持之以恒、有志者事竟成等精神品格依然作为一种宝贵财富，不断得到世人的援引和学习，同时愚公精神被赋予了更广泛的历史意义，转向动员人民群众从事生产和经济建设，以及塑造社会主义新人。《愚公移山》是毛泽东同志在中共七大上的闭幕词，这篇文章与《为人民服务》《纪念白求恩》合称为“老三篇”，广为人知，成为激励全党和全国人民艰苦奋斗的重要文献。愚公移山中不怕困难、顽强拼搏、持之以恒的奋斗精神，被用于动员生产建设，激发全国人民投身社会主义生产建设的斗志，创造了许多建设奇迹。随着生产建设以及各种政治和社会运动，与每个中国人的生活乃至生命发生了关联，千千万万的中国人在学习愚公精神，争当“新愚公”的过程中，也被塑造成为千千万万的社会主义革命新人。一时间，中国遍地都是“革命的愚公”，真可谓“六亿神州尽愚公，全民一心干革命”。

改革开放后，在实事求是思想路线的指引下，愚公精神也不断被赋予更多新寓意。愚公精神所含有的核心价值作为一种宝贵精神财富依然被不断提倡和学习。愚公精神之所以在不同时代被不断提起，始终在于它的核心价值，即不怕困难、持之以恒、有志者事竟成的奋斗精神。这一特质在近代中国由站起来、富起来到强起来的历史进程中，在中国共产党领导的由革命、建设到改革开放的事业中更显重要，也正是在这一特质之上，使得该寓言在现代中国被重新阐释，并生发出更多的寓意。如今，愚公精神既是中华优秀传统文化的重要标志，更是我们党砥砺奋进的红色基因，也是我们党战胜各种困难、不断争取新的胜利的精神动力。

二、谱写在八步沙的新愚公传奇

与河北塞罕坝、山西右玉、内蒙古库布齐等一批绿色发展的典型相比，八步沙“六老汉”三代人治沙造林，条件最艰苦、资金最薄弱、技术最落后、设备最原始、人力最缺乏，是生态文明建设中最为典型的愚公精神。在所有关于八步沙“六老汉”三代人治沙造林事迹的报道中，“愚公”是使用频率最高的词汇。例如，1990年9月13日《甘肃日报》评论员文章《感人至深的愚公精神》，1996年12月7日《文汇报》的通讯《六愚公，沙漠里化作绿色的碑》，2000年6月27日《人民日报》的新闻《政策引导、愚公移山——六家人征服八步沙》等。1999年7月15日，甘肃省绿化委员会、甘肃省林业厅、中共古浪县委和古浪县政府为“六老汉”勒石纪功，碑文中称他们“赢得社会各界的称颂，被誉为‘当代愚公’”。习近平总书记在2019年8月视察甘肃时对其亦有“当代愚公”的评价等。

（一）不忘“愚公”初心，为民谋福以苦为乐

习近平总书记在2016年建党95周年时首提“不忘初心”，指出：“一切

向前走，都不能忘记走过的路；走得再远、走到再光辉的未来，也不能忘记走过的过去，不能忘记为什么出发。面向未来，面对挑战，全党同志一定要不忘初心、继续前进。”习近平总书记在党的十九大报告中再次明确指出：“中国共产党的初心和使命就是为中国人民谋幸福，为中华民族谋复兴”，这是向人民的宣誓。

古浪县是全国荒漠化重点监测县之一，保住耕地和家园就是当时人民最大的幸福。1981年，“六老汉”中四人是党员，他们明白，如果他们再不治沙、种树，这里的父老乡亲就必须背井离乡迁徙到别的地方去。怀着这颗淳朴的初心，他们开始了在浩瀚沙漠里治沙造林，这种在别人眼中看来的“愚”事。治沙过程中，他们以八步沙为家，随便挖个地窝子铺上被褥算住房，放三块砖支一口锅算厨房，没有固定的作息，饿了啃两口干粮充饥，累了抽几口旱烟解乏，冷了生一堆火暖身。作家徐刚曾写道：“我只能用我的心与他们对话，了解他们是在一种什么心态下从事这件漫长的、很难在短时期得到回报的劳动。我只能用文字向世人传达他们所从事的功德无量的事业。”38年来，三代人经历过家人不解、别人嘲笑、种树失败、资金匮乏等种种困难，经受住了风霜雨雪、酷暑寒冬的考验和外面世界的各种诱惑，但从来没有忘记“走过的路”，没有忘记“走过的过去”，没有忘记“为什么出发”，“愚”心不改。至今，“为了子孙后代，防治荒漠化刻不容缓”的大型标语仍然树立在八步沙林场。新时代，脱贫致富是当地人民最大的祈盼，“六老汉”三代治沙人也从当初的防沙治沙、植树造林到培育沙产业、发展生态经济，开始带领当地经济发展和群众脱贫。我们说时代在变，幸福的内涵也在变，唯有为人民谋幸福的初心不变，三代人38年接力奋斗诠释了中国共产党的初心就是为中国人民谋幸福。

（二）牢记“愚公”使命，知难而进干劲不减

使命来源于初心，初心和使命是激励中国共产党人不断前进的根本动力。八步沙“六老汉”担负的使命就是“治理荒漠，守护家园”。相对寓言里的愚公面对的是“山不加增”的太行、王屋二山，“六老汉”及其后代们面对的是每年以10米速度向南推移的八步沙，面对的是总面积7.5万

亩一眼望不到头的沙漠。没有任何治沙经验的六位老汉，只能按“一步一叩首，一苗一瓢水”的土办法栽种树苗。头顶烈日，脚踩黄沙，整日在沙漠中拼命，辛辛苦苦种上了近1万亩的树苗。可是几场大风刮过，活下来的树苗连30%都不到。这样的结果令六位老汉十分沮丧，但他们却没有因此而减弱治理沙漠、守护家园的信念。一次次失败，一次次再尝试，他们始终坚持耐心、苦心、恒心，终于使得压沙造林成活率和保存率得到大幅度提高。

他们早上披星戴月出发巡护，夜里蜷进沙漠窝棚，每日步行达30多公里，用坏的铁锹头堆满了整间房子。到2002年，承包的八步沙7.5万亩沙漠已经全部治理完，管护区内林草植被覆盖率由治理前的不足3%提高到70%以上，形成了一条南北长10公里、东西宽8公里的防风固沙绿色长廊，确保了干武铁路及省道和西气东输、西油东送等国家能源建设大动脉的畅通。他们又开始了向面积更大的黑岗沙、五道沟、七道沟、十道沟及北部沙区十二道沟进军，从“沙逼人退”到“绿进沙退”，从“死亡之海”到“经济绿洲”，38年来，三代愚公持之以恒向荒漠与贫困发起挑战，誓将沙漠变绿洲，用生命与汗水铸就了一道无比坚实的生态屏障。

（三）传好“愚公”家风，子孙接力奋斗

十八大以来，习近平总书记将党员干部的家风建设提到前所未有的高度，对家庭、家教和家风建设有许多论述，如“家庭是人生的第一个课堂”“家风是一个家庭的精神内核”“家风是社会风气的重要组成部分”等。愚公率领家人移山，立下“虽我之死，有子存焉；子又生孙，孙又生子；子又有子，子又有孙；子子孙孙无穷匮也，而山不加增，何苦而不平”的志向。六位治沙愚公没有高深的家教理论，但以身作则，身教胜于言教。种树忙时，为了抢进度，“六老汉”动员家里人“参战”，6户人家40多口人齐上阵，年纪最小的只有10多岁。“六老汉”没有文化，写不出《严氏家训》《朱子家训》这样名垂千古的成文家训，但他们口头立下约定，无论多苦多累，每家都得出一个人，谁要是干不动了，就让后人来接班，带着子孙甘当治沙“愚公”。老人去世后，都没有按照风俗埋在祖坟里，而是按照其临终嘱托埋在了八步沙林场。面对父辈们的约定，第二代治沙人自幼就跟随父辈在沙漠里劳作，深知其中的艰辛与寂寞，当年在“治”与“不治”间也曾经徘徊犹豫、艰难抉择，最终将这个庄重誓言融入传世家风。1982年，62岁的郭老汉病重，经常下不了床，30岁的郭万刚放弃了当时供销社的“铁饭碗”，接替父亲进入林场；1991年，21岁的贺中强在父亲倒下的树坑旁捡起铁锹，进入林场；1992年，22岁的石银山接替父亲进入林场；2002年，30岁的罗兴全接替父亲进入林场。就这样，郭老汉的儿子郭万刚、贺老汉的儿子贺中强、石老汉的儿子石银山、罗老汉的儿子罗兴全、程老汉的儿子程生学、张老汉的女婿王志鹏接过老汉们的铁锹。“六兄弟”成了八步沙第二代治沙人。2017年，郭朝明的孙子郭玺放弃收入可观又可见识多彩世界的货车司机工作，加入林场成为八步沙第三代治沙人。三代人将治沙的接力棒手手相传，一代接着一代干，将绿色梦想铸成坚定信念，把三代人的精彩华章写在了八步沙。

三、在建设美丽中国的奋斗中彰显愚公精神

党的十八大报告将生态文明建设列入推进中国特色社会主义事业的“五位一体”总体布局，提出建设美丽中国。我们党把“生态文明建设”写入党章，把生态文明建设写入了宪法，成为我们党和国家最根本的思想遵循和行动指南。习近平总书记着眼于世界文明形态的演进、中华民族的永续发展、我们党的宗旨责任、人民群众的民生福祉以及构建人类命运共同体的宏大视野，以宽广的历史纵深感、厚重的民族责任感、高度的现实紧迫感和强烈的世界意识，围绕生态文明建设提出的一系列新理念、新思想、新战略，形成了习近平生态文明思想，这是新时代生态文明建设的根本遵循和行动指南，也是马克思主义关于人与自然关系理论的最新成果。伟大的事业需要崇高的精神，崇高的精神推动伟大的事业。建设美丽中国，既是美好的发展前景，更是艰苦的奋斗历程，其难度之大，远非挖掉太行、王屋二山可比，更需要弘扬愚公精神，永远奋斗。

（一）彰显愚公精神要坚持奋斗幸福观

习近平总书记在多个场合强调“幸福是奋斗出来的”，“奋斗本身就是一种幸福”，“新时代是奋斗者的时代”。可以说，“奋斗幸福观”是习近平新时代中国特色社会主义思想最简明、最通俗的表达形式，是对广大人民群众参与民族复兴大业、实现中国梦最有力的动员。愚公移山精神的核心和精髓就是一个“干”字，就是敢想敢干、务实重干。生态文明建设是一项投入大、周期长、见效慢、易反弹的系统工程，也是一项关系人民福祉，关乎民族未来，功在当代、利在千秋的公益性工程。习近平总书记指出：“造林绿化是功在当代、利在千秋的事业，要一年接着一年干，一代接着一代干，撸起袖子加油干。”全球从2000年到2017年新增的绿化面积中，约四分之一来自中国，中国的贡献比例居首。在全球森林资源持续减少的背景下，中国成为全球森林资源增长最多的国家。三北工程、天然林保护工程、退耕还林工程……中华大地的绿色版图不断扩大，创造了全世界的绿色奇迹，这背后是几十年来一个又一个“愚公”、一代又一代的“愚公”接力奋斗的结果。当愚公精神的奋斗能产生效益，当愚公精神的奋斗能带来愉悦，当愚公精神的奋斗成为一种信仰，中华民族的复兴大业将迅速汇聚空前的能量。奋斗是全面的，它包含实干苦干，也包含创新发展，它包含改变客观世界，也包含改造主观世界，所以这是一种综合素质的展现。

（二）彰显愚公精神要发挥党员先锋模范作用

毛泽东同志在《愚公移山》中指出：“首先要使先锋队觉悟，下定决心，不怕牺牲，排除万难，去争取胜利。”《中国共产党章程》总纲第一句开宗明义讲：“中国共产党是中国工人阶级的先锋队，同时是中国人民和中华民族的先锋队。”敢于担当是中国共产党人的优良传统和精神特质，也是我们党能够改变中华民族命运的重要原因。共产党员的先锋模范作用是党的先进性的具体体现，只有增强宗旨意识，在社会各个方面都起到先锋模范作用，将内化于心的理想信念转化于行，才能使群众感受到理想信念的强大力量，从而带动群众转变思想信念，共产党员才无愧于工人阶级先锋战士的称号。

曾有人质疑，面对“惩山北之塞，出入之迂也”，愚公为何不采取搬家的办法？面对步步紧逼的沙丘，也确实有一些人上新疆、去宁夏、走内蒙古，开始逃离家乡，“六老汉”同样也有机会和能力采取走为上策的“搬家”。改革开放之初，推行农业生产责任制，出现了以“包产到户”为主的多种承包方式，“六老汉”当时大都是村党支部书记、村长、生产队长等，在基层群众中见识广、经验丰富、头脑灵活，凭借自身的优势和条件，完全有能力承包良田，发家致富。像当年愚公没有选择“搬家”而是立志“毕力平险”一样，他们选择了迎沙而进，八步沙“六老汉”三代人以自己的先锋模范作用，影响带动周围的群众，把群众带动起来、凝聚起来、组织起来，打开一片天地，干出一番事业。党员、干部要弘扬担当精神，始终保持永不懈怠的精神状态和一往无前的奋斗姿态。

（三）彰显愚公精神要坚持人民主体性和发挥群众首创精神

毛泽东赋予了愚公精神鲜明的人民主体性，“我们一定要坚持下去，一定要不断地工作，我们也会感动上帝的。这个上帝不是别人，就是全中国的人民大众。全国人民大众一齐起来和我们一道挖这两座山，有什么挖不平呢?”建设美丽中国、弘扬愚公精神同样离不开人民主体。习近平总书记多次强调：“良好生态环境是最公平的公共产品，是最普惠的民生福祉。”共产党人为人民的不懈奋斗，也是全体人民的奋斗，是共产党人带领人民群众一起的奋斗。为幸福而奋斗，在奋斗中谋幸福，这是“奋斗幸福观”的逻辑支点和理论核心。习近平总书记在十九届中央政治局第二次集体学习时指出：“改革开放是亿万人民自己的事业，必须坚持尊重人民首创精神。”深化改革是为了人民，也必须依靠人民，尊重人民群众的首创精神，发挥人民群众参与深化改革的积极性和创造性。如果说塞罕坝绿色奇迹是“政策主导型”，库布齐绿色奇迹是“科技主导型”，右玉绿色奇迹是“政府主导型”，那么八步沙绿色奇迹就是鲜明的“群众主导型”。“六老汉”没有任何治沙经验，经过多次实验和失败摸索出“一棵树、一把草，压住沙子防风掏”的经验，到第二代治沙人创新应用“网格状双眉式”沙障结构，实行造林管护网格化管理，再到第三代治沙人全面尝试“打草方格、细水滴灌、地膜覆盖”等新技术，科技含量不断改进，管理制度不断完善，生活水平不断提高，经济效益和社会效益不断扩大，自始至终彰显了群众的首创精神。

作者简介

范景鹏，男，博士，中共甘肃省委党校（甘肃行政学院）中共党史教研部副主任，副教授。

武威践行“生态优先，绿色发展”理念的经验与探索

◎ 温煜华

党的十八大以来，以习近平同志为核心的党中央把生态文明建设作为统筹推进“五位一体”总体布局和协调推进“四个全面”战略布局的重要内容，谋划开展了一系列根本性、长远性、开创性工作，推动生态文明建设和生态环境保护从实践到认识发生了历史性、转折性、全局性变化。在习近平生态文明思想指引下，全党全国贯彻绿色发展理念的自觉性和主动性显著增强，美丽中国建设迈出重要步伐。为抗击巴丹吉林和腾格里沙漠的危害，武威市在长达654千米的风沙线上，有效控制风沙口240多个。武威市古浪县“六老汉”三代人经过38年的拼搏奉献，科学治沙，以愚公移山的精神生动书写了从“沙逼人退”到“人进沙退”的绿色篇章，是绿色发展理念的忠实践行者。

一、八步沙治沙模式具有重要的理论和实践意义

立足于人类文明变迁的历史反思和对当今世界的现实观照，基于建设美丽中国的需要，八步沙治沙模式具有重要的理论与实践意义。

（一）八步沙治沙模式验证了绿色发展理念的当代意义

生态文明理念极其丰富，其表现形式也是多样的。人与自然和谐是生态文明的本质特征，也是生态文明的核心理念。习近平总书记指出："我们要牢固树立尊重自然、顺应自然、保护自然的生态文明理念。"人与自然的和谐发展是对生态文明理念的生动诠释，更是我们党执政理念的升华。在习近平生态文明思想的指导下，我们要树立新的资源观，将生态环境作为重要的财富，把生态保护与发展紧密联系起来，坚持在保护中发展，在发展中保护，统筹人与自然的和谐发展。通过绿色发展破解生态环境保护与发展的矛盾，提高经济发展的质量和效益。八步沙治沙模式遵循人与自然的辩证法，对如何解决好人与自然和谐共生问题进行了积极探索，并取得了显著成效。

（二）八步沙治沙模式有利于破解治理生态环境的难题

习近平总书记指出："生态环境保护是功在当代、利在千秋的事业。""全党同志都要清醒认识保护生态环境、治理环境污染的紧迫性和艰巨性，真正下决心把环境污染治理好，把生态环境建设好，为人民创造良好生产生活环境。"八步沙位于腾格里沙漠南缘，是甘肃省古浪县北部的一大风沙口。38年前，这里是一片漫天黄沙的不毛之地。活动性沙丘以每年7米多的速度向村庄前进。位于甘肃北端的古浪、民勤等地如果不能保护沙漠，那么北方的三大沙漠联手前进就会对河西地区的绿洲造成威胁。38年来，从第一代人的"一棵树、一把草、压住沙子防风掏"，到现在第三代人"打草方格、细水滴灌、地膜覆盖"等，有效地阻止了沙漠的前进，使周边10万亩农田得到了保护。经过30多年的治沙造林，八步沙附近地区已经变得林草丰茂，不仅大风天气减少了，古浪县的风沙线也后退了15千米，生态环境得到了极大改善。

（三）八步沙治沙模式走出了一条正确处理经济发展和生态环境保护关系的路子

习近平总书记强调："坚持以生态文明理念引领经济社会发展，切实做到经济效益、社会效益、生态效益的同步提升"，使"青山常在、碧水长流，实现百姓富、生态美的有机统一"。环境治理是一个系统工程，要把生态文明建设融入经济建设、政治建设、文化建设、社会建设各个方面和全过程。八步沙治沙模式为在实践上正确处理经济发展和生态环境保护的关系提供了一条可供借鉴的新路。八步沙“六老汉”三代人奋斗38年，完成治沙造林21.7万亩，管护封杀育林草面积37.6万亩。不但有效遏制了风沙灾害，而且栽植各类沙生经济林作物，按照“公司+基地+农户”的模式，开辟了一条“以农促林、以副养林、以林治沙、农林牧副并举”的发展新路子，人民生活水平不断提高。他们用实践告诉人们，保护生态环境实质上就是保护生产力，改善生态环境实质上就是发展生产力，保护和改善生态环境必将推动经济发展。

（四）八步沙治沙模式为国际社会治理生态环境提供了中国经验

荒漠化不仅是生态领域的热点难题，更影响着经济社会稳定与可持续发展。中国历来重视荒漠化的防治，实施了三北防护林等重点工程。八步沙探索出了一条“治沙、生态、民生、经济”平衡驱动的可持续发展之路。通过尊重自然、顺应自然、保护自然的理念，把沙漠的问题变成机遇，把沙漠的负资产变成能产生GDP的绿色资产。八步沙治理突破了以往靠政府投入的传统思维，创新性地引入市场化运作和利益共享机制，推进政府、企业、社会三方合作，这种治沙模式为全球荒漠化治理贡献了中国经验。

二、八步沙治沙的主要经验成果

八步沙从单纯的植被建设到产业化治沙的过程，既是不断实现人与自然和谐相处的过程，也是组织群众不断创造美好生活的过程。在这一过程中，取得了以下经验成果。

（一）形成了内涵丰富的防沙治沙经验

在沙漠中造林非常困难，他们就在树窝周围埋上麦草把沙子固定，这样树苗就能保住。沙漠里最难的不是种树，而是看管养护，他们就用乔、灌、草结合的模式治沙，使得荒漠绿洲在八步沙不断延伸。他们不但治理沙漠，还在沙漠里种植了大量经济作物，按照“公司+基地+农户”的模式，建立“按地入股、效益分红、规模化经、产业化发展”的公司化林业产业经营机制。

（二）培育了催人奋进的治沙精神

政府治沙、林场治沙、企业治沙……在长达三十多年的岁月里，一代又一代治沙人用智慧和汗水谱写了无数可歌可泣的治沙故事，凝结了催人奋进的治沙精神，那就是顽强拼搏、坚忍不拔。面对风沙的肆虐，他们不但把自己“埋”进沙漠，还立下了父死子继的誓约，这三代人，子承父志、世代相传，守得沙漠变绿洲。几十年如一日，将毕生的心血都奉献于治沙事业上。敢想敢干，勇于创新。从最初的六个人资金短缺，到现在将生态与经济相结合、产业与扶贫相结合，发展成为治沙的现代企业。

（三）达到生态与产业并重，治沙与致富共赢的效果

八步沙在长期治沙过程中，沙产业得到蓬勃发展。他们立足地区特色和资源优势，按照“生态建设产业化，产业发展生态化”的思路，构建沙产业基地，培育龙头企业，基本形成了企业投入为主体，社会投入为补充的多元化沙产业基地建设。带动沙区的农民富起来，把沙漠变成绿水青山和金山银山。

三、关于八步沙沙产业高质量发展的几点思考

虽然经过三十多年的努力，绿色已经成为八步沙最厚重的底色，但让沙漠变绿不是终极目标，在绿的基础上实现生态效益和社会效益的统一，才是高质量发展的应有之义。

（一）加强顶层设计，建立促进沙产业可持续发展的体制机制

大力开展习近平在甘肃调研时的重要讲话精神，深化对治沙重要地位和作用的认识。加强政府对沙产业的扶持引导，合理配置各类资源，积极引导资金、技术、人才等要素向沙产业聚集。加快构建以产业生态化、生态产业化为主体的生态经济体系。科学编制沙产业发展的中长期规划，初步建立适合地域特点的沙产业发展之路，配套科学技术服务和政策支持保障体系，使得沙产业真正成为绿色产业。

（二）坚持协调发展，统筹山水林田湖草系统治理

要把山水林田湖草沙作为生命共同体，用系统思维谋划和推动生态修

复、努力创建国家生态文明先行示范区。一是营造好林。深入推进沙漠林灌草的种植。二是管护好田。严禁沙化土地过度利用和掠夺式经营开发，防止因发展不当对生态环境造成新的破坏。三是治理好沙。建立封禁保护区，逐步控制沙漠化扩展，依法规范沙产业开发行为。

（三）坚持创新开放发展，强化科技进步对沙产业的战略支撑

沙产业是利用现代技术，通过植物的光合作用，固定转化太阳能的知识密集型产业，以发展知识密集型的农业型新兴产业。因此，必须强化科技进步对沙产业的战略支撑作用。要重视沙产业的开发研究工作，鼓励沙产业龙头企业设立研发机构，加强与国内外相关科研院所的交流与合作。开展沙生植物品种选育、种植、节水灌溉、开发利用等高新技术研究，推广一批技术成熟、效益明显的科技成果。依托相关科研院所和高等院校，加强沙产业实用技术培训，提高沙产业管理人员和农牧民的技能。广泛开展荒漠化防治和沙产业发展国际经验交流，积极举办沙产业博览会，搭建沙产业高新技术国际国内合作交流平台。

（四）坚持共享发展，激发社会各界投身沙产业的积极性

政府要提供良好的金融信贷支持和税收优惠政策，鼓励和吸引社会力量参与沙产业的开发。加强科学研究和技术推广、教育培训等方面资金，对沙产业发展领域加大支持力度。坚持以人民为中心的发展观点，将发展沙产业与脱贫攻坚、培育新型职业农牧民等有机结合起来，积极鼓励和扶持农牧民自愿建立各种类型的沙产业合作组织，推广“公司+合作组织+基地+农户”的组织形式，实现企业与农牧民风险共担、利益共享。

作者简介

温煜华，女，中共甘肃省委党校（甘肃行政学院）甘肃发展研究院甘肃省情中心主任，副教授。

愚公精神的历史意蕴与新时代内涵

◎ 韦　明

《愚公移山》是毛泽东同志在中共七大上作的闭幕词。他把中国革命的两大对象——帝国主义和封建主义比作两座大山，提出共产党员应以愚公自诩，下定决心，和全国人民一起，挖掉这两座大山。毛泽东所倡导的愚公精神为中国革命取得伟大胜利做出了巨大贡献。因此，这一精神在随后的革命和建设中一再被提及，并且随着时代的发展和变迁，愚公精神也有了新时代的内涵和特征。

一、愚公精神的历史意蕴

党的十八大以来，习近平总书记多次强调要弘扬愚公移山精神。2015年，习近平在中央扶贫开发工作会议上强调："我们要立下愚公移山志，咬定目标、苦干实干，坚决打赢脱贫攻坚战。"在2016年年底的政协新年茶话会上，习近平在发言中说："让我们大力弘扬愚公移山精神，大力弘扬将革命进行到底精神，在中国和世界进步的历史潮流中，坚定不移把我们的事业不断推向前进，直至光辉的彼岸。"这些重要论述，赋予愚公移山精神新的时代内涵。

2019年8月，习近平总书记在视察甘肃省古浪县八步沙林场时说：“新时代需要更多像‘六老汉’这样的当代愚公、时代楷模。要弘扬‘六老汉’困难面前不低头、敢把沙漠变绿洲的奋斗精神，激励人们投身生态文明建设，持续用力，久久为功，为建设美丽中国而奋斗。”

愚公精神是毛泽东同志首倡的。在革命时期，中国共产党人领导全国人民进行了艰苦卓绝的斗争，经过新民主主义革命，推翻了三座大山，实现了民族独立和人民解放。他以敏锐的理论思维，对共产党人和人民群众的斗争实践进行总结，把中华民族的历史文化遗产中的一则寓言，赋予时代内涵，丰富和发展了寓言中所反映的精神品质，从而形成了具有中国共产党人特色的愚公精神。在毛泽东那里，这种精神既具有崇高理想、远大目标和必胜信念，又有争取胜利的实际措施和百折不挠的毅力。“下定决心，不怕牺牲，排除万难，去争取胜利。”这是毛泽东对愚公精神的生动概括。新中国成立后的社会主义建设时期，党领导全国各族人民继续发扬愚公精神，克服了社会主义革命和建设中的许多艰难险阻，顺利完成了社会主义改造，并且进行了社会主义建设的初步探索，取得了一系列辉煌成就，把一个贫穷落后的中国，建设成为一个具有比较完整的国民经济体系和工业体系的社会主义国家。

建设社会主义，实现伟大目标，是一个长期过程。革命时期需要搬走几座大山，建设社会主义，进行改革开放，仍然需要挖掉几座山。因此，愚公精神在改革开放的时代，仍然要不断提倡。改革开放的目标，最主要的是要摘掉贫穷落后的帽子。整个国家的贫穷落后的帽子，就像一座大山，横亘在国人面前。中国在改革开放之初，人均收入排在世界上比较靠后的位置。国家积累十分有限，没有资金，科学技术也不发达。短时期内要改变这样的现实，显然是不可能的。1986年，当时的国家领导人提出：“发展社会生产力，需要愚公精神。全面推进体制改革，需要愚公精神。加强社会主义精神文明建设，需要愚公精神。克服不正之风，一要坚决，二要持久，同样需要愚公精神。”

二、愚公精神的新时代内涵

改革开放四十多年来，中国共产党领导全国人民，继承和发扬愚公精神，中国特色社会主义建设取得辉煌成就。国民经济长期保持中高速发展，综合国力显著提高，人民生活水平达到了小康，贫穷落后的帽子差不多基本摘掉了。这是持之以恒、毫不松懈的结果，是愚公精神的直接体现。改革开放四十年的历程中，有很多困难和阻碍，党和人民坚持正确方向，一点一滴地加以解决或者克服，最终累积为巨大成就。

十八大以来，党带领全国人民，以实现中华民族伟大复兴的中国梦为目标，坚定不移地高举中国特色社会主义伟大旗帜，继续发扬愚公精神，坚定理想信念，心无旁骛，咬定青山不放松，努力奋斗，走过一个个险滩，涉过一个个关隘，逐渐接近伟大目标。全面建成小康社会，需要愚公精神；全面从严治党，需要愚公精神；全面以法治国，需要愚公精神；全面深化改革，需要愚公精神。习近平总书记讲过：我们要有钉钉子的精神，钉钉子往往不是一锤子就能钉好的，而是要一锤一锤接着敲，直到把钉子钉实钉牢，钉牢一颗再钉下一颗，不断钉下去，必然大有成效。这种钉钉子的精神，和愚公挖山的精神是一致的。实现中华民族伟大复兴的中国梦，需要弘扬中国精神，而愚公精神就是中国精神的有机组成部分。

中国能够取得辉煌的成就，与全国基层无数个像“六老汉”这样的愚公们，在自己的工作岗位上辛勤奉献密切相关。改革开放新时期，全国各行各业涌现出无数先进模范、“时代楷模”，他们响应党的号召，带动广大群众自力更生、奋发图强，干一行、爱一行，专一行、精一行，他们的身上体现出来的顽强拼搏的精神，其实就是对愚公精神的当代诠释。

三、弘扬当代愚公精神

八步沙林场“六老汉”三代人治沙造林的事迹，非常具有典型性。他们这个群体所展现的时代精神，既是对愚公精神的继承，也是对愚公精神的丰富和发展。他们选择了长期治理沙漠，体现出来的是勇敢的担当精神。改革开放之初，国家财力有限，对治沙事业的投入也有限，“六老汉”力量非常弱小，影响和带动的也只是六个家庭，面对茫茫沙漠，他们没有退缩，而是勇敢前进，以微小的努力，日复一日，坚持了38年，累积下来的成绩，震惊世人。如果没有当初那种担当与责任，成就何谈而来？治沙过程漫长，效果并非短期能够显现，需要长期坚守，这种坚守拼搏的精神，是治沙成功的关键。人们常说，十年树木，百年树人。意思是说，植树造林，有个十年时间，就有不错的成绩。如果在沙漠里面种树，十年真的不算长，有成果也很难保持。三个十年、四个十年，一代人的坚守时间也比较有限，三代人这样坚持下来，成绩才能比较突出。

“六老汉”三代人治沙造林，以自己的行动，践行了习近平生态文明思想，是“绿水青山就是金山银山”理念的新时代诠释。改革开放以来，中国的发展理念与时俱进，从“发展就是硬道理”，到“科学发展观”的提出，再到“五大发展理念”，对生态环境的要求越来越严。新发展理念就是创新、协调、绿色、开放、共享的发展理念。其中的绿色发展理念，就是针对我国资源约束趋紧、环境污染严重、生态系统退化的问题而提出的。“六老汉”三代人治沙造林的行动，就是以微小力量，在践行绿色发展理念，让自己的家园变得更加美好，达到人与自然的和谐共生。

“六老汉”三代人治沙造林，也是对中国共产党人初心与使命的生动表达。共产党人的初心和使命，是为中国人民谋幸福，为中华民族谋复兴。“六老汉”三代人坚守沙漠，治沙造林，他们的初心不是为了一己之私，而是为了保卫共同的家园不受灾害的侵扰。家园安全，人们才有幸福的物质基础，家园从荒漠变绿洲，民族才有复兴的物质条件。共同建设美好家园，美化环境，是每一个中国人的责任，“六老汉”三代人就是“时代楷模”。向“六老汉”这样的楷模学习，坚守岗位，敬业奉献，终能成就大业。

作者简介

韦明，男，兰州大学中国近现代基本问题研究所副所长，马克思主义学院副教授，硕士生导师。

八步沙“六老汉”给我们留下了什么

◎ 滕宗骞

38年以来，在我们脚下的这片土地上，一直延续着一个关于生态环境保护的故事，这个故事的主人公就是六个普普通通的农民和他们的子孙后代们。38年前，六个朴实的西北汉子在一个名叫八步沙的地方，带领他们的子孙后代战天斗地，治理沙漠，在风沙袭来时，他们没有选择逃离家园，而是义无反顾地留下来守护家园。这六个西北汉子后来被当地的老百姓亲切地称呼为“六老汉”。

“六老汉”，三代人，是一个用血缘和亲情为纽带联系在一起的特殊群体。他们都是普普通通的农民，没有接受过高等教育，文化程度也不高，他们不善于言辞表达，更不会说豪言壮语，但是，他们却干了一件让子孙后代都忘不了、了不起的大事。他们的境界、情怀、信仰远远高于很多受过高等教育的人，他们是新时代的楷模，是当之无愧的英雄。就是这样一群平凡的人，给我们留下了一种弥足珍贵的精神，留下了一个不能忘记的启示，留下了一片充满希望的绿色。

一、八步沙“六老汉”三代人的治沙故事留给了我们一种弥足珍贵的精神

“丹青难写是精神。”从腾格里沙漠深处走出来的六个普普通通的农民，用三代人的实际行动诠释和弘扬了新时代的愚公精神，这个精神就是八步沙精神。八步沙精神就是坚守信念，守一不移，咬定青山不放松的执着精神；就是排除万难，“敢教日月换新天”的拼命精神；就是久久为功，持续奋斗，壮志未酬誓不休的顽强精神；就是不怕吃苦，不怕牺牲，在困难面前不低头的老黄牛精神；就是“人一之、我十之，人十之、我百之”的苦干实干精神；就是只有大我、没有小我，全心全意为人民服务的担当精神……这些八步沙精神的内涵，同愚公精神、红旗渠精神、大寨精神、焦裕禄精神一样，都是我们中华民族精神和中国精神的核心内容，都是实现“两个一百年”奋斗目标和中华民族伟大复兴中国梦的强大力量。

二、八步沙“六老汉”三代人的治沙故事留给了我们一个时刻警醒的启示

这个启示就是人与自然必须和谐共生。马克思认为，人靠自然生活，人与自然的关系是人类社会最基本的关系。习近平总书记也指出：“自然是生命之母，人与自然是生命共同体，人类必须敬畏自然、尊重自然、顺应自然、保护自然。”历史教训反复证明，在人类社会发展过程中，凡是违背自然规律、破坏生态环境的行为，都毫不例外地会遭到大自然的无情惩罚。古埃及、古巴比伦的衰落，都是因为生态环境衰退特别是严重的土地荒漠化所导致的。20世纪80年代，“六老汉”的故乡古浪县八步沙，由于历史上过度垦荒，生态环境遭到严重破坏，滚滚黄沙吞噬了大量的农田和村庄，自然界的惩罚，惨痛的教训，使八步沙的六个老汉清醒地意识到，不改变现有的生态环境，子孙后代将无生存之地。关键时刻，他们凭着一份承诺和信仰，毅然决然地扛起了造林治沙、改变环境、守护家园的神圣使命。38年来，通过三代治沙人的不懈努力和奋力拼搏，有效遏制了黄沙肆掠、沙逼人退的恶劣

环境，人与自然和谐共生的良好生态环境日渐形成。八步沙的兴衰再次证明，当人类粗暴掠夺自然时，自然的惩罚必然是无情的；当人类友好保护自然时，自然的回报常常是慷慨的。人类只有尊重自然规律，才能在发展过程中少走弯路。

三、八步沙“六老汉”三代人治沙故事让我们看到了一片充满希望的绿色

在我国生态格局中，我们现在所处的这片土地正是青藏高原生态安全屏障的核心区域和北方防沙带的中心地带，是全国荒漠化、沙漠化最为严重，水资源极度短缺的地区之一。其位于腾格里沙漠南缘的八步沙林场，是当地最大的风沙口。据统计，古浪县境内沙漠化土地面积达239.8万亩，风沙线长达132千米，是全国荒漠化重点监测县之一。20世纪80年代，沙漠以每年7.5米的速度向村庄和农田推进。当地村民对此有个形象的说法：“一夜北风沙骑墙，早上起来驴上房。”38年过去了，如今的八步沙已经形成了一条南北长10千米、东西宽8千米的防风固沙绿色屏障，就是这条绿色屏障，拱卫着这里的铁路、国道、农田、扶贫移民区。38年中，据不完全统计，“六老汉”和他们的后代，带领群众治沙造林21.7万亩，植树4000万株。前人栽树，后人乘凉，现在我们都能看得见、望得着的那一片片绿色，是“六老汉”留给子孙后代最宝贵的财富。习近平总书记指出：甘肃是我国西北地区重要的生态屏障，在保障国家生态安全中具有重要的地位和作用，一定要努力提高生态文明建设水平。这是党中央在新的历史时期赋予甘肃的新使命。我们一定要牢记总书记的嘱托，坚持新发展理念，用实际行动守护绿色，建设生态屏障，为建设山川秀美、民族团结、经济发展、社会和谐，幸福美好新甘肃做出自己更大的贡献。

四、八步沙“六老汉”三代人的治沙故事再次印证了新的发展理念

“我们既要绿水青山，也要金山银山。宁要绿水青山，不要金山银山，

而且绿水青山就是金山银山。”这个著名的三段论表述，高度浓缩了习近平生态文明思想的核心要义，是新时代加强生态文明建设的基本原则和根本遵循。八步沙“六老汉”三代人就是习近平生态文明思想的忠实践行者，他们历经38年，用三代人的努力和付出，把昔日荒漠变为青山，并在持续努力把青山变成金山银山。事实已经证明，环境就是民生，青山就是美丽，蓝天也是幸福，良好的生态环境就是老百姓的“金饭碗”“银饭碗”。因此，进入新时代，我们要坚决打好打赢污染防治攻坚战和生态环境保卫战，坚持新发展理念，切实做到生态惠民、生态利民、生态为民，坚决摒弃损害、破坏生态环境的落后发展模式，大力发展和壮大经济，给我们的子孙后代留下一片蓝天净水绿地，要让我们的子孙后代能望得见绿山，看得见净水，记得住乡愁。

总之，一种精神、一个启示、一片绿色，都在集中诠释着一个新的发展理念。“幸福都是奋斗出来的”，天上从来都不会掉馅饼。“六老汉”留给我们的巨大财富，他们所做的事情都是功在当代、利在千秋的伟大事业，这一伟大事业还需要几代人、十几代人、几十代人持续奋斗。八步沙的子孙后代们坚信，“今天种活一棵树，明天就会种活千万棵树”。这种再造秀美山川的非凡勇气和大无畏精神以及“功成不必在我、功成必定有我”的博大胸怀，是我们每一个党员干部学习的标杆和楷模。当前，甘肃省发展正处于滚石上山、爬坡过坎的关键阶段，我们一定要大力宣传和弘扬八步沙精神，教育和激励广大干部群众将精气神凝聚到干事创业上来，勇于探索、改革创新，顽强拼搏、久久为功，撸起袖子加油干，力争到2020年，全面打赢脱贫攻坚战，同全国人民一道如期进入小康社会。

作者简介

滕宗骞，男，中共甘肃省委党校（甘肃行政学院）组织部部长，一级调研员。

新时代八步沙精神的弘扬与传承

◎ 辛俊会

2019年3月29日晚21时，中央电视台一套综合频道播出了古浪县八步沙林场“六老汉”三代人治沙造林的先进事迹。他们的故事，感人肺腑，震撼心灵，动情之处，现场不少观众不禁潸然泪下。当他们接过“时代楷模”的奖章和荣誉证书时，全场观众不约而同地站立起来，以热烈的掌声表达对模范人物的崇敬之意。

38年来，“六老汉”三代人长期坚守在八步沙林场防沙治沙的前沿阵地，这种决心与勇气令人肃然起敬，这种壮举与使命更让人精神振奋。中宣部授予八步沙“六老汉”三代人治沙造林先进群体“时代楷模”称号，可以说是实至名归、众望所向。在新时代，我们一定要不忘初心，将八步沙精神进一步弘扬与传承，不负时代重托，成就伟大梦想。

一、八步沙精神的科学内涵

八步沙林场地处河西走廊东端、腾格里沙漠南缘，在20世纪80年代，这里曾经狂沙肆虐，成了人们心中的忌惮之地。1981年，古浪县土门镇六位老汉，在治沙合同上按下鲜红的手印，誓与苍天较劲，守护他们世代被黄沙威逼的家园。38年来，“六老汉”三代人以钢铁般的不屈意志，创造了令人震撼的绿色奇迹，铸就了八步沙精神的时代名片。那么，何为八步沙精神？

（一）八步沙精神是一种矢志不渝、接续奋斗的愚公精神

一个人一辈子坚持干一件事都非常困难，而八步沙林场有这样一个群体，他们为了防沙治沙，三代人，一干就是38年，把自己的青春甚至是生命都献给了八步沙林场。这种矢志不渝、接续奋斗的新时代愚公精神，托起了八步沙人不达目的誓不罢休、倾其所有只为了那份绿色承诺的梦想。

（二）八步沙精神是一种坚守初心、勇挑重任的担当精神

初心来源于信仰，更是一份坚守与执着；使命要敢于担当，将自己的人生追求付诸实践。八步沙“六老汉”三代人以造福于民的坚定信仰，坚守在风沙前沿阵地，忠诚一辈子、奉献一辈子、奋斗一辈子，勇于挑起防沙治沙的重担。面对风沙的肆虐、家园的存亡，他们不畏烈日暴晒，无惧严寒酷冬，不畏恶劣环境，无惧艰苦劳作，用生命和汗水，成功击退了风沙侵蚀，使八步沙的自然面貌得到了极大改善。

（三）八步沙精神是一种不畏艰难、实干苦干的拼搏精神

沙漠环境是极端恶劣、反复无常的，曾经有多少人望沙却步，但八步沙人凭借“真抓实干、马上就办”的实干苦干精神，以百折不挠的顽强意志，战风沙、斗荒漠，咬定青山不放松，将曾经的风沙肆虐之地变成了今天的绿荫庇护之洲，发扬了“苦其心志，劳其筋骨，饿其体肤，空乏其身”的艰苦奋斗精神，生动书写了从“沙逼人退”到“人进沙退”的绿色篇章，诠释了“绿水青山就是金山银山”的生态理念。

（四）八步沙精神是一种勇于探索、唯实创新的进取精神

防沙治沙，仅凭蛮干、苦干，不能起到事半功倍的效果。八步沙人在长期的与风沙斗争的过程中，总结失败的教训，获取成功的经验，坚持科学治沙，注重绿色发展。38年来，从第一代治沙人植树种草压沙，到第二代治沙人创新应用“网格状双眉式”沙障治沙，再到第三代治沙人“打草方格、细

水滴灌、地膜覆盖”等新技术的有效应用，充分体现了他们在防沙治沙过程中勇于探索和求实创新的进取精神。尊重自然，因地制宜，顺势而为，与时俱进，真正做到了传承与创新并重、环境与效益兼得。

二、新时代弘扬和传承八步沙精神的现实意义

八步沙精神，不论是其自身所蕴含的诸种品质，还是其精神对未来社会发挥的影响作用，都无疑需要被发扬光大。

（一）八步沙精神为新时代弘扬甘肃精神增添了丰富的思想内涵

陇原儿女在长期同严酷自然环境的不懈斗争中，在革命、建设和改革发展的伟大实践中，形成了以“人一之、我十之，人十之、我百之”为核心的甘肃精神。八步沙人用智慧与汗水书写人与沙的故事，唱响绿色发展、永续发展的时代壮歌，充分体现了平凡中的伟大追求、平静中的满腔热忱、平常中的极强责任、贫苦中的坚韧不拔，让人真切地感受到八步沙人勤朴坚韧、众志成城、筑牢屏障、永保绿洲的坚强决心和强大信念，为新时代弘扬甘肃精神增添了丰富的思想内涵。

（二）八步沙精神充分体现了伟大时代孕育伟大精神，崇高事业需要榜样引领

中宣部授予“六老汉”三代人治沙造林先进群体“时代楷模”称号，既是对他们防沙治沙辛勤付出的嘉奖，更是对其取得成就的充分肯定。对八步沙精神的弘扬，将激励更多社会群体和民间力量投入到防沙治沙与生态建设的伟大事业中来。“六老汉”三代人身上所蕴含的愚公精神、担当精神、拼搏精神、进取精神，将激励每一个中华儿女砥砺前行，乘风破浪，勇立潮头。

（三）八步沙精神以实际行动践行了“绿水青山就是金山银山”的理念

生态文明建设事关人民福祉、关乎民族未来，建设生态、保护生态是我们每个人义不容辞的责任。“六老汉”三代人，一代接续一代，用双手艰苦创造，最终在漫漫黄沙岭上，实现了植被的郁郁葱葱，黄沙不再漫天飞舞、肆意漫延，避免了“沙进人退”的灾难，以实际行动践行了“绿水青山就是

金山银山”的理念。他们为守护我们共同的家园而奉献青春、甘洒热血，这是坚守与奋斗的壮举，也是信念与意志的传奇。

三、新时代弘扬和传承八步沙精神的生动实践

八步沙“六老汉”三代人治沙群体被中宣部授予“时代楷模”的那一刻，其所孕育的伟大精神，已不仅走出甘肃，更走向全国。在新的时代，如何将八步沙精神弘扬与传承，需要我们每个人一步一个脚印，踏踏实实地落实到行动上。

（一）弘扬和传承八步沙精神，要始终不忘初心、牢记使命，真正做到干事创业敢担当

初心源于信仰，使命勇于担当。共产党人要始终保持高度的政治责任感和强烈的历史使命感，以奋发有为的奋斗姿态和只争朝夕的精神状态干事创业。勇担职责使命，焕发干事创业精气神，确保各项工作落到实处。

38年来，三代八步沙人把个人理想融入党和人民的事业之中，用生命谱写了人与沙和谐共生的华丽篇章，彰显了个人对党和人民事业的绝对忠诚。

现阶段，中国特色社会主义进入新时代，国际竞争异常激烈，思想文化相互激荡，国内深化改革面临前所未有的阻力与挑战。这就需要我们筑牢信仰之基、补足精神之钙，筑牢对党绝对忠诚的思想根基，真正做到干事创业敢担当。

（二）弘扬和传承八步沙精神，要始终保持艰苦奋斗、拼搏进取的精神状态

中国共产党自建立到现在，经历了98年的峥嵘岁月，实现了中华民族从站起来、富起来到强起来，但艰苦奋斗的光荣传统和优良作风始终没有改变，并将继续发扬光大。

八步沙三代群体的治沙历程，就是一部艰苦创业的绿色传奇。八步沙人与天斗、与地斗，与风沙抗争，不管环境多么恶劣，治沙条件多么艰苦，始终保持一颗无怨无悔、顽强拼搏的赤子之心，最终使连绵不绝的沙丘变得绿

树成荫、生机盎然。

中国特色社会主义进入新时代，中国的综合国力显著提高，人民的生活水平蒸蒸日上，但我国处于社会主义初级阶段的基本国情始终没有改变，“两个一百年”奋斗目标和中华民族伟大复兴中国梦的实现，需要我们艰苦奋斗、拼搏进取，

（三）弘扬和传承八步沙精神，要始终坚持绿色发展理念，努力形成人与自然和谐发展新格局

保护生态环境，实现碧水蓝天，功在当代、利在千秋。我们要像保护自己的眼睛一样保护生态环境，像对待生命一样对待生态环境，决不能以牺牲环境为代价去换取一时的经济增长。当人类把尊重自然、顺应自然、保护自然的理念内化于心、外化于行，把生态文明建设作为推动社会发展的关键力量，自然也会滋养人类、哺育人类。

“六老汉”三代人面对困难不低头，遭遇挫折不服输，战天斗地守承诺，誓把沙漠变绿洲的大无畏精神，将激励更多的有志之士投身到生态环境保护当中。党的十八大以来，以习近平同志为核心的党中央特别重视生态文明建设，坚定不移地贯彻绿色发展理念，深入推进生态体制改革，适应了人类社会可持续发展的有效需求，增进了民生福祉。坚持生态优先、绿色发展、持续用力、久久为功，形成人与自然的和谐发展，为建设美丽中国续写新篇章。

（四）弘扬和传承八步沙精神，要始终坚定必胜信心，持之以恒地把美好蓝图变为现实

坚定必胜信心，是一种锐意进取、干事创业的积极态度，前面虽有惊涛骇浪、刀山火海的种种考验，但我们要有一种披荆斩棘、敢于担当的信心与勇气，以百折不挠、坚持不懈的精神状态，努力创造一流工作业绩。

“六老汉”三代人，面对一望无际的大沙漠，如何闯出一条防沙治沙的成功之路，其面临的困难可想而知。然而，任何时候，办法总比困难多，他们尊重客观规律，积极发挥主观能动性，因地制宜，创新驱动，更新思路，转变方式，实现了“绿色环保”的梦想，为改善西部地区生存环境积累了宝

贵的精神财富。道路是曲折的，前途是光明的，八步沙人在生态环保中取得了令人瞩目的成就，我们一定要将它的精神发扬光大，不骄不躁，有始有终，推动各项事业向更高水平、更高层次迈进。

作者简介

辛俊会，男，中共民勤县委党校，讲师。

八步沙“六老汉”三代人治沙造林精神的启示

◎ 李海霞

甘肃省武威市古浪县地处腾格里沙漠南端，是全国荒漠化比较严重的重点监测县，全域沙漠化土地多达239.8万亩，境内风沙线长达132千米。八步沙是古浪县最大的风沙口，曾经的八步沙黄沙肆虐，对当地百姓的生命财产造成巨大的威胁。故土难离，如何在如此恶劣的自然环境中安身立命，成为当地人苦苦追求的梦想。1981年，当地政府开始试点向社会承包荒漠化土地，古浪县土门公社的石满、郭朝明、贺发林、罗元奎、程海、张润元六人积极响应政府号召，以联户承包的形式组建了八步沙集体林场，从此开始和肆虐的风沙抗争。38年前，“六老汉”按下了红手印，是庄严的承诺，也是心中的坚守。38年，三代人，一个梦，累计治沙造林21.7万亩，封沙育林37万余亩，植树4000万株……38年后，中宣部授予八步沙“六老汉”三代人治沙造林先进群体“时代楷模”荣誉称号。

一、代代相传，建设山青水绿的美丽家园

党的十八大以来，随着生态文明制度建设的全面推进，“绿水青山就是金山银山”的生态理念全面贯彻到生态文明建设的各项制度之中。我们都知道武威在西北甚至全国生态安全屏障中的重要地位，也深知武威缺水干旱、林少沙多，生态环境脆弱的现状。多少年以来，当地的百姓为守护家园，改善恶劣的自然环境，从来不曾懈怠。古浪八步沙“六老汉”集体治沙的感人事迹正是当地人民不断追求、为之奋斗的缩影。事实也证明：建设山青水绿的美丽家园不是几个人可以完成的事情，也不是一代人可以实现的梦想，需要代代相传，久久为功。

基于此，为扎实推进生态文明建设，武威市近几年坚决落实生态文明建设责任，认真实践“绿水青山就是金山银山”的理念。2018年，武威市紧抓大规模国土绿化行动的机遇，全力打好生态文明建设主动仗，大力实施国土绿化倍增行动，通过实施祁连山生态恢复、防沙治沙、绿洲绿化美化、湿地保护恢复、林业产业培育五大工程，推进城镇绿化、农村社区绿化、景区（点）绿化、产业园区绿化、通道绿化、农田林网建设、林业有害生物防治、林业科技创新八大行动，着力提升造林绿化质量和实效，全市完成营造林96.62万亩，其中，完成人工造林51万亩，封山（沙）育林（草）45.62万亩，完成投资6.52亿元。三县一区城区完成新增绿化面积206.66万平方米，比2017年翻了一番，实现了造林面积、植树株数、完成投资、城市绿化面积4个倍增的良好目标，国土绿化倍增行动取得显著成效。武威市被甘肃省住建厅命名为“甘肃园林城市”，民勤县被命名为“甘肃园林县城”。

如今的武威，有人形容“祁连山林秀丽葱茏，荒漠沙坡绿意浓浓，城市园林美丽舒适，乡村环境干净整洁”。这一成绩的取得，得益于地方党委的有力领导，也得益于当地百姓上下齐心。每年春季，武威市干部群众都会开展大规模的义务植树活动，万众一心只为建设山青水绿的美丽家园。八步沙“六老汉”三代人正像《愚公移山》中所言“子子孙孙，无穷匮也”，而这种精神正是武威人民共同精神的体现，在这里没有人像“智叟”

一样，觉得迁居其他地方比治理家乡环境更划算。因为这里的人民祖祖辈辈居住在这里，正如“六老汉”所言：“我们可以搬家，但是中国不能搬。”质朴的语言，道出了一方百姓的家国情怀，也说尽了一方百姓对国家的责任担当。

二、苦干实干，实现幸福美好的新生活

防沙治沙对于武威人民而言，不仅仅是改变恶劣的自然环境和人居环境这么简单。土地沙化，每年肆虐的风沙危及的是老百姓的生命财产安全。每到春季，在风沙口的农民体会最深，铺好的地膜、刚出土的幼苗，一场大风就让一切化为乌有。如果不治理沙漠，沙丘每年都会向前推移，吞噬农田和村庄，假以时日，曾经的家园就会真正地变成黄沙漫卷的不毛之地。

2019年8月19日至22日，习近平总书记在甘肃考察中强调：要贯彻新时代中国特色社会主义思想和党的十九大精神，坚持稳中求进的工作总基调，贯彻新发展理念，坚定信心，开拓创新，真抓实干，团结一心，全面做好稳增长、促改革、调结构、惠民生、防风险、保稳定各项工作，深化脱贫攻坚，加快高质量发展，加强生态环境保护，保障和改善民生，努力谱写加快建设幸福美好新甘肃、不断开创富民兴陇新局面的时代篇章。

“幸福美好新甘肃，富民兴陇新局面”是甘肃人民最想实现的梦想，也是常年受风沙侵害的武威人民对幸福美好新生活的追求。8月21日，习近平总书记来到八步沙林场，察看林场整体风貌，听取武威市防沙治沙整体情况汇报和八步沙林场“六老汉”三代人治沙造林的感人事迹，并和林场职工一起开沟压沙。在现场，习近平总书记说：“八步沙林场‘六老汉’的英雄事迹早已家喻户晓，新时代需要更多像‘六老汉’这样的当代愚公、时代楷模。要弘扬‘六老汉’困难面前不低头、敢把沙漠变绿洲的奋斗精神，激励人们投身生态文明建设，持续用力，久久为功，为建设美丽中国而奋斗。任何事业都离不开共产党员的先锋模范作用，只要共产党员首先站出来、敢于冲上去，就能把群众带动起来、凝聚起来、组织起来，打开一片天地，干出一番事业。”

武威地区干旱缺水、林少沙多，生态环境脆弱是众所周知的事实。但是，一方水土养一方人，我们要谈的不是资源匮乏、环境恶劣带给我们发展的困境，而是在资源匮乏、环境恶劣的大环境之下，如何“坚定信心，开拓创新，真抓实干，团结一心”，实现武威人民对幸福美好新生活的追求与渴望。

三、立足岗位，成为专业精良的新工匠

“古有愚公移大山，今有老汉治沙滩。”八步沙“六老汉”在沙漠里种树造林，是为了守护家园，为了过上幸福美好的生活。当前，我们要向全面小康社会迈进，依靠的正是“六老汉”困难面前不低头，敢把沙漠变绿洲的奋斗精神。“空谈误国，实干兴邦”，美好的愿景要想成为现实，需要每个人贡献自己的微薄之力。“不积跬步，无以至千里；不积小流，无以成江海。”对于我们，唯有立足岗位，业精于勤，才是真的对八步沙“六老汉”精神的学习。在工作中多干事、少表态，坚持善始善终，善作善成；多些真抓实干，少些光说不练，坚持求真务实，敢于担当。

立足本职岗位，成为专业精良的新工匠，这是对八步沙“六老汉”三代人坚守精神的最好学习。这就要求我们要有爱岗敬业的职业精神、精益求精的品质精神、协作共进的团队精神、追求卓越的创新精神。就是要干一行、爱一行，钻一行、精一行，这是对爱岗敬业的最好诠释。有些人在本职岗位上工作了几十年，但是总觉得生不逢时、怀才不遇，就是忘了初心，少了热爱，而八步沙三代人代代相传、持之以恒的治沙事迹告诉我们，只要认真去干，勤于钻研，行行可以出状元。就是要追求极致，精益求精，漫漫黄沙可以变成绿柳成荫，不毛之地可以成为良田沃土。就是要融入集体，团结协作，毕竟一个人的力量是弱小的，但是众人拾柴火焰高，集体的力量是无穷的。就是要继往开来，开拓创新，在继承的基础上不断创新，满足人们日益增长的美好生活需要。

“三代愚公志，黄沙变绿颜。”今天的八步沙，是“六老汉”三代人一代接续一代用双手艰苦创造，以心血浇灌而成。在武威治沙造林先进群体中还

有千千万万个“六老汉”，他们所思、所梦、所为只为守一方故土，育一方儿女。38年弹指一挥间，然而传颂的是情系家园、拼搏奉献的担当情怀，传承的是永不懈怠、持之以恒的坚强斗志。人人为之，建成生态美、产业优、百姓富的和谐武威将在朝夕之间。

作者简介

李海霞，女，中共武威市委党校（市行政学院），讲师。

八步沙精神与武威绿色发展模式探析

◎ 龚天星

“生态兴则文明兴，生态衰则文明衰。”大力推进生态文明建设是我们党在新时期建设美丽中国的重要战略任务，也是贯彻落实新发展理念和实现中华民族永续发展的重要举措。古浪县八步沙林场“六老汉”三代人，迎难而上、久久为功，用实际行动诠释了“绿水青山就是金山银山”的理念，实现了绿进沙退，铸就了八步沙精神，被中宣部授予“时代楷模”荣誉称号。八步沙精神是习近平生态文明思想的生动诠释，更是提升中国特色社会主义生态文明自信的生动体现。

一、八步沙精神的内涵

（一）守护家园是八步沙精神的初心

八步沙，地处腾格里沙漠南部。20世纪80年代初，这里生态环境极度恶化，村庄农田被狂沙肆虐侵蚀，遍地寸草不生。为改善恶劣的生活环境，使家园不再被黄沙威逼，使农田庄稼不再受风沙侵蚀，古浪县土门镇的郭朝明、贺发林、石满、罗元奎、程海、张润元6位村民，以联户承包的形式组建了集体林场，义无反顾地开始了八步沙荒漠治理之路。几十年如一日，八步沙“六老汉”三代人成功击退了风沙的侵蚀，极大地改善了八步沙的自然生态。从流沙遍地到绿色长廊，从林草植被覆盖率由治理前的3%到现在的70%，八步沙的绿色奇迹，是一种平凡坚守的力量，是一份不忘初心的担当，是一份守护家园的情怀。

（二）持之以恒是八步沙精神的灵魂

“六老汉”立下约定，无论多苦多累，治沙不能停、不能断，每家必须要有一个人坚守治沙。三代人将这个庄重誓言融入传世家风，一代接一代，创造了从茫茫黄沙到万亩绿林的人间奇迹。他们用“愚公移山”精神生动书写了从“沙逼人退”到“人进沙退”的绿色篇章，以“愚公移山”的毅力创造了荒漠变林海的人间奇迹，用不畏艰难的实际行动诠释了“绿水青山就是金山银山”的理念，用矢志不渝的坚守、久久为功的韧劲，在生态文明建设的道路上奋勇前行。

（三）永续发展是八步沙精神的根基

永续发展观是习近平生态文明思想的一个重要观点，深刻追问经济社会发展以及人的发展的价值何在、何以实现价值以及何以促进价值永续保值增值的科学价值观。习近平从代内价值和代际价值以及生态价值三者应有机结合的高度提出了永续发展的问题。他提出：让良好生态环境成为人民生活的增长点、成为经济社会持续健康发展的支撑点、成为展现我国良好形象的发力点，让中华大地天更蓝、山更绿、水更清、环境更优美。38年来，八步沙林场的发展与变迁，三代人不断探索、创新、尝试治沙防沙新技术，始终坚持因地制宜、运用科学方法支撑绿色成长，始终着眼尊崇自然、构筑绿色发展的生态体系，真正做到了传承与创新并重、环境与效益兼得。三代治沙人坚持“绿水青山就是金山银山”的理念，向绿色要发展、向绿色要未来，展现了生态良好、生产发展、生活改善，人与自然和谐发展的新格局。

二、八步沙精神的价值维度

八步沙精神是对“绿水青山就是金山银山”理念的生动实践，是创新发展理念，推进生态文明建设，引领中华民族在永续发展的征途上奋勇前行的精神动力。

（一）八步沙精神是生态文明建设战略思想的生动体现

八步沙精神，为建设美丽中国、实现中华民族永续发展提供典范。“生态兴则文明兴，生态衰则文明衰”。党的十八大以来，以习近平同志为核心的党中央高瞻远瞩，从中国特色社会主义“五位一体”总体布局的战略高度，从实现中华民族伟大复兴中国梦的历史维度，反复强调：生态环境保护是功在当代、利在千秋的事业，提出“绿水青山就是金山银山”“保护生态环境就是保护生产力、改善生态环境就是发展生产力”等重要思想。八步沙精神是习近平生态文明思想的生动诠释，更是提升中国特色社会主义生态文明自信的生动体现。从风沙肆虐到茫茫林海，八步沙“六老汉”三代人不仅在生态文明建设中探索出了一条生态优先、绿色发展的新道路，而且形成了“矢志不渝、不畏艰苦、持之以恒”的八步沙精神。八步沙精神是我国推进生态文明建设中的一个生动范例和光辉典范，为凝心聚力推进生态文明建设，建设美丽中国提供精神动力。

（二）八步沙精神是中国精神的生动诠释

精神是一个民族赖以长久生存的灵魂。中宣部授予甘肃省古浪县八步沙林场“六老汉”三代人治沙造林群体“时代楷模”称号，是对全党全国人民继续推进生态文明实践活动的鼓舞和激励。弘扬八步沙精神，就是要牢记使命、不忘初心，勇挑建设美丽中国的历史重任。38年里，八步沙“六老汉”三代人从守护家园的初心，到永续发展的神圣使命，克服种种困难，创造了沙漠变绿洲的人间奇迹。八步沙精神形成的根本在于一代又一代的八步沙人不忘初心，始终听从党和国家的召唤，牢记保护生态、服务人民的重大使命。今天，面对环境污染、生态失衡的严峻形势，我们应该大力弘扬八步沙精神，坚守建设美丽中国这一新的使命，以实际行动践行习近平生态文明思想，保护生态环境，勇挑建设美丽中国的历史重任。

三、弘扬八步沙精神是武威推进生态文明建设的必然选择

（一）武威生态特征

武威地处腾格里、巴丹吉林两大沙漠的交会地带，生态脆弱，沙漠占国土面积的一半以上，既是全国出名的生态环境恶化、脆弱区，也是全国生态格局青藏高原生态安全屏障的核心区域和北方防沙带的中心地带。常年干旱少雨，降水量极不稳定，且水资源时空分布不均，资源性缺水严重。水资源的短缺使地下水超采严重，地下水位严重下降，天然植被大面积枯死，土地沙漠化加快。武威市是石羊河流域荒漠化和沙漠化危害最严重的地区，全市荒漠化土地占比达66.5%，沙漠化土地占比达46.3%，有386.3万亩土地沙化趋势明显，风沙线长达654千米，极具危害性的风沙口达286个，土地荒漠化和沙尘暴肆虐，对武威乃至甘肃、西北以及全国的生态安全造成了极大的威胁。

（二）武威区域特征

凉州区作为武威市政治、经济、文化中心，虽然经济发展水平显著高于全市平均水平，但是凉州区地处腾格里沙漠前沿，生态环境极其脆弱，沙漠面积占比达凉州区国土总面积的三分之一以上，全区年均降水量不足，蒸发量很大。

民勤县地处石羊河流域下游，东、西、北三面和巴丹吉林沙漠及腾格里两大沙漠相连，是全国最干旱、荒漠化危害最严重的地区之一。

天祝县是一个森林资源丰富的林业生态大县，是祁连山自然保护区的重要组成部分，是石羊河流域的水源涵养区、水源补给区和水土保持重要预防保护区，更是祁连山东段和兰州北部重要的高原生态屏障区，生态地位极其重要。

古浪地处腾格里沙漠南缘，是全国荒漠化重点监测县，境内沙漠化土地面积达247.1万亩，风沙线长达132千米，北部沙漠成为偏西及西北路径沙尘暴的主要沙尘策源地和加强区。

综上所述，武威所处的生态位置和严酷的自然条件，决定了其实现绿色发展对全省乃至西北大局都有重大意义。因此，弘扬八步沙精神，推进生态文明建设，是摆在我们面前最为迫切的重大现实问题，是对“绿水青山就是金山银山”理念的生动实践。

四、以八步沙精神推进武威绿色发展崛起

（一）弘扬八步沙精神，树立绿色发展理念

武威市委四届四次全体扩大会议确定了“牢固树立和践行新发展理念，走生态优先、绿色发展之路，努力建设经济强市、生态大市、文化旅游名市，全力打造生态美、产业优、百姓富的和谐武威”的总体思路，牢固树立“绿水青山就是金山银山”的绿色发展理念，深刻汲取祁连山生态环境破坏的沉痛教训。坚持“三个更要注重”的原则，即既要注重当前、更要注重长远，既要注重数量、更要注重质量，既要注重经济发展、更要注重生态环境保护；谋划项目必须进行必要性、可行性和合规性“三性”论证，坚决杜绝带污染、高耗能、高耗水、“冒黑烟”的项目。

（二）弘扬八步沙精神，建设绿色生态屏障

认真贯彻习近平总书记“确保民勤不成为第二个罗布泊”的重要指示精神，以防沙治沙和全域无垃圾专项行动等为重点，推进全域生态文明建设，着力打造环境革命升级版。一是强化源头保护治理。认真实施山水林田湖草生态保护修复工程项目，坚决有力地整改整治祁连山自然保护区的生态环境问题。二是坚持科学防沙治沙。努力创新治沙模式和技术，坚持人工治沙、工程治沙、机械治沙相结合，防沙治沙与用沙相结合，提升防沙治沙水平和实效。三是构建绿洲生态林网体系。积极开展大规模国土绿化行动，全面推进农田林网建设、农村社区及镇（乡）绿化、旅游景区景点绿化、通道绿化等，努力做好生态文明建设的“加法”。四是加强生态资源管护。强化冰川、湿地、森林、草原等资源保护，努力保护好珍贵的天然林和多样性的物种。

（三）弘扬八步沙精神，推进经济绿色转型

贯彻高质量发展要求，聚焦绿色发展崛起，加快发展方式转变，着力构

建生态产业体系。提升发展现代农业，即大力发展高效节水农业、绿色有机农业、高附加值农业，推广生态循环农业模式，提高农作物秸秆综合利用、废旧农膜回收利用、尾菜处理利用和畜禽养殖废弃物综合利用水平。大力发展生态工业，即围绕改造提升传统工业和培育发展战略性新兴产业，积极发展节能环保产业，大力推进园区和企业循环化改造，提高工业用水循环利用率、工业固体废物综合利用率，降低单位工业增加值水耗、能耗。做大做强文化旅游产业，即凭借武威历史文化资源优势，围绕推进全域旅游，推动旅游产业要素向资源禀赋好、生态环境优和交通区位突出的区域聚集，加快形成绿色生态产业发展新格局。

（四）弘扬八步沙精神，完善绿色发展机制

一是完善生态环境管理制度，深入实施主体功能区规划，层层建立生态保护红线清单。二是完善生态环境执法监管体制，对各类环境违法行为实行"零容忍"，健全完善政府、企业、社会共治的环境治理体系。三是完善生态文明考核体系。市委、市政府先后出台了《武威市生态文明体制改革实施方案》《关于深入推进绿色发展建设国家生态安全屏障的实施方案》《武威市生态文明建设目标评价考核办法》等一系列生态建设和保护方面的规范性文件。同时，对天祝县、民勤县考核指标进行了调整，加大对生态环境保护、脱贫攻坚、城乡居民收入和改善民生等指标的考核。四是完善科技支撑和投入保障体系，发挥钱学森沙产业中心实验室、甘肃省治沙研究所武威绿洲站等科研机构优势，加快科技创新成果转化。

作者简介

龚天星，男，中共武威市委党校（市行政学院），助教。

八步沙精神对新时代党员干部的启示

◎ 潘晓龙

2019年3月，中宣部授予古浪县八步沙林场“六老汉”三代人治沙造林先进群体“时代楷模”称号。这个先进群体是“绿水青山就是金山银山”理念的践行者，是把沙漠变绿洲这一奇迹的缔造者。八步沙林场的三代职工历经38年风风雨雨，在“六老汉”精神的引领下，矢志不渝、砥砺前行、拼搏奉献，用科学的方法治沙，坚守绿色发展的信念，以锲而不舍的精神推动治沙造林事业不断前行，完成了治沙造林面积达到21.7万亩，封沙育林草的管护面积达37.6万亩，生动书写了从“沙逼人退”到“人进沙退”的绿色篇章，为筑牢西部生态安全屏障作出了重要贡献。他们的事迹是一部催人奋进、励志笃行的奋斗史，“六老汉”三代人在治沙造林中展现的宝贵精神，更值得我们提炼、学习、总结和弘扬。

一、八步沙精神所展现的精神内涵

(一) 不忘初心、坚守信念的担当精神

20世纪80年代之初的古浪，沙化现象严重，沙漠每年的移动速度达到了

7.5米，一场暴风就能淹没沙漠边缘的人家。面对风沙肆虐、生态环境逐渐恶化的严峻形势，“活人不能让沙子欺负死！”“六老汉”立志要为他们的子孙后代保留一个绿色家园，怀着平凡简单的心愿，以当仁不让、舍我其谁、勇挑重任的担当精神，在合同书上摁下红手印，六家联户承包建成了八步沙林场。他们义无反顾地走向沙漠，开始压沙造林，实现守护家园的愿望，这一干就是38年。“六老汉”三代人不忘初心、坚守誓言、抱定信念、阻沙造林，用生命和汗水创造了令人震撼的绿色奇迹，锁住了黄龙，击退了风沙。

（二）锲而不舍、持之以恒的坚韧精神

荀子在《劝学》中说：“驽马十驾，功在不舍”“锲而不舍，金石可镂”。古代有愚公“子子孙孙无穷匮也”的移山精神，现代有“六老汉”三代人接续治沙的实例。我们中华民族历来具有坚韧不拔的基因，它是流淌在华夏儿女血液里的精神品质。“六老汉”三代人年复一年、代代相传奋斗38年，完成了压沙造林面积21.7万亩，封沙育林草面积37.6万亩。正是在这种持之以恒、锲而不舍的坚韧精神引领下，“六老汉”们才创造了荒漠变绿洲的神奇之举。

（三）不畏艰辛、克难前行的奋斗精神

《滕王阁序》里写道：“老当益壮，宁移白首之心？穷且益坚，不坠青云之志。”1981年，“六老汉”在合同书上摁下红指印时，他们中年龄最大的62岁，最小的40岁。面对风沙的肆虐，“六老汉”没有把家园拱手相让，而是怀着“不成功便成仁”的决绝精神，团结在一起，在十分艰难的条件下，毅然踏上抗击风沙、保卫家园的道路，打响了向风沙宣战的“第一枪”。在抗击风沙的艰难征途中，多位老人相继离世，但他们秉承的“黄沙不退人不退，草木不活人不走”的奋斗理念一代一代传了下去，老人的后人们接过铁锹，让植树治沙的事业薪火相传。在荒凉的沙漠、漫天的风沙里，老汉及其后人们没有向命运低头，以“愚公移山”的精神，怀揣着守护家园的坚定信念，迎难而上、拼搏奋斗，打赢了治沙造林的这场攻坚战，构建起惊人的防沙造绿工程，让璀璨的绿色在沙漠之中耀眼绽放。

（四）义无反顾、无怨无悔的奉献精神

“六老汉”原本可以像许多普通人一样享受生活，安度晚年，但只因一纸合同、一句誓言，毅然决然地选择了治沙造林的漫长艰辛之路，这个选择意味着舍弃安逸、燃烧自我。贺发林老汉在肝硬化晚期住院期间，对儿子说：娃娃，爹这一辈子没啥留给你的，这一摊子树，你去种吧。石满老汉在离世之前给子孙留下遗言：“你们把我埋到能看见八步沙林子的地方。”至今“六老汉”已有五人相继捐躯在漫漫治沙之路上，然而治沙的脚步却从未停歇。子承父业，孙承子业，三代人数十年如一日地无私奉献，铸就起新时代又一座感天动地的不朽丰碑。时代因奋斗而伟大，生命因奉献而精彩。

二、八步沙精神对新时代党员干部的启示

当前，我们正处于大力推进脱贫攻坚和乡村振兴宏伟计划的历史阶段，正在为实现全面建成小康社会的目标而奋斗前行。伟大的时代呼唤伟大的精神。中华民族从站起来、富起来到强起来，始终贯穿着自强不息的民族精神。正因为我们一直传承着革命年代积淀的长征精神、井冈山精神、西柏坡精神、延安精神等“红色精神”，自新中国成立以来的70多年涌现出了雷锋精神、大庆精神、特区精神、抗震救灾精神、航天精神、奥运精神。“六老汉”三代人治沙造林精神，也是这些精神在这个时代的体现。每个人都肩负着新时代的使命，尤其是党员干部，更应该从“六老汉”三代人这个先进群体的事迹中学习总结他们的精神，因为经济社会建设任务任重道远，深化改革更需要继续发扬拼搏奋斗、敢于担当、坚韧不拔、甘于奉献的精神。

（一）责任担当是新时代党员干部必须具备的基本素质

担当，是面对任务和责任，勇于承担，敢于负责。学习“六老汉”三代人的精神，要学习他们充分发挥共产党员的先锋模范作用，在重要关头勇挑重任，以舍我其谁的责任担当，吃苦在前、奋战在先，在平凡的岗位上努力创造不平凡的业绩，书写精彩的奋斗华章。

担当是新时代党员干部必须具备的基本素质。人生无坦途，人类的长河是坎坷不平而又曲折的。中国共产党人的奋斗之路，始终是一条充满艰难险

阻的荆棘之路。无论是从“坚船利炮”的西方列强侵略下夺取民族独立的胜利，还是在一穷二白的状况下建立起新中国完整的工业体系，还是“解放思想，实事求是”坚持改革开放的勇气，每一步前进都以艰苦奋斗为途径，每一个“伟大梦想”的实现，都是靠筚路蓝缕、以启山林的拼搏，都是靠苦干实干得来的。这正如习近平总书记曾说过的：伟大梦想是拼出来、干出来的。正是在这种艰苦奋斗过程中，一代接一代的中国共产党人铸就了人类最可贵的品质——敢于担当。看一个党员干部，很重要的是看他有没有责任感，有没有担当精神，坚持原则、敢于担当是党员干部必须具备的基本素质。

担当是一种自觉，是一种内在的自我监督与约束；担当是一种境界，是一种自我价值的追求和境界的升华；担当是一种责任，是生活赋予每个人的责任，是新时代赋予我们领导干部的应有责任。努力做好一名合格的党员干部，就是要学会担当，不但要对自己负责，更要对人民、对社会、对国家负责。我们说有担当最基本的是要对人民赋予的权力自觉，做到在位谋其政，在职履其责。充分意识到权力是人民赋予的，权力越大相应的责任也越大，自觉用好权、管好权是一份自我担当。用权负责，权责统一，才能当一名好干部，才能对自我负责、对工作负责、对事业负责。有担当意识才能做到全心全意为人民服务。你把人民放在心上，人民才能让你坐在台上。作为一名领导干部，了解民意，倾听民声，坚持以民为先，把人民群众的利益放在首位，把群众的安危冷暖放在心上，对人民负责，切实为人民服务，才算有担当。

（二）坚韧不拔是党员干部完成伟大事业的优秀品质

人贵有恒。自古以来，每一个事业有成的人，都是有持久恒心、坚韧毅力的人。他们一旦设定目标，就会坚持不懈，通过在持久中积蓄力量，实现自己的目标。学习“六老汉”三代人的精神就要学习他们久久为功、坚韧不拔的意志，正是他们在八步沙38年矢志不渝压沙造林，成就了沙漠变绿洲的奇迹。

恒心与毅力是通往成功的基石，只有在实践中锻造不屈的毅力，不惧艰险，负重前行，才能以坚韧之躯撑起民族的未来。在当前改革进入攻坚阶段、发展进入关键时期的新形势下，各种矛盾纷繁复杂，各种问题层出不穷，做任何事情都不可能一帆风顺、一蹴而就，必须做好精神上的准备，迎接挑战，做到在困难挫折面前不气馁，在急难险重工作面前不退缩。要有“咬定青山不放松”的恒心和毅力，坚韧不拔，百折不挠，要有顽强的意志和毅力，不怨天尤人，不为失败找借口，只为成功找方法，要紧密联系实际，不务于虚声，不驰于空想，唯以认真的态度踏实地做，达到目标，完成使命。

坚韧有毅力是成大事者的基本品质。人在征途中遭受挫折并不可怕，可怕的是抵抗挫折时没有毅力。如果你拥有毅力，坚持自力更生、艰苦奋斗，从挫折中走出来，你离成功就近了一点，道路也会更加平坦。只要我们以坚韧不拔的毅力，恪守共产党员的赤诚初心，中国在新时代必将焕发蓬勃生机。

尤其是基层干部，要有“千磨万击还坚劲，任尔东西南北风”的坚韧毅力。要把困难和挫折作为成长的代价、人生的历练，要用一颗平常心看待困难、迎接挑战、应对挫折，要有一种坚韧不拔的意志、越挫越勇的精神，在现实与理想中自我调节、学会适应。同时，还要克服急功近利的政绩心态，约束拔苗助长的冲动行为，要以“功成必定有我”的责任担当，立足发展大局，长远考虑，科学谋划，谨慎施策。

（三）拼搏奋斗是新时代党员干部继续秉承发扬的创业精神

人类为目标而奋斗。唯其奋斗才能实现目标，唯其有目标的奋斗才称得上真正有意义的奋斗。学习“六老汉”要学习他们不忘初心、务实创新、攻坚克难、拼搏奋斗的精神，他们开启了沙漠治理的新篇章。习近平总书记说过：“面向未来，面对挑战，全党同志一定要不忘初心、继续前进。”要求我们党员干部始终要不忘初心、牢记使命，以饱满的热情保持永远奋斗的精神，砥砺前行。

奋斗精神促进党员干部思想进步。作为一名党员干部，要保持积极向上、不胜不休、积极奋进的精气神，努力做好各项工作，争取更大的成绩。每个党员都曾在入党时宣下“为共产主义奋斗终身”的誓言，这誓言不仅仅是说说，更应该被牢记在心，在工作中积极践行。保持奋斗的精神，这样党员干部才会不断完善自己，使自己的思想始终保持进步，提高综合素质，促进各项社会事业更快更好的发展。

奋斗精神能提高党员干部干事创业的能力。事业发展从无坦途，会遇到很多困难和磨难，这就需要我们用奋斗的精神去克服各种困难、战胜各种磨难。当前，党员干部肩负新的历史使命，承担着各项深化改革的任务，面临新问题、新挑战，唯有以一往无前的勇气和担当，保持攻坚克难、永攀高峰的奋斗精神，方能战胜困难。作为共产党员，就要平常时候看得出来、关键时刻站得出来、危急关头豁得出来，切实做到对党忠诚、为党分忧、为党担责、为党尽责。

奋斗精神能助力全面建成小康社会。当前，我们国家经济社会正处在深化改革的攻坚期和关键期，这一时期面临许多深层次的问题，党员干部更需要具有创新精神、奋斗精神，才能作出无愧于历史、无愧于人民、无愧于时代的选择。党员干部要扎实开展“两学一做”学习教育活动，做表率，坚定信仰，立足新起点，适应新形势，以更加强烈的历史使命感，更加饱满的政治热情，更加有力的创新举措，更加勇往直前的奋斗精神，更加务实的工作作风，谱写美丽中国的华美篇章。

（四）乐于奉献是新时代党员干部践行“不忘初心”誓言的具体表现

奉献，在任何时代都不会过时。在张扬个人利益的时代，党员应当更多奉献，谦让利益。可以说，没有奉献，就难有成就。凡利必争，就缺少团结精神。学习八步沙精神，要学习他们不计回报、兢兢业业的奉献精神，践行自己的诺言，实现崇高的目标。

新时代的党员干部要甘于奉献。凡事精算计、问回报、求索取，不是党员干部应有的品质。伟大的斗争，宏伟的事业，需要高素质干部。当前，我国正处于改革发展的关键时期，构建良好的政治生态、实现“两个一百年”奋斗目标的任务极为艰巨繁重，迫切需要一支具有拼搏、钻研、廉洁、奉献精神的高素质干部队伍。权力是人民群众赋予的，党员干部是代表人民群众履职的，人民群众实现美好生活的愿望是党员干部奋斗的目标。每一个党员干部都应牢记党的宗旨，把人民利益当作我们开展工作的落脚点和出发点，为了党和人民的事业艰苦奋斗、无私奉献，这既是党员干部的优秀品质，也是做好群众工作的重要方法。

奉献也应该是党员干部具有的品德和胸怀。这不但是我们党的先进性的表现，也是实现为人民服务的要求。中国特色社会主义新时代，党员干部更要严格要求自己，戒骄戒躁，遇到困难时，要往前冲，要抢着干，时刻牢记党和人民的利益最重要，当个人利益同党和人民的利益产生矛盾时，要坚决放弃个人利益，把党和人民的利益放在首位，不断增强自己的责任感和使命感，要舍得吃亏，舍得小我成就大我，决不能畏首畏尾、贪生怕死、临阵脱逃。在大是大非面前，一定要坚持原则，坚持正义，决不能因一己私利，就黑白不分，是非颠倒，坚决不向各种错误思想、不良倾向妥协，不受腐朽的生活方式的诱惑和侵蚀，永葆革命青春，积极进取，鞠躬尽瘁，死而后已。

作者简介

潘晓龙，男，中共武威市委党校（市行政学院）市情研究室副主任，讲师。

以八步沙精神助推武威文化旅游产业高质量发展的思考

◎ 魏乐仪

中宣部授予古浪县八步沙林场“六老汉”三代人治沙造林先进群体“时代楷模”称号，这是对八步沙林场“六老汉”三代人的最高褒奖，也是对武威践行习近平生态文明思想，推动武威全域生态治理工作的激励与鞭策。学习、记忆、传承、转化古浪县八步沙林场“六老汉”三代人治沙造林精神，深入挖掘其思想深度、精神内涵、实践经验，不仅是当前极为紧迫的课题与任务，更是武威把握机遇、迎难而上、多管齐下，推动文化旅游产业高质量发展的重要契机。

一、抓好对八步沙林场“六老汉”三代人治沙造林精神的学习

伟大的事业产生伟大的精神，伟大的精神不断被传承才能彰显其伟大。对“时代楷模”——八步沙林场“六老汉”三代人治沙造林精神的传承可分为学习、记忆、传承和转化四个阶段。一是学习。通过各种方式，迅速掀起学习热潮，扩大影响力，让更多的人知晓“时代楷模”——八步沙林场“六

老汉”三代人治沙造林先进事迹，了解武威生态安全屏障的作用，体会治沙的艰辛，感受治沙精神的伟大。二是记忆。通过文学艺术作品、电视电影等艺术形式为“时代楷模”——八步沙林场“六老汉”三代人治沙造林先进事迹“树碑立传”，让人们记住他们。三是传承。激励更多的人加入到八步沙林场治沙造林的伟大事业当中，不仅仅包括“六老汉”及其后人，还要激励更多的人加入其中，壮大治沙队伍，传承好八步沙“六老汉”三代人治沙造林的精神，以实际行动践行习近平生态文明思想，构筑国家生态安全屏障武威生态文明区。四是转化。将八步沙林场“六老汉”三代人治沙造林精神转化为个人内在的精神追求，为实现武威由文化旅游资源大市向文化旅游产业强市转变做贡献。

二、做实对八步沙林场“六老汉”三代人治沙造林精神的转化

八步沙林场“六老汉”三代人治沙造林精神生发于武威大地，来源于群众实践，是武威的宝贵思想资源和精神财富。学习八步沙林场“六老汉”三代人治沙造林精神，学习是基础，记忆是关键，传承是根本，转化是目的。最终的落脚点必须是转化为群众普遍受益的“真金白银”，才能保证伟大精神的永久传承。

（一）学有所“悟”促发展，悟出推动武威文化旅游产业高质量发展的科学思路

近年来，武威市文化旅游产业发展迅速，文化旅游产业成为现代服务业发展的引擎和龙头，全域旅游发展新格局初步构建，文旅产业发展新动能正在积蓄，乡村旅游升级版全力打造，武威的知名度和影响力显著扩大，文化旅游支柱产业正在成长。但是，与文化旅游产业发达地区相比，武威市文化旅游产业不仅存在基础设施不完善、文化旅游景点分散不成规模、资金投入不充分、文化旅游产品开发不足、人才短缺等方面的短板，还存在发展不温不火，借力借势推动文化旅游产业高质量发展不充分的突出问题。亟须大力弘扬八步沙林场“六老汉”三代人治沙造林精神，思路上再厘清，举措上再细化，资金上再投入，项目上再带动，工作上再落实，切实推动武威由文化旅游资源大市向文化旅游产业强市的转变。

（二）学有所“得”谋项目，谋划推动武威文化旅游产业发展的重大项目

任何精神的存续必须要有物化的依托才能永垂不朽，否则学习热度一过，再伟大的精神也会被遗忘。目前，已经建成的古浪县八步沙林场“六老汉”治沙纪念馆规模不大、影响力有限、辐射范围较小，对武威文化旅游产业发展的助推作用不明显。一要谋划依托古浪县八步沙林场“六老汉”治沙纪念馆，开拓思路、排除万难，高标准、高规格、高起点规划修建集教育、培训、警示、体验、旅游、住宿等功能于一体，体现武威贯彻习近平生态文明思想，推动全域生态治理成果，展示“时代楷模”——八步沙林场“六老汉”三代人治沙造林精神，寓教于乐、寓乐于游、寓游于学，“有看头、有听头、有学头、有玩头”的文化旅游综合体，使得参观者可以通过实物、音频、视频、照片等元素来还原38年来三代治沙人的奋斗与牺牲，让自身融入历史时空中，身临其境地感受生态治理的艰难与八步沙“六老汉”三代人治沙造林精神的伟大，感悟“六老汉”及其后人的奉献精神，使学习参观者得到心灵的陶冶、情感的升华。二要谋划以弘扬“时代楷模”——八步沙林场“六老汉”三代人治沙造林精神为契机，持续推动武威全域生态治理。武威生态地位重要，是国家生态安全的重要屏障，要争取国家重大生态治理项目的支持，系统性推动武威全域生态治理，把生态治理成效转化为生态旅游资源，进而推动武威文化旅游产业高质量发展。三要谋划构建“时代楷模”——八步沙林场“六老汉”三代人治沙造林精神传承的常态化机制。将八步沙“六老汉”三代人治沙造林精神纳入全省、全市，乃至全国干部教育培训内容，突出其生态治理示范作用与党性教育引领作用，定期举办纪念活动，加大宣传力度，创新宣传方式，不断激励人们弘扬“时代楷模”——八步沙林场“六老汉”三代人治沙造林精神。

（三）学有所“获”有收益，获得看得见摸得着的“真金白银”

“时代楷模”——八步沙林场“六老汉”三代人治沙造林精神来自于基层，来源于群众，只有群众受益才是不朽精神永世传承的不竭动力。一要加快编制沙漠旅游产业发展规划。产业规划是产业发展的先导性工程，要明确沙漠产业发展的指导思想、基本原则、发展目标、重点途径、战略举措和保障措施等。引导沙漠产业合理布局，防止盲目立项和低水平重复建

设，重点扶持高起点、高水平、高效益的沙漠旅游项目。二要推进沙漠产业提质增效。积极探索将沙漠“变废为宝、以患为利”的科学方式，以沙区基础设施建设为突破口，为发展沙漠产业打基础。加快推进沙漠公路建设步伐，分割沙区，稳步推进保障公路通水、通电、通讯、通网工程，为文化旅游综合体以及后续治理打好基础。三要开拓沙漠旅游产业。牢固树立“以沙养沙、以沙治沙、变沙为宝”的循环发展理念，坚持生态优先，充分挖掘利用沙漠资源，开发文化潜力，扩充和延伸武威全域黄金旅游线路，有计划、有步骤地开发一批沙漠地貌的旅游探险、沙画、沙雕、沙浴等有沙漠特色的旅游产品和项目，助推武威文化旅游产业发展。同时，充分挖掘沙漠体育赛事等项目的市场潜力。四要加大资金支持力度。加大对八步沙林场治沙后续资金投入，建立沙漠生态补偿政策，对因保护沙区生态而丧失发展机会的，进行合理的经济补偿，调节沙区生态保护各利益相关者之间的利益关系，使群众普遍受益、普遍获利。

八步沙林场“六老汉”三代人治沙造林精神，是激励我们推进生态文明建设的强大动力。精神财富的形成来之不易，需要倍加珍惜，精神财富的传承和转化需要每一个人的努力，只有深刻地做好转化工作，宝贵精神才能永远不朽。

作者简介

魏乐仪，男，中共武威市委党校（市行政学院），讲师。

八步沙精神对党员干部的教育功能及其实现途径

◎ 何惠芳

从20世纪80年代初至今38年来，以“六老汉”为代表的八步沙林场三代治沙人，矢志不渝、顽强拼搏、无私奉献，坚持科学治沙和绿色发展，持之以恒推进治沙造林事业，至今已完成治沙造林面积21.7万亩，管护封沙育林草面积37.6万亩，生动书写了从“沙逼人退”到“人进沙退”的绿色篇章，为筑牢西部生态安全屏障作出了重要贡献。2018年12月，甘肃省委、省政府作出表彰古浪县八步沙林场“六老汉”三代人治沙造林先进集体的决定，号召全省各级党组织和广大党员干部向他们学习。2019年3月，中宣部授予古浪县八步沙林场“六老汉”三代人治沙造林先进群体“时代楷模”称号。“时代楷模”——八步沙林场“六老汉”三代人治沙造林先进群体，是习近平生态文明思想的忠实践行者，是荒漠变绿洲的持续奋斗者，是弘扬“人一之、我十之，人十之、我百之”甘肃精神的典型代表，更是武威人民几十年如一日勇搏黄沙的缩影。伟大的时代呼唤伟大精神，崇高的事业需要榜样引领。八步沙林场“六老汉”三代人治沙造林先进群体的优秀品格和奋斗精神，引导和激励着广大党员干部不忘初心、牢记使命，坚定信心、鼓足干劲，恪尽职守、拼搏奉献，是开创富民兴陇新局面，打造生态美、产业优、百姓富的和谐武威的精神食粮。

一、八步沙精神的丰富内涵

（一）敢挑重任、守护家园的担当精神

“六老汉”中有四人是共产党员，六人都曾担任过村组干部。面对风沙肆虐的家园，他们没有放弃、没有退缩，主动请缨进军沙漠，打响了治理荒漠、守护家园的攻坚战、持久战。38年来，坚持治沙造林的三代人，以共产党员为骨干，忠于使命、坚守誓言，扎根荒漠、压沙造林，用生命和汗水成功击退了风沙的侵蚀，创造了令人震撼的绿色奇迹。他们充分发挥了共产党员的先锋模范作用，在重要关头勇挑重任，以舍我其谁的责任担当，吃苦在前、奋战在先的使命，展现出的黄沙不退人不退、草木不活人不走的治沙精神，这正是我们这个时代所需要的顽强拼搏、勇于担当的精神。

（二）不畏艰难、实干苦干的拼搏精神

“六老汉”三代人不惧恶劣环境和治沙造林的重重困难，不怕严寒酷暑，不畏喝冷水、啃干馍、睡地窝的艰苦条件，与干旱的气候和肆虐的黄沙做顽强的抗争，一代接着一代干，战胜了一个又一个困难，把曾经的荒漠变成了今天的绿洲。他们百折不挠、一往无前、顽强拼搏的坚韧意志，敢于啃硬骨头、敢于向困难进军、勇于打攻坚战、撸起袖子加油干的劲头，正是我们这个时代所需要的艰苦奋斗、团结奋进、务实苦干的拼搏精神。

（三）勇于探索、唯实创新的进取精神

38年来，从第一代治沙人用“一棵树、一把草，压住沙子防风掏”，到第二代治沙人勇于创新实行“造林管护网格化”管理，再到第三代治沙人大胆尝试“打草方格、细水滴灌、地膜覆盖”等新技术，从防沙治沙、植树造林到培育沙产业、发展生态经济，他们因地制宜，敢于探索，敢于创新，坚持运用科学的方法治沙造林，探索出了一条以农促林、以副养林、农林结合、科学发展的新路子，建设了古浪县唯一一家由农民联户组建的生态公益性林场。他们奋发有为、善作善成，正是我们这个时代所需要的求真务实、勇于创新的进取精神。

（四）矢志坚守、接续奋斗的愚公精神

“六老汉”曾有约定，无论今后有多苦多累，每家必须把治沙事业坚持下去，把八步沙继续管下去。这个庄重的誓言已融入三代治沙人的传世家风中，他们用矢志不渝的坚守、久久为功的韧劲，最终铸成了绿色梦想，为保护生态环境和构筑西部生态安全屏障作出了卓越贡献。他们身上的愚公精神，对待事业和工作一干到底、永不言弃的坚定信念，功成不必在我的胸怀，滴水穿石的恒心，正是这个时代所需要的。

二、八步沙精神在新时代对党员干部的思想教育功能

八步沙精神正以其特有的感召力不断地激励着越来越多的八步沙人在新时代建设中国特色社会主义的伟大实践中克服艰难险阻，敢闯敢拼敢干，奋勇前行。深度挖掘“时代楷模”——八步沙林场“六老汉”三代人治沙造林先进群体的精神中蕴含的思想政治教育功能，对于进一步推进中国特色社会主义建设具有不容小觑的现实意义。

（一）爱党爱国的教育功能

爱党爱国是八步沙精神鲜亮的底色。“六老汉”的背后，是爱党爱国的坚定信念。新时代我国面临发展的任务有多艰巨，我们每一个人身上的担子就有多艰巨、使命就有多光荣。八步沙林场“六老汉”三代人正是因为坚守理想信念，把国家命运与个人命运融为一体，才为他们治沙造林注入了不竭动力。八步沙林场38年的沧桑巨变生动诠释了共产党人的初心和使命、坚守与担当。“六老汉”困难面前不低头，敢把荒漠变绿洲的精神启示我们，在加快推进中国特色社会主义现代化建设的伟大实践中，广大党员干部要继续满怀热情，勇挑重担，顽强拼搏，永远跟党走，忠诚党的事业，不忘党的嘱托。

（二）艰苦奋斗的教育功能

艰苦奋斗是八步沙精神永葆生机的内在动力。中华民族璀璨的历史、耀眼的现在和广阔的未来无不充满不怕困难、艰苦奋斗的艰辛历程。为中国人

民谋幸福、为中华民族谋复兴，是中国共产党人的初心和使命，但这绝不是轻轻松松、敲锣打鼓就能实现的，必须付出更为艰巨、更为艰辛的努力。八步沙林场“六老汉”三代人以吃苦耐劳的精神、砥砺前行的作风启示我们，初心不改、矢志不渝，敢于战胜千难万险，敢于付出巨大牺牲，敢于面对曲折，勇于修正错误。牢固树立党的群众路线，立足实际，扎根基层，真抓实干，持之以恒，拼搏到底，不达目的不罢休。现在，脱贫攻坚到了攻坚拔寨的最后关头，剩下的都是最难啃的“硬骨头”，更要弘扬艰苦奋斗的八步沙精神，以更大的决心、更精准的思路、更有力的措施，如期实现高质量脱贫摘帽，坚决打赢脱贫攻坚战，补齐全面建成小康社会的最后一块“短板”。

（三）勇于创新的教育功能

创新是引领发展的第一动力，勇于创新是八步沙精神的历史延续。38年来，八步沙“六老汉”三代人在治沙造林的实践中不断摸索，在摸索中创新，在前代治沙的基础上不断创新治沙方式，尝试探索发展沙区经济，探索出“以农促林，以副养林，农林并举，科学发展”的可持续发展模式，实现了从治沙到致富的转变。八步沙“六老汉”三代人敢于创新、勇于探索的精神启示我们，在新时代中国特色社会主义建设的伟大实践中，广大党员干部必须把创新思维运用到学习、生活和工作之中，立足增强改革创新本领，保持锐意进取的精神风貌，善于结合实际，创造性推动工作，才能不断开创发展的新局面。

（四）绿色发展的教育功能

绿色发展是八步沙“六老汉”三代人治沙造林的现实追求。从“绿水青山就是金山银山”到“要像保护眼睛一样保护生态环境”，加快推进生态文明建设进程，建设绿色中国已成为衡量发展实效的现实标准。八步沙“六老汉”三代人坚持不懈治沙造林、保护生态环境，不仅实现了人居环境的极大改善，实现了生态效益和经济效益的双赢，也是人与自然和谐共生的最好体现。八步沙“六老汉”三代人治理沙漠的经验启示我们，要教育引导广大党员干部和人民群众自觉树立起“绿水青山就是金山银山”的绿色发展理念，把握好、处理好生态环境保护和发展之间的关系，既加快发展，又守护好生态，使绿色生产力成为经济健康持续发展的支撑点、发力点。

三、八步沙精神对党员干部教育功能的实现路径

当前，我们正处在各项事业发展爬坡过坎、滚石上山的关键时期，也是打赢打好脱贫攻坚战、决胜全面建成小康社会最吃劲的时候，我们更要深入学习贯彻落实习近平生态文明思想，以“时代楷模”为榜样，敢于啃硬骨头，勇于打攻坚战，用顽强的意志迎接挑战，用扎实的行动破解难题，一步一个脚印把各项工作推向前进。

（一）创新载体，在思想上重视八步沙精神

一要创新载体。丰富学习内容，注重学习时效，采取“三会一课”、“主题党日”、理论宣讲报告、专题研讨、现场体验教学等方式，组织党员干部将学习贯彻习近平总书记在甘肃考察的重要讲话精神与学习八步沙精神结合起来，与正在开展的“不忘初心、牢记使命”主题教育结合起来，与推进“两学一做”学习教育结合起来，与立足岗位做好改革发展稳定各项工作结合起来，教育引导广大党员干部继承和发扬八步沙精神。二要立足个人。“六老汉”三代人是平平凡凡的普通人，但他们身上却有一种超乎寻常的奋斗精神。每个党员干部要实现伟大的理想，都要从平时工作中的一点一滴做起，从爱岗敬业、精通业务做起，要自觉地将八步沙的精神内涵融入日常工作中去。党员干部要坚定“四个自信”，始终把个人理想融入实现民族复兴的伟大理想中去，在各自的岗位上和行业中，勇当生力军、勇做突击队，进一步激发学习八步沙精神的巨大热情，重实干、抓落实、立足岗位履职尽责，奋发有为争创佳绩。

（二）活学活用，在工作中践行八步沙精神

广大党员干部要在工作中时刻践行八步沙“六老汉”三代人治沙造林先进群体不畏艰难、实干苦干的拼搏精神和勇于探索、唯实创新的进取精神，积极投身到幸福美好新武威的建设中来。一要抓脱贫攻坚。组织全市党员干部蹲点驻村摸实情、找差距、理思路、定措施，集中解决群众最盼最急最忧的问题，把脱贫攻坚工作抓紧抓实。二要抓文明城市创建。组织在职党员进

社区，在“蓝天保卫战”“三项革命”和“三项行动”中亮身份、当先锋、树形象。积极倡导绿色生产生活方式，节约资源，杜绝浪费，从源头上减少环境污染，积极参加生态公益活动，使我们的城市更加清洁、美丽、文明。三要抓基层党建。推进支部建设标准化，更好地发挥基层党组织政治功能，发展壮大村级集体经济，充分调动干部群众的积极性、主动性和创造性，把基层组织建设成为带领群众脱贫致富、维护农村稳定的坚强领导核心。

（三）完善制度，在体制上支撑八步沙精神

对党员干部的教育是一项长期的系统性的工作，对八步沙精神的学习、不是一时兴起、暂时性的活动，而是一个常态化的学习活动。广大党员干部的学习活动要固定化、制度化，以建设长效机制来推动对八步沙精神学习的常态化。一要完善组织领导制度。把学习宣传八步沙精神作为学习贯彻习近平生态文明思想的重要内容和载体，建立党委统一领导、宣传部门牵头、有关职能部门密切配合、群众支持和参与的学习宣传落实机制，把学习宣传与贯彻落实结合起来，与建设生态大市的部署结合起来，与立足岗位做好本职工作结合起来，形成各部门和全社会共同参与的工作格局。二要完善工作落实制度。把学习八步沙精神作为学习贯彻习近平生态文明思想的突破口和重要抓手，牢固树立绿色发展理念，抓好顶层设计与制度体系建设，逐步完善经济社会发展考核评价体制、监督管理体系、责任追究体系，用最严格的制度保护好赖以生存的家园。三要完善物质保障制度。有效保障八步沙精神学习的必要物质条件和投入机制，进一步完善八步沙精神学习、参观、体验的软硬件设施，增强八步沙精神教育和体验的效果，为八步沙精神的传承、党员干部对八步沙精神的常态化学习奠定基础。

作者简介

何惠芳，女，中共武威市委党校（市行政学院），讲师。

武威在国家生态屏障建设与补偿实验区中的作用研究

◎ 严泽鹏

武威古称凉州，地处甘肃河西走廊东端，祁连山的北麓，石羊河流域中上游，东西长122千米，南北宽90千米，总面积33238平方千米。区域内土地由南而北依次可划分为山区、川区、沙区，海拔变化于1440米～3262.9米之间。绿洲集中分布于走廊平原区。武威是欠发达地区，也是全国出名的生态环境恶化、脆弱区。南部祁连山林区水源涵养林功能脆弱，浅山干旱区水土流失严重，川区绿洲平原生态负荷过重，北部沙区植被稀疏，风沙肆虐猖獗，荒漠化面积占全市总面积的66.5%，风沙线长654千米，重点风沙口240多个。为此，武威市委确立走生态优先之路，明确提出要有打持久战、做长期奋斗的准备，大力开展植树造林，搞好通道绿化、建设农田林网、保护天然林、封山育林、发展林果产业，努力营造绿色家园；加大治沙力度，封沙禁牧，开发沙产业，推进防沙治沙示范带建设。通过综合治理，生态环境得到明显好转，构筑起牢固的生态安全屏障。

生态问题曾一度困挠武威人民。由于气候变化、人口增加、水资源过度开发，近二三十年来，作为河西走廊三大内陆河之一的石羊河流域，因生态环境的急剧恶化，一次次被推上“生态安全”的风口浪尖。三面环沙的民勤生态环境持续恶化，不仅给当地人民造成严重灾害，沙尘随风扩散数千里，甚至威胁到整个国家的生态环境和生态安全。如何切实改善武威的生态环境，走出一条促进武威全面协调可持续发展，富有特色的生态保护和治理之路？以节水、防沙治沙为主的生态建设和生态保护是武威的大使命。走生态文明之路，是武威实现转型跨越的契机，也是武威光荣艰巨的历史使命。

一、国内生态屏障建设政策及生态补偿制度

生态补偿为确保区域生态安全和平衡相关各方利益关系提供了一种平衡机制，而且生态补偿与传统的命令控制性手段相比，具有成本—效益优势和更强的激励—抑制作用。生态补偿不仅能够遏制我国生态环境不断恶化的势头，而且能够调解各个相关主体的利益关系，协调各个区域或部门的发展，确保经济社会的可持续发展，因而国家“十一五”规划纲要明确提出要建立生态补偿机制。国际上常用的概念是“生态服务付费”（Payments for Environmental Services，简称PES）或“生态效益付费”（Payment for Ecological Benefit，简称PEB），在这一概念中“生态服务”或“生态效益”被视为一种产品，而消费这种产品需要支付一定的费用。国内研究中与之相对应的概念是生态补偿（Ecological Compensation，简称EC），这一概念源于自然科学界，它被引入社会科学研究领域后内涵日益丰富，不仅仅指自然生态的补偿，还含有法律和经济方面的内涵。虽然学术界对生态补偿已有不少定义，《环境科学大辞典》对生态补偿给出了生态学意义上的定义，即“自然生物有机体、种群、群落或生态系统受到干扰时，所表现出来的缓和干扰、调节自身状态，使生存得以维持的能力，或者可以看作生态负荷的还原能力，或者是自然生态系统对由于人类社会、经济活动造成的生态破坏所起的缓冲和补偿作用”。

甘肃是西部地区生态地位突出、生态条件极端脆弱省份之一，由于其特殊的自然、地理、历史条件决定了在生态安全方面。甘肃承担着西北乃至全国生态安全屏障的重要功能。国务院办公厅签发的《关于进一步支持甘肃经

济社会发展的若干意见》中指出“甘肃是我国西北地区重要的生态屏障和战略通道，在全国发展稳定大局中具有重要地位”，将甘肃的生态安全问题上升到国家需求层面。作为一道生态屏障，屏障立则全国生态安全，屏障废则全国生态失守，甘肃的生态环境建设无疑已成为关系西北乃至国家生态安全的重要课题。同时，自然生态条件总体恶化的趋势是甘肃省经济社会可持续发展的重要约束条件。

二、武威在生态补偿方面的积极探索

武威建立完善了“国家有投入、科技做支撑、农民有收益”的生态建设长效机制，造林绿化由过去单一的国有造林向多种所有制造林转变。同时，大胆探索治沙模式、机制创新，通过落实治沙责任主体，大力发展肉苁蓉、麻黄、甘草等沙生药材，推进沙产业，让群众在生态治沙中通过投工投劳增加收入的同时，在沙产业发展上同样得到经济收益，达到了治理与利用双赢的目的。

（一）深化集体林权制度改革

全面完成了集体林权制度主体改革任务，积极推进综合配套改革，充分调动了广大人民群众造林绿化的积极性。完善造林绿化管理机制，大力推行专业队、专业公司造林，严格实行合同制、招投标制、监理制和验收报账制管理，既保证了造林绿化的成活率和保存率，又提高了资金的使用效益。

（二）广泛吸引社会资金

积极争取国家项目投资和省级生态功能区转移支付资金，努力增加县区自筹资金，做到工程项目资金持续增加，企业资金投入量增多，社会资金广泛聚集，为造林绿化提供了可靠保障。特别在林果基地建设上捆绑使用农业综合开发、土地整理、水利工程建设、生态功能区补偿、扶贫开发等涉农资金，投入苗木费补助、农户减产补助和补植抚育费等。

（三）建立完善“国家有投入、科技做支撑、农民有收益”的长效机制

依法对国有宜林荒沙地经营权进行承包、租赁、拍卖、转让。对农民个

人在宜林荒沙地上营造的生态林列入林业重点工程建设计划，按标准给予投资补助；对国有林地上营造的梭梭、红柳等灌木林尝试经营权流转，让农民承包肉苁蓉、锁阳的栽培任务。按照“政府引导、项目依托、资源整合、市场运作、农民自建”和“分沙到户、承包治理、开发经营、收益归己”的原则，成立治沙专业协会、治沙突击队，鼓励生态公益型人口承包治沙、发展草畜产业、种植中药材，增加收入。制定完善优惠政策，吸引、支持各类企业和社会组织参与防沙治沙、开发利用沙漠，发展沙产业。通过林地经营权流转、项目投资、发展沙产业，真正让投资者致富，让治沙者发财，让管护者受益，形成全社会防沙治沙的良好氛围。

（四）实施石羊河流域防沙治沙及生态恢复规划

严格按照国家重点项目管理的有关规定，建立健全工程管理、技术规程、检查验收等制度，保证工程建设质量，提高投资效益，确保在未来5年完成封育、造林、工程治沙123万亩的目标任务，使全市治沙和生态恢复国土面积稳步提高。

通过以上林地经营权流转、项目投资、发展沙产业等方面的积极探索，真正让投资者致富，让治沙者发财，让管护者受益，武威初步形成了全社会防沙治沙的良好氛围。

三、对武威生态保护与治理的建议

近年来，武威坚持“南护水源、中调结构、北治风沙”的方针，突出“节水、治沙、造林、防污”四个重点，积极推进石羊河流域重点治理和节水型社会建设，开展植树造林、防沙治沙，突出沙漠锁边、绿洲造林、水源涵养区生态环境保护，推进生态屏障行动。这些新理念、新模式的提出和实施，都为武威生态保护治理指明了方向。

（一）着力做好节水工作

武威在石羊河流域重点治理中以节水为主，提前实现了治理目标。《石羊河流域重点治理规划》确定的两大约束性目标提前8年得以实现，地下水位回升半米多。同时，有计划地向青土湖下泄生态用水，使干涸51年之久的青土湖，重新焕发了生机。

一是实行最严格的水资源管理制度。农业用水全面实行凭票供水或刷卡取水，初步实现了定额管理、配水到户、轮次控制的配用水程序。建立了灌区、乡镇、村组（用水户协会）和用水户四级台账，逐轮逐月逐井对用水户的用水量进行登记，并向用水户公布。全面推行“公开配水面积、配水时间、配水总量、配水流量，接受群众监督”的“四公开、一监督”制度。

二是调整结构，解决“结构性缺水”。根据不同地域的条件，立足水资源现状和作物需水规律，因地制宜地大力调整种植业结构，大幅压减小麦、大麦等低水效作物播种面积，稳步扩大瓜菜、种子、马铃薯、棉花、油料等高水效作物面积，着力构建与水资源规律相适应、粮经合理搭配的种植业生产结构。

三是节水的潜力在于应用推广先进技术。在全面推广沟畦灌溉、膜上灌等常规节水灌溉技术和滴灌、管灌、喷灌等高效节水技术的基础上，重点推广垄膜沟灌、垄作沟灌、膜下滴灌三大农田节水技术。

（二）加大防沙治沙力度

通过治沙造林、封沙育林草、工程治沙、营造生态经济林，在民勤西线、北线的龙王庙、西大河、青土湖一线230千米风沙线及凉州、古浪民调渠沿线170千米的风沙线上，建立长400千米、宽度为2千米～6千米的防风固沙屏障。

一是抓紧实施石羊河流域防沙治沙及生态恢复规划。严格按照国家重点项目管理的有关规定，建立健全工程管理、技术规程、检查验收等制度，保证工程建设质量，提高投资效益，确保在未来5年完成封育、造林、工程治沙123万亩的目标任务，使全市治沙和生态恢复国土面积提高2.5个百分点。

二是加大防沙治沙科技推广力度。围绕建立“国家有投入、科技做支撑、农民有收益”的防沙治沙长效机制，大力推广麦草方格压沙加种植梭梭、沙拐枣等沙生植物的治沙模式，探索多种措施综合治理沙漠的新方法、新途径，开展生物治沙和多种治沙新材料、新技术的试验示范，研究解决沙生植物选育、沙区植被恢复、沙生灌木开发利用以及沙区盐碱化防治等技术难题。积极推广适宜不同沙区生长的抗旱、抗寒、抗盐碱、抗病虫害的树种和沙生植物，提高防沙治沙成效。

三是大胆探索治沙模式新机制。通过落实治沙责任主体，大力发展肉苁蓉、麻黄、甘草等沙生药材，推进沙产业，让群众在生态治沙中通过投工投劳增加收入的同时，在沙产业发展上同样得到经济收益，达到治理与利用双赢的目的。加强与省内外科研单位、高等院校的技术交流合作，因地制宜建设生态型、经济型、生态经济复合型的防沙治沙示范区。通过树立样板，以点带面，逐步实现防沙治沙由纯生态型向生态经济型的转变，打造具有武威特色的防沙治沙示范区，走出一条科技治沙的新路子。

四是因沙施治，分类治理。采取麦草沙障加种梭梭、沙拐枣等沙生灌木的技术措施，开展大规模的治沙造林，建立阻止沙漠南侵的治沙造林防护屏障；在绿洲外围凡植被盖度大于20%且有希望成林的固定沙地、半固定沙地、沙荒地和荒地全部进行封育，进行围栏保护和人工巡护，切实抓好封沙育林草，提高林草植被盖度。

（三）全力推进造林绿化工作

一是构建武威城乡融合发展核心区生态安全体系。以金大路为轴线，辐射周边村庄、农田和道路，轴线覆盖重点村镇内打造高品质的绿地系统，重点营造公共绿地、道路绿地、附属绿地、防护绿地、生产绿地，改善人居环境。

二是抓好农田防护林网建设。以乡村道路为骨架，农田地埂、渠道为网络，统一规划布局，带、网、片相结合，科学搭配树种，分步组织实施，建设高标准的生态经济型防护林网。

三是抓好南部祁连山水源林建设与保护。以封山育林、人工造林、生态移民为重点，南部祁连山水源涵养林是保障石羊河流域中下游地区经济社会发展的天然绿色水库和生命线，保护和建设祁连山水源涵养林至关重要，重点采取营造抗旱灌木林、封育保护或定植节水生态经济林等办法进行修复。

（四）强力推进污染减排重点工作

一是强力推进城镇生活污水处理设施及配套管网建设。加快污水收集管网建设，提高生活污水收集率，推行城镇污水处理中水回用工程；对现有不达标城镇生活污水处理厂进行升级改造，提高脱氮除磷能力，确保达标排放；推动污泥无害化处理。

二是全面实施规模化畜禽养殖场和养殖小区污染减排。加大资金投入，推行农牧结合和生态养殖模式，合理布局规模化畜禽养殖场和养殖小区，实施规模化、标准化、集约化和产业化经营。加大养殖废弃物的肥料和沼气化处理，建设规模化畜禽养殖场有机肥生产利用工程，推进畜禽养殖业废弃物无害化、减量化、资源化处理。

三是继续深化工业企业污染减排。实施造纸及纸制品、屠宰及肉类加工、纺织印染、淀粉、制糖、啤酒、软饮料、调味品、发酵制品及医药制造等高耗水行业工业废水达标排放工程和中水回用工程。

四是加大机动车污染减排。严格执行国家机动车强制报废制度，全面推行机动车环保标志管理，按国家要求淘汰污染物排放达不到国家标准的机动车。

五是全面加强污染减排统计、监测和考核“三大体系”建设。建立健全相关制度，加强环境统计数据调查、分析和管理，制定并组织实施主要污染物总量减排监测体系建设计划，健全完善污染减排考核办法，加强对污染减排任务完成情况的检查考核。

作者简介

严泽鹏，男，中共武威市委党校（市行政学院），讲师。

后 记

为了学习贯彻习近平生态文明思想，落实习近平总书记视察甘肃重要讲话精神，深入开展“不忘初心、牢记使命”主题教育，切实践行“绿水青山就是金山银山”发展理念，深入宣传“时代楷模”先进事迹，准确阐释八步沙“六老汉”三代人治沙造林精神内涵和时代价值，大力弘扬当代愚公精神，用学术讲好武威绿色发展故事，进一步集聚支持武威发展的强大社会力量，有效助推武威经济社会高质量发展，2019年9月21日至22日，中共武威市委和兰州大学成功举办了“习近平生态文明思想实践与八步沙‘六老汉’三代人治沙造林精神学术研讨会”。

研讨会邀请到了中央党史和文献研究院、中央党校（国家行政学院）、北京大学、清华大学、中国人民大学、北京师范大学、兰州大学、甘肃省委党史研究室、甘肃省委党校（甘肃行政学院）、甘肃省社科院、甘肃社会主义学院、西北师范大学、西北民族大学、甘肃政法大学、兰州理工大学、兰州交通大学、兰州财经大学等17所高等院校和社科部门的相关专家以及兰州大学、甘肃省人大常委会教科文卫工作委员会、甘肃省党史研究室、甘肃省委党校（甘肃行政学院）、甘肃省社科院、甘肃社会主义学院、甘肃省生态环保厅、甘肃省自然资源厅、甘肃省林草局等9个部门的相关领导参会。

此次会议是武威市首次以校地合作方式举办的一次高规格研讨会。在各方努力下，研讨会成功举办，收到了良好效果，达到了“用学术讲政治”、用典型讲好武威绿色发展故事的目的。

本次研讨会成果丰硕，收到领导讲话、专家演讲、专家访谈、专家论坛和电视专访等会议文稿60余篇，现将符合研讨会主题的48篇论文结集出版。

本书由兰州大学西北党史党建研究中心主任、博士生导师倪国良教授负责审阅；武威市委党校（市行政学院）常务副校长（副院长）王明德同志和武威市委党史和地方志研究中心主任罗文擘同志负责策划、统稿、指导改稿和审订工作；武威市委党校（市行政学院）编辑部同志们负责编辑和校对工作。感谢承担撰稿、统稿、审稿工作的各位专家的辛勤付出！

由于时间仓促，文集难免有疏漏之处，敬请读者批评指正。

编　者

2020年3月18日